中国历史文化名人传

西风瘦马

马致远传

陈计中 著

作家出版社

中国历史文化名人传

组委会名单

主任：李　冰
委员：何建明　葛笑政

编委会名单

主任：何建明
委员：何西来　李炳银　张　陵　张水舟　黄宾堂

文史组专家成员（按姓氏笔划为序）

王春瑜　王家新　王曾瑜　孙　郁　刘彦君　李　浩　何西来
郑欣淼　陶文鹏　党圣元　袁行霈　郭启宏　黄留珠　董乃斌

文学组专家成员（按姓氏笔划为序）

王必胜　白　烨　田珍颖　刘　茵　张　陵　张水舟　李炳银
贺绍俊　黄宾堂　程步涛

出版说明

　　中华民族五千年文明史中，涌现了一大批杰出的文化巨匠，他们如璀璨的群星，闪耀着思想和智慧的光芒。系统和本正地记录他们的人生轨迹与文化成就，无疑是一件十分有必要的事。为此，中国作家协会于2012年初作出决定，用五年左右时间，集中文学界和文化界的精兵强将，创作出版《中国历史文化名人传》大型丛书。这是一项重大的国家文化出版工程，它对形象化地诠释和反映中华民族文化的基本精神，继承发扬传统文化的精髓，对公民的历史文化普及和建设社会主义文化强国都具有重要而深远的意义。

　　这项原创的纪实体文学工程，预计出版120部左右。编委会与各方专家反复会商，遴选出在中国文化发展史上产生过重大影响的120余位历史文化名人。在作者选择上，我们采取专家推荐、主动约请及社会选拔的方式，选择有文史功底、有创作实绩并有较大社会影响，能胜任繁重的实地采访、文献查阅及长篇创作任务，擅长传记文学创作的作家。创作的总体要求是，必须在尊重史实基础上进行文学艺术创作，力求生动传神，追求本质的真实，塑造出饱满的人物形象，具有引人入胜的故事性和可读性；反对戏说、颠覆和凭空捏造，严禁抄袭；作家对传主要有客观的价值判断和对人物精神概括与提升的独到心得，要有新颖的艺术表现形式；新传水平应当高于已有同一人物的传记作品。

为了保证丛书的高品质，我们聘请了学有专长、卓有成就的史学和文学专家，对书稿的文史真伪、价值取向、人物刻画和文学表现等方面总体把关，并建立了严格的论证机制，从传主的选择、作者的认定、写作大纲论证、书稿专项审定直至编辑、出版等，层层论证把关，力图使丛书经得起时间的检验，从而达到传承中华文明和弘扬杰出文化人物精神之目的。丛书的封面设计，以中国历史长河为概念，取层层历史文化积淀与源远流长的宏大意象，采用各个历史时期最具代表性的文化符号与雅致温润的色条进行表达，意蕴深厚，庄重大气。内文的版式设计也尽可能做到精致、别具美感。

中华民族文化博大精深，这百位文化名人就是杰出代表。他们的灿烂人生就是中华文明历史的缩影；他们的思想智慧、精神气脉深深融入我们民族的血液中，成为代代相袭的中华魂魄。在实现"中国梦"的历史进程中，必定成为我们再出发的精神动力。

感谢关心、支持我们工作的中央有关部门和各级领导及专家们，更要感谢作者们呕心沥血的创作。由于该丛书工程浩大，人数众多，时间绵延较长，疏漏在所难免，期待各界有识之士提出宝贵的建设性意见，我们会努力做得更好。

《中国历史文化名人传》丛书编委会

2013 年 11 月

马致远

目 录

下　编

胸怀洒落，意气聪明，才德相兼济

上编

困煞中原一布衣

楔子

这部传记的传主是元代大文豪马致远。

闲谈时和周围人说到他，有些朋友哦啊应着，脸上却一片茫然，似乎一时想不起马致远是谁。当说起是不是知道元曲"枯藤老树昏鸦，小桥流水人家……"不待说完，对方肯定是双眼放光，恍然大悟地啊一声，便迫不及待地接下去："……古道西风瘦马。夕阳西下，断肠人在天涯。"

这不是在编故事。这么说吧，凡是读过小学的人肯定都会知道这首元曲小令《【越调】天净沙·秋思》，由此而联想到作者就是马致远。这说明，一件隽永于世的作品，足以证明作者的伟大。

这首小令仅五句二十八字，语言极为凝炼却容量巨大，寥寥数笔就勾画出一幅悲情四溢的游子思归图，形象地描绘出天涯游子凄楚悲怆的内心世界，给人以震撼人心的艺术感受。这首小令从古至今历来被看作是元散曲的标高之作。元代文学家周德清评这首小令为"秋思之祖"；

近代大学者王国维先生更是极为称道，认为"寥寥数语，深得唐人绝句妙境。有元一代词家，皆不能办此也"。

这首小令之所以能获得如此高的评价，我们以为，它不仅是以高超的艺术描绘了一幅绝妙的深秋晚景图，真切地表现出天涯沦落人的愁苦悲凉，而且还反映了当时沉闷的时代气息，具有浓重的社会意义。现代文学史家郑振铎先生说："我们如将致远的散曲，与他的剧本对读一下，便可知他的剧本，并不是无所谓而写作的。关汉卿的剧本中看不到一毫作者的影子，致远的剧本，却到处都有个他自己在着。"这也就告诉我们，在马致远这首代表着元曲最高水平的小令中，当然更是"有个他自己在着"。表象上，是那个"断肠人"，但我们以为，应该是"西风瘦马"，是这个意象使这首小令反映出了那个时代的气息。"西风"是指他生活的那个特别悲凉凄苦的时代，"瘦马"则是指那些在那个特殊年代被轻视、被抛弃的文人，更是蹉跎困顿一生的马致远自己！

是不是这样呢？就让我们先走入他生活的那个特殊时代看看吧。

元代，是中国历史上第一个由少数民族蒙古族统一中国而建立起来的王朝。说到元代，人们马上就会想到一个横空出世的人物，与中华史册上最为辉煌的秦皇、汉武、唐宗、宋祖齐名，甚至更为豪横。那便是成吉思汗。

据说成吉思汗出生时，手握一块血铁，这便注定了他是上天降下来掌握生杀大权的人。

这当然是后世附会出来的传说，但历史证明，他真就是这样的人。他是蒙古帝国的奠基人，他和他的后继者改变了中国的历史。

一二〇六年成吉思汗统一蒙古族各部，建蒙古帝国。在他的带领下，蒙古铁骑冲出高原，掀起了一股强劲的扩张浪潮，如滚滚惊雷震荡着欧亚大陆，在极短的时间内，便将欧亚农耕世界搅得天翻地覆，造成人类中古时代政治、文化和地理上的剧变。这不仅极大地影响了蒙古族的文明进程，也在中华历史演进的轨迹上留下了深深的印迹。

金朝大安元年（1209）七月，成吉思汗在克鲁伦河畔誓师，祈天祭祖之后，对金朝的战争爆发。经过几年的征战，到一二一四年，蒙古大军已攻破中原九十余郡，直逼金国中都燕京（今北京）城下。

被蒙古大军凌厉攻势吓破了胆的金宣宗惶惶不可终日，不顾一些大臣的反对，将都城迁到了汴京（今河南开封）。到一二一五年五月，金中都燕京陷落。随后，蒙古大军占领了黄河以北的河北、山西、山东的大片土地。

这时，因中亚的花剌子模国杀害蒙古商队，狂怒的成吉思汗放下垂死的金国，率二十万大军旋风般地出现在了阿姆河下游。花剌子模国在蒙古铁骑暴风骤雨般冲击下，一败涂地。成吉思汗对被俘的军民说，我是上帝的鞭子，可怜的人们，你们犯了大罪孽，我代表上帝来惩罚你们吧！于是屠城血洗。花剌子模国国王逃到里海的一个小岛上，一二二〇年在惊恐中死去。

也就是在这一年左右，在燕京城，关汉卿出生在一个"太医院尹"家中。那时的燕京城盛行着一种有说有唱的活动，被称为"诸宫调"。就是这种艺术形式，引起了关汉卿的兴趣。后来，在他的引领下，大批文士参与，发展成了一个新的艺术种类——元杂剧。因此，关汉卿被后世称为"驱梨园领袖，总编修师首，为一时之冠"；"初为杂剧之始，故卓以前列"；"其言曲尽人情，字字本色，故当为元人第一"。

一二二五年成吉思汗率军而归，归途中攻西夏。一二二六年西夏国主派使者请求投降。

当年，被后世誉为元曲四大家之一的白朴生于官宦家庭。其父白华曾为金朝枢密院判官，弟白敬甫官至太常卿。但白朴却不肯做官，而是放浪形骸，投身于元曲和杂剧的创作。明人朱权评他的曲作"如鹏搏九霄，风骨磊块，词源滂沛。若大鹏之起北溟，奋翼凌乎九霄，有一举万里之志，宜冠于首"，足见他的散曲对元代文坛的影响及其卓越地位。

就是在这种兵荒马乱之世，竟然连续有两位"文曲星"下界，不能不说是一个奇迹。

成吉思汗西征时，封手下大将木华黎为国王，嘱他经略中原。并赐金印，授九游白旗一面，说，树起这面旗帜，如我亲临一般。大军主力西征走了，分给木华黎很少的兵力。因此，黄河以北地区，金朝不能有效控制，蒙古也不能牢固占据，留守的金朝将官和地方豪强各占地盘拉起了武装，一时间你争我夺，战事不断。

成吉思汗由于箭伤复发，于一二二七年七月病逝于八盘山。当时，金朝的皇帝听到成吉思汗的死讯，大宴群臣，以为从此就免受蒙古侵扰了。

他想错了，成吉思汗的儿子窝阔台继承汗位后，也继承了老爹的遗志，一二三一年开始了对金朝的总攻击。蒙古和宋朝达成了联合攻金的协议，在南北夹击下，一二三四年金朝灭亡。蒙古帝国入主中原。

蒙古人灭金后奉行"唯完颜姓必诛"的政策，使曾经强悍的女真族就像被他们灭亡的辽朝契丹族一样，很快在华夏诸族中消失了。

蒙古帝国占领中原后，汗位经几次更迭，到一二四九年，已经是海迷失后称制。就在她称制的第二年，也就是公元一二五〇年，在中原的燕京，又一个奇迹发生了。

那便是，另一颗"文曲星"又下界来到了人间，降生于蒙古人统治下的燕京城中一个富足的马氏家庭。

此人就是马致远。

他的家人决不会想到，这个在政权更迭、战事不断的乱世呱呱降生的孩子，将会和早他二三十年的关汉卿、白朴一样，成为站在中国文坛高峰上的巨人。

　　这个马致远，如何成为文坛巨匠，他对元代文学乃至中国文学作出了怎样的贡献，想知道吗?

　　咱们就从他的人生旅迹、精神品格和文学成就方面细细聊聊吧。

第一章 风流平昔富豪家

蒙古帝国入主中原后，是中国历史上一个特殊的时代。当落后的游牧文明遇到相对先进的汉文化时，蒙古统治者并没有充分地准备去学习如何驾驭，就匆匆将中原和江南圈进了自己的版图，而且不假思索地用他们的游牧文明来役使先进的汉文化。这样的统治结果，必然导致民族压迫严重、民族矛盾激化、社会动荡不安。

在这样的社会环境中，马致远是怎样度过自己的一生的？他的青年、中年和晚年都做过什么？有关他生平的存世资料极少，只有在元末记载杂剧作家的《录鬼簿》中有："大都人。号东篱老。江浙省务提举。"仅此十三字简略记载，除此再也找不到有关他的资料。

好在马致远有散曲传世，现存小令一百一十五首，套数二十二套，残套四篇，并有七部杂剧流传下来。

近代著名文学史家梁乙真在《元明散曲小史》中认为，马致远的作品"不但为同时的及明清以来许多作家所追慕，且有意无意在摹写着他的作风……在关汉卿，在王实甫，在姚燧，卢挚……他们许多人的作品，很不易见出'自己'来，即有亦很少整个表现出他们的'个性'来。而马致远则不然，他无论在杂剧里、在散曲里，都有很浓厚的'自己'的色彩"。前面咱们讲过，郑振铎也谈到马致远的作品中"都有个自己在着"。

这就提示我们，马致远的作品，可以从另一面为我们了解他的身世提供宝贵的素材。

那么，我们就到他的作品中去，去细细地研读，在品味中去寻找、发现他的人生旅迹吧。

前面咱们说过，马致远降生时的一二五〇年，是蒙古海迷失后称制二年，金朝已经灭亡十六年，金朝的中都城燕京早在他出生前三十五年的一二一五年就已归入蒙古。后来忽必烈建立元朝，迁都燕京，改称大都。因此，马致远是地道的元代大都人。

且慢！有人可能问，元代记录剧作家的《录鬼簿》中并没记载他的生年，怎知他生于一二五〇年？可能还有人更要问，元代叫马致远的并非一人，史书记着我们那地方就有叫马致远的，你们凭什么就说这个大都的马致远就是要说的那个大文豪？我们地区的那个才是！也有人会疑惑，有什么资料说他是出生于富裕之家？

好，那就慢慢道来。出生于何年何地，这是人生起点，涉及他今后人生活动年代的定位，还是搞清楚为好。要全面了解一个人，就得从头说起嘛。

1

马致远出生于何时，史料确实没有相关记载，但很多专家学者根据其他有关资料推断出他应生于一二五〇年左右。我们从最有说服力的两点中就能断定。

元末曲家钟嗣成所著《录鬼簿》将马致远和关汉卿、白朴同列为"前辈已死名公才人"，说明他们是同时代的人。但在元代夏庭芝记载戏曲女演员的《青楼集》的序中，有这样的语句："……而金之遗民若杜散人、白兰谷、关已斋辈……"白兰谷即白朴，关已斋即关汉卿，他们被称为"金之遗民"，而马致远没有这样的称呼，说明辈分比关、白晚。白朴出身官宦之家，史载生于金哀宗正大三年（1226）。从马致远不是"金遗民"这点看，他的生年最早也应当是在金朝灭亡的一二三四年之后。

更能证明的是，元代散曲家张可久有《【双调】庆东原·次马致远先辈韵九篇》。既称马致远为"先辈"，可见他至少比马致远要小二十岁。张可久在一三四一年，拜见一位江浙儒学副提举时，说到过年纪已七十余。由此可推知张可久生于一二七〇年之前。那么，被他称为前辈的马致远当生在一二五〇年前后。

还有很多推论，都从不同侧面能证明马致远的生年，这里就不再啰唆了。总之，马致远生年在一二五〇年左右，已经被学术界所公认，各种权威辞书均采录这种认定。

2

弄明白了马致远的出生年代，再说说他的出生地。

这个问题还用再说吗？《录鬼簿》上没有马致远的生年，但对他是哪里人有明确记载啊，明明白白写着"大都人"嘛。

确实，《录鬼簿》中记载的"大都人"，是最可信了。因为，元代钟嗣成《录鬼簿》成书于一三三〇年，距马致远的生活年代最近，可以说就是同时代人的记录，可信度应是很高的。

钟嗣成生于一二七五年前后，只比马致远小二十几岁。钟嗣成生活在浙江杭州。马致远后半生也生活在杭州一带，且文名很大。同是曲家的钟嗣成与马致远这位前辈有过接触是肯定的。而且他就为何要写《录鬼簿》，说得相当明白，这些曲家出身都不高贵，也没社会地位，他怕这些人死后为岁月的风尘所埋没，所以要把他们记下来，传给后人看。这种以记录曲家生平和作品为目的的作品，肯定是有依据的。

但是，据元、明时的文集乃至地方志上记载，元代并非一个马致远。在许州、集庆、广平、东光等好几个地方都有叫马致远的。近年来，这些地方都在争，说他们那里，才是真正的元代大文豪马致远的故乡老家。这个说，我有马致远的故居；那个说，我有马致远的碑；还有的说，我有马氏族谱，都凿凿有据。那么，到底哪个是我们要说的真正的曲家马致远呢？

这些问题，研究元曲的学者专家们早就研究过了，经过考证，主导意见是把这几位都否定了。简单说吧，按曲家马致远生年是一二五〇年看，许州的那个马致远立墓碑时，曲家马致远只有八岁；集庆马致远在一三四九年曾被罢官，而曲家马致远已经是近百岁了；广平马致远，一些资料载，一直为官，而且仕途得意，日见升迁。这和曲家马致远在散曲中所反映的思想、情绪完全是不同的。还有一个东光马致远，这位是在明清的地方志中才出现，记载他是元末明初人，先叫马视远，改名马致远，两次中进士。这和曲家马致远显然不是一个人。

专家们的论证都是有根有据的，咱们就不细引证了，只是让朋友们明白，我们要说的曲家马致远出生地就是燕京，也就是后来的大都。

而且，在马致远的散曲中，不时出现描写他年轻时生活环境的词句，如"龙楼凤阁都曾见"、"芳名喧上苑，和气满皇都"、"春满皇都"等等，证明他就是在大都成长起来的。

虽然有个别学者对马致远的出生地还有不同论定，有些地区出于发展旅游或是提升本地文化品位什么的还在争夺着，但曲家马致远是"大都人"，已被各种权威辞书所公认。那么，我们就按被认定的大都为曲家马致远的人生出发点，开始追寻他的故事吧。

3

马致远生于何年何地弄清楚了，前文中说他生于较为富足的家庭，有根据吗？如果他有家谱就好了，记得详详细细，可惜除了《录鬼簿》中记载他生平的那十三个字，没有任何有关他的资料传世。那么还是到他的作品中，看他自己怎么说吧。

之所以认为马致远是出生在比较富有的人家，依据是他的套数《【大石调】青杏子·悟迷》中，有对自己身世的描写。

这首套数，是马致远写在他退隐前，可以说是他人生选择的自白书和决心书。在第一支曲中，他说出因"世事饱谙多"，而要去过"剪裁冰雪，追陪风月，管领莺花"的退隐生活后，在第二支曲【归塞北】中是这样写的："当日事，到此岂堪夸。气概来自诗酒客，风流平昔富豪家，两鬓与生华。"

他说的意思很明白：想当年年轻时的那些事，到现在已经没什么好炫耀的了，自己的气派从来就是个赋诗饮酒之人，平日里就是富豪人家子弟的风度，而现在已是年过半百，生出了满头白发。

"风流平昔富豪家"一句，马致远已经把自己的出身交代得清清楚楚。"平昔"是指过去，也就是说他自己年轻时还生活在富豪之家，这才养成了他的"风流"气质。

富，从他的写作成就即可证明，他饱读诗书，才高八斗，六艺皆通，说明受过相当好的教育。家庭没一定的经济实力是不行的。风流，是指风度、文化档次，他家并非土包财主，这从他成年后的社会交往中就能验证。

马致远有小令【吕仙】青哥儿·十二月》一组十二首，分别咏唱一年四季十二个月的景色和富家生活。这是一组他生活在大都的早期作品。当时的大都，已经是相当繁华。他在第一首《正月》描绘了大都元宵节的热闹景象：

春城春宵无价，照星桥火树银花。妙舞轻歌最是他，翡翠坡前那人家，鳌山下。

而在《四月》里，则出现了他自己的影子：

东风园林昨暮，被啼莺唤将春去。煮酒青梅尽醉渠，留下西楼美人图，闲情赋。

在这里他写尽了春去夏来，自己诗酒自娱的情怀。青梅煮酒而大醉，面对着美人图还想学陶渊明去写《闲情赋》。这种闲情逸致，家道不富肯定不行。

再如《六月》同样有他的影子：

冰壶瑶台天远，逃炎蒸莫要逃禅。约下新秋数日前，闲与仙人醉秋莲，凌波殿。

暮夏酷暑之际，夏日将尽，曲中展示出他要邀请神采出众的诗朋酒友去醉游夏景的洒脱情怀。曲中的"仙人"并非神仙，是指神采出众之人；而"凌波殿"传说是唐玄宗梦见凌波池龙女所建的宫殿，这里则是比喻消夏赏花之地。这种以诗酒相聚的社会交往，不是有档次的风流之家怎么可能出现呢？

这组小令，反映了马致远早期的生活实况，不但从中看出了他富裕的家境，还看出了年轻时的马致远热爱生活、陶醉自然的人生态度和丰富志趣。

马致远还有一首小令《【越调】小桃红·四公子宅赋》。描写了一个富豪家庭一年四季的豪华典雅生活。共分《春》《夏》《秋》《冬》四首。

《春》是这样描写四公子宅的：

画堂春暖绣帏重，宝篆香微动。此外虚名要何用？醉乡中，东风唤醒梨花梦。主人爱客，寻常迎送，鹦鹉在金笼。

曲中描写饰以彩画的厅堂，挂着一重又一重锦绣做的帷帘，香炉中似篆体字的香烟袅袅升起，春风带着梨花的香味唤醒了醉卧的主人，殷勤送客而别。也许是应主人之邀而写的吧，马致远在夸赞的同时，也很有分寸地表达出这个四公子没必要这样张扬，有豪宅就有豪宅吧，"此外虚名要何用？"还要跟别人比什么富？也借机吐露自己心中的郁闷，我才气大有什么用，也是徒有虚名。同时也借描写主人"鹦鹉在金笼"之机，明赞此宅器物精美，也隐喻自己是应邀而作，不得不像鹦鹉那样学人家的意思说话。

《夏》曲写：

> 映帘十二挂珍珠，燕子时来去。午梦薰风在何处？问青奴，冰敲宝鑑玎珰玉。兀的不胜如，石家争富，击破紫珊瑚。

此曲写的是豪宅夏不炎热、富不落俗的情景。堂前珍珠帘辉映，堂外燕子穿梭，午睡好香啊，如此凉爽，热风到哪儿去了？接下来便问被文人称为"青奴"的竹几，是不是你的清凉让薰风消失了？再细看，原来是室内的冰敲宝鑑在散凉。"宝鑑敲冰"既富丽堂皇又不失自然雅趣。曲中出现了"石家争富"的典故，是比喻冰敲宝鑑的声音要胜似西晋时贵族石崇和后将军王恺争富而击碎珊瑚树的声音，进一步表达了马致远蔑视"争富"之情。

《秋》中写道：

> 碧纱人歇翠纨闲，觉后微生汗。乞巧楼空夜筵散，袜生寒，青苔砌上观银汉。流萤几点，井梧一叶，新月曲阑干。

"乞巧"一下点明时在初秋七月初七日，让人联想到牛郎织女的故事和妇女穿针乞巧的古老习俗，又写了豪宅"流萤几点，井梧一叶"的清幽淡雅。"乞巧楼空夜筵散"一句，将富家人为庆七巧节而结彩楼于庭大摆宴席的豪华热闹场面尽藏于不写之中。

《冬》曲则由雪景点题：

> 两轩修竹凤凰楼，雪压玲珑翠。惯得闲人日高睡。赖花医，扶头枕上多风味。门前怪得，狂风无力，家有辟寒犀。

豪宅是如此华美，在长廊秀竹掩映之中，凤凰楼高耸，当大雪纷飞之时，雪压修竹，又呈现一派空灵的、青翠与雪白交相辉映的景象。而后又写了他这个"闲人"因喝多了酒，竟在主人家睡到日上三竿，倚在枕上手支着头，赏玩着雪花的心旷神怡的情态。院中狂风无力，屋内温暖如春，原来是家中有能避寒气的犀角啊。"辟寒犀"据说是交趾国进贡给唐皇的一只金黄色的犀角，置殿中，暖气袭人，是宝物。这里当然是比喻豪宅中有昂贵的取暖设备。

马致远的这首《四公子宅赋》，四公子是谁，不得而知，但肯定是当时相当有名望的富贵人家子弟。马致远应邀为人家的宅子写了吟咏岁时的这组小令，写尽了四公子宅的豪华和富贵人家不同季节的不同生活细节。里面不但有不同景色，还有人物故事，《春》里这边主人殷勤送客，那边金笼鹦鹉学舌；《夏》中主人午睡醒来，拟人地与竹几"青奴"问话，凿冰消暑；《秋》则有主人站在长着青苔的石阶上观望银河；《冬》里便是醉酒醒来倚枕赏雪，每首都雅趣横生。

这种细致入微的描写，马致远只去朋友家做几次客是观察不到的，也不可能是凭空想象出来的。从这首小令中也能证明，这其中无疑就有他对自己早年家庭生活的记忆。

马致远从出生到青年时可能家庭还是相当富足的，要不他自己也不会说是"富豪家"，这一点用不着怀疑了。

他的生年、籍贯和早年的家境都弄清了，那我们就顺着这条线索，走进他的人生吧，去看看他在不同的人生阶段，都写下了怎么样的人生履历。

第二章

写诗曾献上龙楼

马致远出生后的第二年即一二五一年，成吉思汗的孙子蒙哥继承大汗位，任命他的弟弟忽必烈总领漠南汉地军国庶事，统军南下征伐。

忽必烈到漠南汉地上任后，在金莲川（今内蒙古正蓝旗东）开设了幕府，学习唐太宗广纳贤士的做法，招揽刘秉忠、郝经、姚枢、白文举、郑显辉等数十名汉族知识分子为他出谋划策。面对"汉地不治"的情况，在拉拢汉族文士的同时，采取了招抚流亡、禁止妄杀、屯田积粮、整顿财政等一系列措施，并任用熟悉汉法的宋、金降服官僚进行治理，初步扭转了局面。

为了巩固自己的根基，后来忽必烈又让刘秉忠在漠南漠北中间滦河北岸的龙岗（今内蒙古多伦县西北）建了一座城，他赐名开平府，成了他统治漠南汉地、发展自己势力的根据地。

一二五九年，蒙哥汗征南宋时，在合州（今四川合州）钓鱼山被宋军石炮击中，不治而亡。攻打鄂州（今湖北武昌）的忽必烈听到消息后，采纳汉族谋臣的计策，立即与南宋右丞相贾似道议和，派兵迎接蒙哥汗的灵车，抢先把大汗的御玺夺过来。一二六〇年春天，忽必烈赶回根据地开平，召集支持他的一部分蒙古王公贵族，举行"忽里勒台"，蒙古语意思是王公集会、大朝会，宣布即大可汗位，并按照汉族王朝的纪年方法，定年号为中统元年。

但忽必烈的称汗，并不被漠北的王公们认可，因为推选可汗是要在蒙古人的发祥地举行才算合法。因此，他的弟弟阿里不哥在一些王公的拥戴下在蒙古帝国的都城和林（今蒙古首都乌兰巴托西南）举行另一个"忽里勒台"，也宣布称汗。

"天无二日，国无二主。"一个蒙古国出了两个大汗，争夺不可避免，兄弟俩长达四年的内战就此开始。

马致远就是在这种情况下成长起来的。他幼年时虽战乱不断，但燕京还相对平静。由于他家境不错，还是受到了良好的教育，少年时刻苦读书，青年时胸怀大志，以图能有所作为。

1

马致远的童年时代，蒙古族作为马上得天下的游牧民族，把武力和刀锋作为统治的根本，所以丝毫没把被征服的汉文明当回事，不重儒学，更轻视汉族知识分子。他们虽然没有干出"焚书坑儒"之举，却也有一个让读书人没了奔头儿的举措，那便是废除了科举制。

蒙古帝国入主中原后，只在灭金后的一二三七年秋天开过一次科，那时马致远还没出生。从那以后，便再没有科考之事，一直到元仁宗延祐元年（1314）才恢复了开科考试，科举考试停了足有七十多年。而这恰是马致远生活的那几十年。

一二六〇年忽必烈称汗时，马致远已十岁了。忽必烈称汗后，和他前面的几位可汗不同，他认为从爷爷成吉思汗创业以来，大蒙古国"武功迭兴，文治多缺"，是应该改变的。其实，他在没称汗之前，在统领漠南时，就特别热衷"汉法"，对汉化做着努力，他深知不汉化不能坐稳天下，不用汉儒不可能治理好中原，所以他在身边笼络了大批汉族文人作为他的智囊团。因此，在他称汗后，承认和提倡以儒学为主体的汉族文化，推行汉法是必然的。

以前，蒙古帝国的政权机构十分混乱。忽必烈即位后，在汉族儒士帮助下，仿照宋、金制度，逐步建立起中央和地方的统治机构。加强了对地方的控制，也对组织生产、促进经济起了重要作用。

忽必烈承认和提倡以儒学为主的汉文化，重用儒士，这无疑使因为被停了科考而感到求进无门的读书人心中又有了希望，好好读书吧，皇上看重儒士啊！

幼年的马致远也被这种"希望"裹挟着开始了苦读。不，正是贪玩的年纪，他自己是不会去苦读的，应该是他的爹妈看到了这种读书还有"希望"，便为他请了名师，逼他苦读。

前面说过，他家不光富足，而且还是有一定文化档次的。他的家在燕京城，父亲不会是大地主，更不会是牧主，而应当是做买卖的富商。钱是有，但没权势，不显贵，这可能是他父亲的遗憾，于是便想把儿子培养起来，将来能博得个高官显位，为马家光宗耀祖。

这在马致远曲作中就能看出，他的家庭对他读书的要求是相当严格的。

马致远晚年退隐园林，在诗酒自娱之时，也会忆昔抚今。他退隐后有一组小令《【中吕】喜春来·六艺》，其中就追忆描写了他少年读书的情形。在《礼》中他写道：

夙兴夜寐尊师行，动止浑绝浮浪名，身潜诗礼且陶情。

早起晚睡，从师苦读，尊师教导，一切行为举止都要循规蹈矩，认真学《诗经》、《周礼》、《仪礼》和《礼记》，在学诗文礼仪中陶冶情操，不能惹出放荡越轨恶名。看看，其不但受到严苛的教育，而且是很严格很正规的儒家教育。

他不光是学儒家经典，还要学儒家"礼"、"乐"、"射"、"御"、"书"、"数"六门科目。在他《【中吕】喜春来·六艺》六首小令中，就能寻到他幼时学习六艺的痕迹。

在小令《乐》中，他说："宫商律吕随时奏，散虑焚香理素琴。""宫商律吕"指古音律，是说在他退隐后的悠闲中，随时都可奏奏乐、弹弹琴，这说明他幼时学过，而且是很精通乐理的知音。

《书》中是："笔尖落纸生云雾，扫出龙蛇惊四筵。"可看出书法也相当了得，应该是从小练出来的。他为书法家朋友专门写过一首套曲，将书法艺术写得相当精妙，也证明他精通书法。

《数》中则说："盈虚妙自胸中蓄，万事幽传一掌间。""数"是指算术。这两句是讲，他能把人间的丰盈和亏空，把万事万物的得与失都计算在胸中。这当然是有点夸张，但说明他幼时是学习过"数"艺的。

在这种高规格的儒家教育环境中，马致远不但掌握了高深的学问，而且很自然地培养了追求功名的心理。

2

马致远抱着希望苦读，但等来的却是失望。关系到读书人前途命运的科考，并没能恢复。

咦？忽必烈不是重儒学，推行汉法吗？怎么能不开科呢？

这是有原因的。首先，是来自蒙古贵族阶层的压力。忽必烈没即大汗位前掌控漠南汉地时，就采用汉法治理汉地，这必然地损害了蒙古游牧贵族的利益，他们是激烈反对推行汉法的。忽必烈的做法甚至引起过当时蒙哥汗的怀疑，曾一度解除了他在漠南的兵权。如今他自己当了大汗，已经是说一不二，贵族们在他面前虽然不敢太放肆，但他为了高层的稳定，也不能不有所顾忌。

其次，是忽必烈增强了对汉人的不信任感。这是由山东一个有野心的军阀李璮引起的。李璮是山东抗金起义军红袄军首领李全的义子，蒙古占领山东后，李全投降，被封官管理山东。李全死后，这个位置由李璮继承。忽必烈即位后，又加封他为"江浙大都督"。但这人根本不满足，一直幻想利用蒙古和南宋之间的矛盾，从中渔利，在更大的范围称王称霸。一二六一年，也就是忽必烈和弟弟阿里不哥为争汗位在北方大漠草原上龙争虎斗之时，李璮认为忽必烈顾不上他，有机可乘，更以为北方汉族地主武装和大官僚在心中都不愿接受蒙古人统治，一旦有人挑头，就会一呼百应，于是，便迫不及待起兵了。可他恰恰想错了，起事后，应者寥寥，军心离散。忽必烈下令北方军阀征剿，论功行赏。北方的汉族军阀们本来就怕忽必烈，而且还得到过忽必烈的不少好处，便纷纷出兵。没多久，李璮就被以右丞相史天泽为首的军阀活捉分尸处死。

李璮之乱很快被镇压，虽然对蒙古的统治没造成危险，但却使忽必烈对汉族人失去了以往的信任，下令削去汉族军阀的军权，废除了军阀世袭制度，使他们不可能再造反。在用人上，开始重用西域人，也就是色目人，以致出现了后来的种族划分和蒙古贵族专权的情况。如此这般，怎么可能再为汉族人开科取士？

最主要的是，从忽必烈内心看，他虽重儒学，但对科举取士是不赞同的。在《蒙兀儿史记》第八十六《徐衡列传》中有这样一段记载："中统元年，忽必烈即位，召衡入上都，入见汗，问所学。对曰：'孔子。'问所长，曰：'务实。'问科举之学，曰：'不能。'汗曰：'卿言务实诚是，科举之虚诞，朕所不敢也。'"

通过这段话，不难看到，忽必烈对科举取士是很反感的，甚至认为是虚妄荒诞的，他不会再用，在用人上，他要采用的是"务实"。所谓务实，就是要用那些有实实在在从政能力的儒人，而不是只会在考试中舞文弄墨、高谈阔论，却没有一点实际本领、不能匡时济世的读死书的书呆子。这才是他不复科的根本原因所在。

那么，元代不用科举取士，又是怎么用人的呢？那便是选官取士。怎么选呢？这关系到马致远的前程，咱们简单地说说吧。

《元史·选举志》载："当时仕进有多歧，铨衡无定制。其出身于学校者，有国子监、有蒙古字学、回回国学、医学、阴阳学。其策名于荐举者，有遗逸、有茂异、有求言、有进书、有童子。其出于宿卫，勋臣之学者，待以不次。"这说得很明显，仕进的主要途径有三条："出身于学校者"、"策名于荐举者"和"出于宿卫勋臣"。

所谓"学校"，从所记名目看，什么"蒙古学"、"回回学"、"阴阳学"，明显是官办的，就如现在的干部培训班一样，是有培养目标的，平民百姓不可能进得去，汉族人办的私塾更不在其列。

"宿卫、勋臣"入仕，就是贵族高官的后代子孙承荫官位。宿卫，是指宫廷近卫军，也被称为"怯薛"。在元人叶子奇《草木子》一书有载："仕途自木华黎王等四怯薛大根脚出身，分任省台外，其余多是吏员……"由此可见，通过"怯薛"入仕的人都是受信任的蒙古人，这是一个据有"大根脚"的特殊阶层，肯定没汉族人什么事。

"勋臣"是品官子孙继承官位，主要也是蒙古贵族、有地位的色目人和一些金、宋降元的官员的子弟。蒙古统治者有定例，元代《通志条格》卷六载："上位知识有根脚的蒙古人每（们），子孙承荫父职兄职呵，皇帝识也者；除那的以外，一品子荫正五品，从一品子荫从五品，正二品子荫正六品，挨次至七品；色目比汉儿人高一等定夺。"

比如在元杂剧作家中有个叫史樟的，因是河北真定一方世侯、后为丞相的史天泽的儿子，便袭称了"武昌万户"之职。"万户"是武职正三品。人家一个自称为"史九散人"、混迹于杂剧艺人的公子哥儿，不费吹灰之力就能得到三品高位，原因就是他爹是丞相。

这种一生下来乳臭未干、胎毛没蜕便定下来要继承官位的事，平民百姓只能干瞪眼，气死你！

"荐举"入仕，很容易明白，就是由高官推荐入仕。这分为三种方式，一是"征召"，对象多是金、宋一些遗存下来的有影响的人物，比如忽必烈身边如刘秉忠等大批有才能的知识分子，就是这样当的高官。二是"访求"，就是派官员寻访有才能的人。三是"推举"，由官员向朝廷推荐可用人才。

既然停了科举而用选官制，看看上面各条，马致远要想入仕，可供他选择的……不，他根本就没有可选择的余地！他家庭经济条件虽还可以，但只是平民，不要说什么"大根脚"，就连一般蒙古权贵与其也毫无瓜葛，又无金朝降服官僚家庭的背景，因此也谈不上"承荫"。那么，唯一的希望就是其中"荐举"一条：当个有才能的人，能被官僚重视而得到引荐。

只要心中充满了希望，就会去努力寻找，去耐心等待。几年后，马致远被人发现的机会终于来了。

3

一二六四年，忽必烈打败了弟弟阿里不哥，结束了内战。他成了名正言顺的蒙古国大可汗。但他却没回蒙古发祥地都城和林，而是把都城由开平迁到了燕京，改称"中都"，筑宫城，把中央政权机构设在了这里。

休整了几年之后，一二六七年忽必烈以南宋朝廷曾经扣押了他的使者郝经为由，开始举兵伐宋。

也就在这一年秋天，忽必烈做寿，满朝庆贺，成一时盛事。各州府都争相表示，谁也不甘落后。当时白朴在真定，已经很有文名，就代真定总府的史天泽写了献给大汗的祝寿词。

作为都城的燕京城，那应该是更加热闹，可能是到处张灯结彩吧。这种气氛感染了马致远，那时他已十七岁，觉得这是表现自己才华的好机会，如果让当今天子赏识，那该是何等结果！

他的老爹听儿子有这等雄心，相当兴奋，立即通过朋友将中都府的"达鲁花赤"请到了家中，大摆酒宴，为儿子献诗而活动。

"达鲁花赤"是蒙元时代设置最普遍的一个官职，意思是"镇守者"，由蒙古人担任，各路、府、州、县都设，职责是监督同级的行政官员，特别是汉族官员。他们的级别虽与同级官员相同，但职权远在行政官员之上，掌握着发号施令的指挥权。

马家能把这样的高官请到，那肯定是下了本儿的，就如马致远后来写的杂剧《汉宫秋》中大臣毛延寿说的"大块黄金任意挝"，那达鲁花赤既能得到大块黄金，怎会不来。而且还要装腔作势地说这是走访市井，体察民情，一举两得。

酒宴是相当隆重的，请艺妓歌舞伴宴是必然。酒酣，马老爹便乘兴把小儿有为皇上圣诞献诗的意思说了出来。达鲁花赤喝得正高兴，便说：好啊，我听说真定府就让一个叫白仁甫的写了祝寿诗嘛，咱中都府是京城，当然也得献，快读给我听！

于是，马致远便来到宴前，给各位大人施过礼后，便意气风发地吟诵了给皇帝写的祝寿词《【中吕】·粉蝶儿》：

寰海清夷，扇祥风太平朝世，赞尧仁洪福齐天。乐时丰，逢岁稔，天开祥瑞。万世皇基，股肱良庙堂之器。

【迎仙客】寿星捧玉杯，王母下瑶池，乐声齐众仙来庆喜。六合清，八辅美。九五龙飞，四海升平日。

【喜春来】凤凰池暖风光丽，日月袍新扇影低，雕栏玉砌彩云飞。才万里，锦绣促华夷。

【满庭芳】皇封酒美，帘开紫雾，香喷金猊。望枫宸八拜丹墀内，衮龙衣垂拱无为。龙蛇动旌旗影里，燕雀高宫殿风微。道德天地，尧天舜日，看文武两班齐。

【尾】祝吾皇万万年，镇家邦万万里。八方齐贺当今帝，稳坐盘龙兀金椅。

配着曲，吟诵得抑扬顿挫，达鲁花赤听得直了眼。这可不是惊奇，以他的汉文水平，大半是没听明白。陪他一起来的汉族官员是知道长官这点的，赶紧给他打圆场，不能让达鲁花赤尴尬，便笑着说：大人您听这套曲写得怎么样，还有点文采吧？您听，开头便是盛赞如今四海清平，是太平盛世，像上古唐尧仁君那样洪福齐天。

第二首呢，借用民间传说，铺写了众神仙下凡喜庆皇寿的景况，想象还挺丰富吧？

接着第三首是描写旌旗飘舞，诸王百官八拜丹墀的壮观场面。第四首，便写了皇帝身着龙袍庄严端坐，赏赐文武官员。最后高呼吾皇万万岁，江山万万里，稳稳当当地坐在高高的盘龙金椅上。

达鲁花赤哦哦点头，笑着说：我当然听明白了，还真是那么回事，这小子写得细致入微，好像亲眼见了一般，挺能整！我听着不错，行了，我将这首祝寿词呈献给皇上，让圣上也知道咱中都府有人才！

马家是千恩万谢，马致远将裱得相当精致的这首散套交给达鲁花赤带走了。

谁都听得出来，这首散套曲吹捧得好大胆也好肉麻。这么单纯的歌颂赞美，或许如马致远自己后来所说"且念鲰生自年幼，写诗曾献上龙楼"。鲰生，本意是浅薄无知之人。他用这个词，就是说写贺曲那时是自己太年轻太幼稚了，所说是那么的虚假，即便是皇帝真看到了，也会明白这是阿谀奉承，会被淡然一笑扔在一边的。

但当时的马致远却是认真的，贺诗送上去后，他是苦苦等待着，做着美梦，等着能得到皇帝的赏识。

4

这首马致远下功夫给皇上写的祝寿贺诗，京城中都府的达鲁花赤送没送入皇宫，忽必烈是否看到过，不得而知，反正马致远是等了一年多，没得到皇宫高层的任何回音，如石沉大海。

这让马致远很有些失落。他老爹当然也为儿子的前程着急，便再次想尽办法见到了那位达鲁花赤。达鲁花赤可能早把这件事忘了，想了好半天才明白马老爹要问的事，一口咬定，祝寿诗绝对是送入皇宫了，皇上是不是看到了，那他就不好问了。马老爹决不会空手去的，当达鲁花赤见到厚礼，便说：你儿子的诗写得不错嘛，挺有文采，看着也挺机灵。这么的吧，我给他安排个事吧。

达鲁花赤是地方官员的监管者，谁敢不听。马致远那时十八九岁，大约是一二六九年前后，这个刚刚成年的小伙子被地方用为小吏。

吏不是官，只是办事员。呀，不是官啊？人不够哥们儿了，拿了那么多银子才给人家弄这么个跑腿干活的"吏"呀？

知足吧你，有多少人连"吏"也干不上呢。

在元代，统治者为控制不同的民族，将国民分成四个种族等级，蒙古人居首，色目人次之，汉人排第三，南人是最劣一级。

蒙古人是统治民族，地位最高，不言自明。而"色目人"为何排第二级？这是什么族？是指西域及中亚一代眼睛或黄或蓝带"色"的那些种族。这些种族在民族、语言、生活各方面和蒙古同属一个游牧文化圈，而且降服蒙古较早，能投蒙古人所好，对蒙古建国帮助较大，所以当了老二。"汉人"是指淮河以北早年在金朝统治下的中原地区及早先被蒙古征服的四川、云南等地的各族人。"南人"则是指原先南宋统治区留下来的以汉族为主的民人，被呼为"南蛮子"。因为是最后被蒙古人征服，当了"亡国奴"，有强烈的抵触情绪，所以统治者要把他们放在最底层，严加管制，以防出乱子。

这四等种族的划分，有时也划成两级，一级为蒙古人和色目人，二级当然就是汉人和南人。但不管怎么分，汉人和南人都是被管制的。

既然分了等级，那待遇肯定是不同的。首先是政治上，中央政府的各级长官都专用蒙古人，其次为色目人，而汉人、南人不能参与。实在要用，也只能是副职。《元史·百官志》序中说："其长则蒙古人为之，而汉人、南人贰焉。"也就是说，一把手你汉人南人根本就别寻思，再能耐顶多给你个二把手干干。元代的《梁石门集》载："世祖之约，不以汉人为相，故为相皆国族。"另一书《草木子》也记："天下治平之时，台省要官皆北人为之，汉人、南人，万中无一二；其得为者，不过州县卑秩，盖亦仅有而绝无者也。"这说明，掌实权的各级行政官职为蒙古人或色目人所专有。

在法律上，也是不平等的。蒙古统治者明文规定，如蒙古人打了汉人，汉人不得还手。如果造成了人命案，凶手也只罚其出征，死者家属可得一些供下葬烧纸用的散碎银子。而且蒙古人犯了罪，汉人无权处置。如是汉人、南人犯了罪，侵害了蒙古人，除判死刑外，还要给对方高额的"烧埋银"赔偿。

用不着再细说了，在这种情况下，刚成人走向生活的马致远，作为一个汉人，能被用为小吏，已是相当不容易了。

马致远能被选为小吏，就如上面说的，哪敢用他的达鲁花赤因是蒙古人，识不了几个汉字，就是能识几个也批不了更写不了公文，便要用一些汉人文士为他办事。当马老爹求到他时，他便借坡下驴，送了个人情，对又有文采、又正当年轻的马致远说：小子，瞧你挺精神，还能写两下子，看你老爹面子上到我这儿来吧，帮我抄抄写写跑跑腿。

马致远到底是不是这样代写公文的小吏，从他的曲文中看不出来，这只是我们的一种推想。但是，他确实是干过这样的办事员，而且时间还不短。

前面我们说到过，他晚年有一组追忆往昔的小令《【中吕】喜春来·六艺》。他在《御》曲中说：

昔驰铁骑经燕赵，往复奔腾稳似船。今朝两鬓已成斑，机自参，牛背得身安。

这分明是说，早先他青年时经常骑马往返于燕赵各地，因而练出了相当不错的骑术，奔马稳如水上行船。老了，不可能再纵马飞驰，只能骑牛安安稳稳找乐子了。

那么年轻时他骑马往返燕赵，也就是河北河南山西一带，具体做什么？他曲中没细说，但从"铁骑"二字分析，那是指披挂铁甲的战马，似乎和军队有关，一般人所骑之马是不这么称呼的。

这么说，马致远还当过兵，会骑射？他在《【中吕】喜春来·六艺》《射》中写道：

古来射席观其德，今向樽前自乐心。醉横壶矢卧襄阴。且闲身，醒踏月明吟。

"射"是古六艺之一，指开弓射箭。这里，他没明说自己多么精通"射"，但他肯定会，因为头两句他就说，古时候是以射选官，用于考察才德，可是有谁考察过我呢？现在老了，只有以酒自乐，用箭做投壶游戏了。

他是否真会骑射呢？元代曲家张可久可证明一二。张可久和马致远是忘年交，称马致远为先辈，二人交往很深，他有一首小令《【双调】庆东原·次马致远先辈韵九篇》，是从不同侧面颂扬老前辈的。在第五篇中是这样写的：

> 诗情放，剑气豪，英雄不把穷通较。江中斩蛟，云间射雕，席上挥毫。他得志笑闲人，他失脚闲人笑。

从这首曲看，他是在说马先辈是文武双全之人，不但"诗情放"，而且"剑气豪"。诗情放到什么程度？可"席上挥毫"，有什么名目全不在话下，一挥而就。剑气豪到何等模样？上能"射雕"，下能"斩蛟"。

这里面不可避免有过分夸张的描写，但从中可以证明，马致远在武的方面可能真会两下子。

马致远年轻时是否从过军，从他的曲作中再也找不到有关的描述，但我们认为是不可能的。我们只能做这样的设想，他成长的时代，蒙古正在攻打南宋，战事不断，燕赵各地活动着大量军队，他就是个被地方官选用的常和军队来往联系的小吏。从他的家庭分析，他的父亲也不可能让饱读诗书的他去当卖命的士兵。再从他说骑着马来回奔波看，他只不过是在不断地为地方官员跑腿办着一些和地方武装或部队有联系的事情。

马致远年轻时经常和军人接触，这也许会对他以后豪放曲风的形成及杂剧中浓重的男权主义表现都有影响吧？

之所以认为马致远并没当过兵，还有一条，就是他不光是在燕赵大地奔波，还时常到皇宫附近去。他在一首小令《【双调】拔不断》中描写当年是："九重天，二十年，龙楼凤阁都曾见。"

"龙楼凤阁"当然是指皇宫，但马致远也只是"曾见"，他并没写到进去过。如果那么年轻能经常出入皇宫，那该是有了什么样的地位，还不是眼瞅着就飞黄腾达吗？他一个毫无"根脚"的年轻汉人，想出入皇宫，可能吗？

因此，马致远来来回回跑着办的也只是记录、抄写、传送公文之类的事情，只相当于现在小办事员，顶好是秘书样子的小书吏。

知足吧，"写诗曾献上龙楼"好歹没白写，弄个小吏当也算给你汉族读书人一个面子了。

第三章 登楼意，恨无上天梯

马致远抱着"佐国心，拿云手"的壮志，年轻时为皇上祝寿献诗，虽没得到皇上的垂青，但也被基层官僚用为小吏。这也足使一心施展才能的马致远有了希望，以期从"吏"而升"官"。

元代，由吏而入仕，也是一条途径。那时候，官员们是三年一任，政务民情刚要摸熟，便走马灯似的给换走了。而为他们办事的吏呢，却常年不动，且是直接办事的一线人员，各种情况都熟。因此，根据需要，吏可能被任命为负责某一方面的小官，就如现在从干活的工人被提拔到管理岗位一样，进入了管理层，以后便可奔科级干部努力了。

马致远就是奔着能由跑腿干活的进入"管理岗位"这一目标，在小吏的位子上奔波着。

元代的"吏"，作为统治集团最基层力量，是不可少的，但政治经济地位却是最卑微的。元代曲家胡袛遹《紫山大全集》中有一篇文章《寄子方郎中书》，其中说到元初吏的俸禄极为菲薄："以月俸计之，府吏月俸六贯。年来米麦价直每石不下一十贯，日得二百文可籴二升，仅充匹夫一日之食。"他可能干过这样的吏，所以知道得如此细致。还有一篇写于一二八五年的文章《吏治五事·给江南官吏俸钱》记载，元在灭宋之初的十年间，江南官吏是不给分文俸禄的。这似乎有些不大可信，你分文不给，谁干啊？咋活着？就靠去抢老百姓吗？给得少可能，不会一分钱不给吧。

马致远所干的小吏，俸禄当然也不会高。但他不在乎，因为他家并不缺这点钱，老爹可能还要补贴他，让他安心好好干，努力争取能从吏升上个小官，走上仕途。

而马致远自己呢，在内心中一直认为自己是个人才，有着远大的抱负，所以尽管小吏待遇卑微，仍是为实现自己的理想坚持着。

但是，一直折腾了十来年，全是白折腾，他并没能由吏而入仕，结果就如他自己在一首曲作《【黄钟】女冠子》中所说，只是个"都不迭半纸来大功名一旦休"。

那么，马致远后面的人生路，该往哪边走？

1

马致远为小吏期间，正是元攻南宋的时期。因此，咱们前面说到马致远作为地方小吏与活动于燕赵的元军多有接触是顺理成章的。

一二七一年冬，在进攻南宋取得节节胜利的情况下，忽必烈接受谋臣刘秉忠的建议，宣布将"大蒙古"国号改为"大元"，取《易经》中"大哉乾元"之义，表示国家广袤无疆。并且正式定中都燕京为大元首都，称"大都"。至此，蒙古完成了由奴隶制向封建制的转变，标志着一个新的封建王朝的开始。

马致远在当小吏时希望能得到升迁，虽很努力，但一事无成。他有一首套数《【南吕】一枝花·惜春》，就反映了年轻时怀才不遇、春愁不解的心情。这首曲开头出现了"芳名喧上苑，和气满皇都"这样的描写，应肯定是他青年生活在大都时所作。其中有一支曲是这样的：

> 齐臻臻珠围翠绕，冷清清绿暗红疏。但合眼梦里寻春去，春光堪画，春景堪图。春心狂荡，春梦何如？消春愁不曾两叶眉舒，㻛春娇一点心酥，感春情来来往往蝶媒，动春意哀哀怨怨杜宇，乱春心乔乔怯怯莺雏。春光，怎如？绿窗犹唱留春住，怎肯把春负！长要春风醉后扶，春梦似华胥。

在曲中，他把"春"喻为生机、青春和春情，通过游春、惜春、留春、叹春、送春的描写，"消春愁不曾两叶眉舒"、"动春意哀哀怨怨杜宇"，表达着他虽有失意，辜负了春光，但不甘虚度，"怎肯把春负"，还有向往和追求。

但是，不管他如何努力追求，吏仍是吏。细分析原因可能是多方面的。

一是，他为之服务的地方官员是三年一换，曾安排他的那位达鲁花赤可能很快就调走了，而新来的，刚混熟了，人又换走了，自然是人走茶凉。二呢，当时是攻宋期间，对汉人应该是相当防备的，怕和南边宋朝的汉族政权串通，成了打入元朝内部机构的奸细。因此上，即便是马致远的上司真爱才想提拔他，也不敢，上头也不会批。这个因素肯定存在。

毫无希望的奔波使马致远有些灰心了，而且已是而立之年的他也倍感艰辛了，再没有了刚当上小吏时那种"昔驰铁骑经燕赵，往复奔腾稳似船"的傲然和潇洒。在长期的奔波中，他的奔马可能打过前失，使他重重地摔过；他可能被揭竿起事的山民们截击过；也可能看到过或者押送过从南宋那边掳掠过来的民人；甚至遇到过小型战斗，在慌乱中到处躲藏……这些，在他十来年的奔波中，都有可能发生。

他有一首小令《【南吕】四块玉·叹世》，写的就是年轻时当小吏辛苦奔波的情景，充满了无望的哀怨：

> 带月行，披星走，孤馆寒食故乡秋。妻儿胖了咱消瘦。枕上忧，马上愁，死后休。

为了完成公务，披星戴月地日夜奔走，有时赶到荒僻的乡村小店，只能吃一口冷饭。而后表示出，这都是为老婆孩子着想，累点没啥，只为将来奔个好出路。可是，任何一种坚持也是有限度的，在曲的最后他就说出了一种无奈甚至担忧，这样整日奔波，连睡觉、骑马都在为前程忧愁，难道要无尽无休地一直干到死才算完吗？

这个时期的马致远，还写下大量咏史抒情的曲作，表达对自己时运的感叹。

如有首小令《【双调】拨不断》中写：

> 子房鞋，买臣柴。屠沽乞食为僚宰，版筑躬耕有将才。古人尚自把天时待，只不如且酩子里胡捱。

他一下笔就连用了汉时曾助刘邦定天下的留侯张良曾忍辱去给人拾鞋、汉时的名臣朱买臣幼时曾打柴为生、汉初的名将樊哙曾以杀狗为业、春秋时的伍子胥曾在困顿时要过饭等六个后来都成了将相的名人故事，说出了他们都饱经磨难而成功的经历，那么只好承认，古时名人都能把天时等待，我也只能暗暗地等着了。最后一句的"酩子里"是元代俗语"暗地里"的意思。

最能代表他这个时期心情的曲作就是被咱们不断引用句子的套数《【黄钟】女冠子》。他在这篇曲中，不但把他青少年时期的生活情形及思想状态描绘得很清楚，而且典故用得更多，抒发了自己时运不济、怀才不遇的苦恼。我们不妨细细品味一下这首套曲：

枉了闲愁，细寻思自古名流，都曾志未酬。韩信乞饭，傅说版筑，子牙垂钓；桑间灵辄困，伍相吹箫，沈古歌讴；陈平宰社，买臣负薪，相如沽酒。

【么篇】上苍不与功名侯，更强更会也为林下叟，时乖莫强求。若论才艺，仲尼年少，便合封侯。穷通皆命也，得又何欢，失又何愁！恰似南柯一梦，季伦锦帐，袁公瓮牖。

【出队子】若朝金殿，时人闲马周。李斯岂解血沾裘？亚父争如饥丧囚，到老来终不得秦印收！

【么篇】圣贤尚不脱阴阳彀，都输与范蠡舟。周生丹凤道祥禽，鲁长麒麟言怪兽，时与不时都总休。

【黄钟尾】且念鲰生自年幼，写诗曾献上龙楼，都不迭半纸来大功名一旦休。便似陆贾随何，且须缄口，著领布袍虽故旧，仍存两枚宽袖，且遮藏着钓鳌攀桂手。

从这全套曲中我们不难看出，他功名难就的心境是多么苦闷，一开始便说，多余整天没事就发闲愁，细想想，自古名流，不都是满怀壮志，奋斗多年也不能得志吗？于是便列出了一些历史名人先穷困后通达的故事，一方面是自宽自慰，看吧，韩信要过饭，姜子牙钓过鱼，朱买臣砍过柴，后来不也都出将入相了？难道我就不能吗？坚持努力吧！另一方面，也用另一些历史人物如李斯等却因发达而招祸的典故来解嘲自警，其实当高官也会招祸的。困顿和发达都是命里注定，得着了也别臭美，得不着也别发愁。但最后他仍是要把"钓鳌攀桂"的志向暂且藏起来，等待时运的到来。

这种矛盾的心态的表达，是马致远当小吏无望时的早期作品，既反映了他自负有才华想入仕成名流的想法，又折射出对蒙元统治者推行民族歧视政策、排斥汉族知识分子的不满和无奈。

但他还是幻想着等待着命运之神的到来，可等到的却是不幸，使他离开了小吏的位置。

2

就在马致远为当小吏而感到灰心丧气时，他的家庭突然发生了变故，家道中落了。

家道发生了变故衰落了？谁说的？没人明说，但从他的曲作中能看出来。

他在后来回忆年轻时的小令《【双调】拨不断》中是这样写的：

> 九重天，二十年，龙楼凤阁都曾见。绿水青山任自然。旧时王谢堂前燕，再不复海棠庭院。

前面一句咱们分析过，是说他年轻当小吏时有机会接近过皇宫。那么接下来又是在说什么呢，应该还是在讲自己的事，只不过是用典故来比喻了。后两句明显是引用变化了唐人刘禹锡的诗句"旧时王谢堂前燕，飞入寻常百姓家"的意境，借东晋时王、谢两望族的故事来述说盛衰对比的。马致远用在这里，应该是这样的意思：我年轻时，曾靠近过皇宫，但却没能发达。可现在呢？青山绿水还是当年那个样子，但却不见了我家族"旧时"的"海棠庭院"，就连燕子都不来了，世态何等炎凉啊。

从这回想感叹当年的曲作里，我们有理由相信，马致远当小吏期间，他家中出了什么事情，一下子衰落了，豪华的"海棠庭院"已经不复存在了。

会发生什么？经商中把家业赔进去了？遭兵匪打劫了？老爹忽得重病撒手而去了？都有可能，但在他的曲中找不到具体线索，我们可以这样设想，当时的大都是北方的商贸中心，他家是大都城中的大商户，肯定有往返于西域和漠北的商队，这是马家的主业，而恰是这支驼队在去西域或是去塞北的路上遭了兵患，就如成吉思汗的商队被花剌子模给劫了一样。为了商队，成吉思汗盛怒之下可带兵灭了花剌子模国，而马老爹听到商队遇难——那是他大半个家业——只能是血压升高手冰凉，嘎一声背过气去，再也没醒过来。

如果真是这样，从小就读书的马致远根本没经过商，丝毫没有经营这个家的能力，而且还要离开小吏的位置，回家守孝三年。

本来当小吏就很失意的马致远，再遭家境衰落打击，该是何等的无奈。

但他不甘沉沦，那怎么办？如他在《【黄钟】女冠子》中说的，"半纸来大功名"已经"一旦休"，那就"著领布袍虽故旧，仍存两枚宽袖，且遮藏着钓鳌攀桂手"。既然当小吏不能实现愿望，仍是一介布衣，那只好暂且把"钓鳌""攀桂"的雄心壮志掩藏起来，将满腹才华另寻用处了。

去干什么了？马致远和当时很多有才华的文人一样，开始了杂剧的创作。

3

呀，饱读诗书的马致远去写戏了？要知道，形成于民间的"戏曲"一直是被正统士大夫所瞧不起的，是登不了大雅之堂的"俗"品，传统史书上连记都不稀罕记上一笔，他怎么去干这个与勾栏妓女相厮混的事情？

这就是元代那个特殊年代的特殊性。不光是他，还有很多有学问、有身份甚至有地位的大才子都参与了杂剧这个行当。

元代的杂剧，是我国古代戏曲发展史上的一个高峰。在马致远投入杂剧创作时，杂剧在大都已经相当繁荣，并正在走向成熟。

对元杂剧的形成，学者们有不同观点，有的认为是由宋大曲变成的，更多的人认为是从诸宫调演变而来，还有的认为是从宋金杂剧、院本和诸宫调脱胎而来。这些说法都是有研究的，都有道理。但从全面看，元杂剧应该是在诸宫调的基础上，由宋杂剧、金院本传承发展起来的。

其实，宋杂剧和金院本基本是同一种东西，只不过是南边的宋朝叫杂剧，北方的金朝叫院本。这是一种供城市中勾栏瓦舍演出的有一些故事角色的民间艺术，但演出比较简单，以滑稽为主，中间有故事也不连贯。到元代就发展形成了较为完整的戏曲形式，剧本上，一本四折叙述一个完整故事，四折四套曲子，以唱为主已成定规；角色上，"末"、"旦"、"净"、"杂"四角，以"末""旦"为主唱成定制；表演形式上，形成了有说有唱、载歌载舞的体制。因此，一种诗歌、音乐、舞蹈、宾白、表演有机结合表现一个完整故事的戏曲表演形式在元代形成。

为啥戏曲艺术在少数民族统治的元代能得到繁荣呢？历来众说纷纭，莫衷一是，有的还相互对立。

其实，所有事情的成因都是多方面的。元杂剧的形成及繁荣应是由社会的、文化的，剧作家及演员等多方面因素促成的。

社会方面，蒙古统治者在统一中国的征服战争中，确实使唐宋以来高度发展的封建经济遭到了严重破坏，但在稳定之后，他们对人民进行残酷经济剥削的同时，也在生产的恢复和经济的发展方面采取了一些措施，在元贞、大德年间甚至出现了较繁荣的景象。值得强调的是，蒙古人入主中原之初，为加强统治招降了一批汉人世侯，诸如平阳的李守贤、真定的史天泽、保定的张柔、东平的严实等等。蒙古在攻陷燕京后，也是先后用投降的汉将刘柏林、张柔当留守。这些人为了自己家族的利益，能做到涵养民力、发展经济、保护原来的文化艺术，使这些地方相对稳定繁荣。于是，被边缘化的文人们为了生存，便纷纷投奔这些地方。而恰是这些地方，成了元杂剧兴盛的中心。《录鬼簿》上所记载蒙元时期前期的五十六位杂剧家，竟有四十一位集中在以大都、平阳、真定、东平为中心的地区活动。元代著名的杂剧大家白朴，就是跟着元好问到真定投奔史天泽而受到保护的。这也充分证明，稳定的生存环境，是促进元杂剧繁荣的重要原因之一。

文化因素，前面已经说过，元杂剧是深受宋金杂剧、院本、诸宫调影响才形成的，没必要再啰唆。要说的是，元代的文人们的参与，对杂剧的繁荣也是一个相当重要的因素。当杂剧刚兴起的时候，公卿高官不屑于染指，而民间艺人又缺少独立创作的文化素养，这便给那些不被统治者重视，既有较高的文学修养，又不齿于与倡优为伍的文人们提供了展示才情也是谋生的机会。他们的参与，大大加速了杂剧的繁荣。一是，他们编写了大量剧本，使勾栏瓦舍不断有新戏可演，吸引越来越多的观众；二是文人们组织了书会，相互切磋，有合作，有竞赛，推动了杂剧的创作与演出。

这么看，马致远作为一个被边缘化的汉族知识分子，投入到杂剧创作中是很自然的。

在马致远投入杂剧创作时，大都的杂剧已经成了气候，被后人称为"梨园领袖"、"总编修师首"的关汉卿不但创作了大量优秀杂剧，还将编写剧本的才人和演出艺人组织了行会"玉京书会"。"玉京"是对大都的美称。有很多因剧作而后世留名的杂剧大家，如被后人称为元曲四大家之一的白朴、写了名剧《西厢记》的王实甫等等人物，都是当时"玉京书会"重要成员。

马致远当然也参加了玉京书会的活动，那么他早期都创作了什么作品？这可以从他的剧作中能看得出来。

在记载元代杂剧的元末钟嗣成所著《录鬼簿》和明初朱权《太和正音谱》等记载中，可确认马致远一生写过十五种杂剧。

流传至今的有七种：《破幽梦孤雁汉宫秋》、《吕洞宾三醉岳阳楼》、《江州司马青衫泪》、《西华山陈抟高卧》、《邯郸道省悟黄粱梦》、《马丹阳三度任风子》、《半夜雷轰荐福碑》。

残存一种：《晋刘阮误入桃源》。

只传下来剧本名目的七种：《吕蒙正风雪斋后钟》、《吕太后人彘戚夫人》、《孟朝云风雪岁寒亭》、《大人先生酒德颂》、《冻吟诗踏雪寻梅》、《风雪骑驴孟浩然》和《王祖师三度马丹阳》。

存疑一种：《孟浩然踏雪寻梅》。所谓存疑，即是研究元杂剧的专家们对此剧归属存有不同看法，有人认为是马致远作，有人认为是明代开国皇帝朱元璋的孙子朱有燉所作，也有人认为是朱有燉改编马致远旧剧为己作。

更有争议的还有三剧。明代戏曲家吕天成在《曲品》卷下"妙品二"说:"《牧羊》,元马致远有剧。此词亦古质可喜,令人想念子卿之节。梨园演之,最可玩。"清代张大复的《寒山堂重订南曲谱》也收有此剧:"《苏武持节北海牧羊记》江浙省务提举,大都,马致远,号东篱。"

除此外,这部曲谱还记有马致远的另两部剧作:《风流李勉三负心记》史九敬先、马致远合著,《雍熙乐府》第四种;《肖淑贞祭坟重会姻缘记》一名《刘文龙传》,《雍熙乐府》第一种,史九敬先、马致远合著。

很多学者认为,后两部戏中所提到的马致远的合作者便是自称"史九散人"的高官史樟。

但这几部戏是否为马致远所作,后人有很大争议,那是因为,有人认为,《寒山堂重订南曲谱》是专记载"南戏"的著作,马致远是北方人,且是写北方杂剧的大师,在杂剧风靡全国之时,他怎么可能去写日渐衰落的南戏呢?否定者怀疑所记作者是否是同名之人,但是,除了怀疑,也拿不出更有力的证据证明一定不是。

我们以为,《寒山堂曲谱》是以孤本形式保留下来的一些珍贵的有关南戏的资料,作者肯定下了相当的功夫搜集整理,不可能道听途说地凭空杜撰。而且《录鬼簿》中就明确记载有几位杂剧作家如沈和等也写过南戏,有资料显示,关汉卿南下时也熟悉南戏,还尝试把南戏艺术形式的某些特色熔铸到杂剧中。那么马致远为什么不可能染指南戏呢?而且在《录鬼簿新校注》"马致远"条目中,就附录有《牧羊记》剧目,虽没题作者,但归在了马致远名下。

到底是不是,这不是我们要探讨的问题,就留给专家学者们去挖出更详尽的资料,再来肯定是与否吧。我们还是按史料说话吧。

那么，我们就以现存公认的马致远剧作为基础，来看一下，马致远大概是什么时候投入的杂剧创作？最早的作品是什么？那些只留下剧名而不存戏文的已经不可考了，存疑的也排除在外，就只从存世的几部戏说起吧。

4

至元十六年（1279），忽必烈灭掉南宋，完成了全国的统一，从此结束了自唐末五代以来长达三百多年的分裂割据的局面。中央政权的管辖疆域北抵阴山，西到阿姆河流域，东达辽东，南至南沙群岛，奠定了中华民族的版图。

那时，马致远已经是而立之年。他生在长在大都，并非南宋遗民，但南宋的灭亡，对他一个汉人，特别是受传统儒学影响相当深的文士来说，触动还是很大的。在他当小吏期间，经常往返于燕赵各地的官府、军队，听到过很多有关攻打南宋的逸闻，甚至见到过从南宋押解过来的官员和宫女。宋亡以后，他看到大批宫人北上的悲惨，听到有宫女甚至贵夫人在北上途中自杀，心中大有感慨。于是，他借助汉代昭君出塞的故事，对正史和传说进行创造性的编排，写出了杂剧《破幽梦孤雁汉宫秋》，用匈奴大兵压境，逼迫软弱无能的汉朝让贵妃出塞去和亲的情节，曲折地表达他对南宋灭亡的看法，带有鲜明的历史兴衰之思。随之又创作了意在感叹改朝换代的《吕洞宾三醉岳阳楼》。

这说明，《汉宫秋》和《岳阳楼》写于宋亡之后不久，是马致远的早期作品，那时他也就是三十多岁。

有的朋友可能会问，真是马致远三十多岁时写的吗？难道不可以是他四十岁以后写的吗？

不，就是三十多岁，有证据。那便是，元代的诗人元淮在至元二十四年到至元二十八年（1287—1291）间，曾任溧阳路总管，此期间他的诗作中，有三首涉及马致远的杂剧。

其中一首题为《吊昭君》，副标题标为"马智远词"。诗的第五句、第六句是这样的："环佩影摇青冢月，琵琶声断黑河秋"，这正是用的《汉宫秋》第二折【贺新郎】曲中唱词的最后一句："怎下的教他环佩影摇青冢月，琵琶声断黑江秋"，只是把"黑江"改成了"黑河"。由此可知，副题标的马智远就是马致远的误笔。

元淮还有一首《昭君出塞》诗，是这样写的："西风吹散旧时香，收起宫装换北装。狨帽貂裘同锦绮，翠眉蝉鬓怯风霜。草白云黄金勒短，旧愁新恨玉鞭长。一天怨在琵琶上，试倩征鸿问汉皇。"和上面《吊昭君》一样，这首也是从《汉宫秋》脱胎而来。不信请读读《汉宫秋》第三折【新水令】曲"锦貂裘生改尽汉宫装，我则索看昭君画图模样。旧恩金勒短，新恨玉鞭长"，【驻马听】曲"想娘娘那一天愁都撮在琵琶上"和【殿前欢】曲中"则甚么留下舞衣裳，被西风吹散旧时香"这些句子，是不是一种味道？

而在《试墨》诗的"岳阳词"中的三、四句："竹几暗生龙尾润，笔锋微带麝脐香"，则取自《岳阳楼》第一折吕洞宾唱的【混江龙】中"竹几暗添龙尾润，布袍常带麝脐香"。也只是把"布袍常带"改成了"笔锋微带"而已。

元淮在《新元史》上有传，他的诗集《金囤集·跋》等资料证明，这些诗是他在溧阳任上也即一二八九年左右写的。这时的马致远四十岁左右了。他的作品能被一直生活在江南的元淮所引用，说明是在四十岁之前几年就已经写出来了，并流传得很广。而且，作品能引起元淮这样的高级别官员赏识并引用，也说明作品在社会上的反响是相当大的。

因此我们可以推断，《汉宫秋》《岳阳楼》早在他三十几岁时就已经完成，并引起了轰动。马致远作为"玉京书会"成员，能得到关汉卿、白朴等这些前辈的指点，再加上各勾栏争相演出，好作品便自然产生的。

说他能得到关汉卿、白朴等当时已成名的戏剧大家的指点甚至在书会中相互切磋，是可能的。关汉卿曾作过《汉元帝哭昭君》，剧作已不存，但从题目看，很可能与马致远《汉宫秋》内容相近，最起码能给马致远一些借鉴。而白朴呢，有写杨贵妃故事的《梧桐雨》，与《汉宫秋》同是帝王与王妃间的悲欢离合故事，手法上特别是收场情节设计非常相似，一个是梦见昭君，诅咒惊梦的雁声；一个是梦遇杨玉环，诅咒打在梧桐的雨声。有资料显示，白朴的《梧桐雨》写于一二八九年，要比《汉宫秋》晚，那么是白朴抄袭马致远了，还是马致远从前辈处听到过创作构思而受启发抢先写了？是谁仿袭了谁，不是咱们要管的事，我们要说的是，这种相互学习、取长补短的书会风气，对马致远的创作肯定是有帮助的。

反正不管怎么说吧，从马致远留存下来的杂剧看，《汉宫秋》是他最早的剧作，也是他的成名作。马致远三十多岁就一炮而红，成了杂剧圈子里的干将。

5

马致远因仕进无门而苦恼，但他的生活还是很潇洒的，特别是投入杂剧创作后，经常和女艺人在一起是很正常的，因此他也在自己的曲作中毫不隐讳说到年轻时的"风流"。他在这个时期还有不少轻松优美的描写女人闺阁春情的小令和套数。如有一组《【双调】寿阳曲》小令二十三首，集中描写了妇女对爱情的追求和不幸的遭遇，清丽俊雅。这些肯定是他年轻时的作品。

他甚至为妓女写过东西。从资料看，元代的杂剧女演员多为青楼出身，所以元代夏庭芝所著专记当时女演员的作品叫作《青楼集》。当时书会中的才人们和女艺人们的关系是相当密切的，比如被人称为"朱娘娘"的著名女艺人朱帘秀就曾和关汉卿、卢挚等交往颇深。

作为书会中人的马致远是否也有这样交往甚密的女艺人呢？正值年轻，风流倜傥的他不可能没有。他有一首套数《【大石调】青杏子·姻缘》可以证明。这套曲是这样写的：

天赋两风流，须知是福惠双修。骖鸾仙子骑鲸友。琼姬子高，巫娥宋玉，织女牵牛。

【憨郭郎】当垆心既有，题柱志须酬。莫向风尘内，久淹留。

【还京乐】标格江梅清秀，腰肢宫柳轻柔。岂止兰心蕙性，不唯皓齿明眸。芳名美誉，镇平康冠金斗，压尽溥阳十丑。容貌妖娆，精神抖擞，作来酒令诗筹。坐间解使并州客，绿鬓先秋。习燕体翩翩舞袖，回鸾态飘飘翠被。遏云声嗫嗫歌喉。情何似情何在？恐随彩云易收，丁香枝上，豆蔻梢头。

【净瓶儿】莫效临歧柳，折入时人手。许持箕帚，愿结绸缪，娇羞。试穷究，博个天长和地久。从今后，莫教恩爱等闲休。

【随煞】休道姻缘难成就，好处要人消受。终须是配偶，偏甚先教沈郎瘦。

　　这是马致远为一个嫁人的妓女祝贺新婚而写的一首套数，其中充满了同情、赞美、叮咛和祝福。此曲虽为贺喜之作，却毫无应酬的那种虚假气，完全是一种老大哥般的爱护的叮嘱，这说明他和这个女人相当熟，关系绝非一般。

　　这么看，马致远从事杂剧创作以后的生活，是很风流很浪漫的。

第四章 天涯自他为去客

　　马致远因写杂剧《汉宫秋》名扬梨园，显示了他极高的才华。一二八九年大诗人元淮曾引用马致远杂剧唱词点染自己的诗句，可见影响之大。也就是在那一年，"玉京书会"的领头人关汉卿离开大都南下了。

　　那时的关汉卿已经快七十岁了，怎么要南下了？干什么去了？

　　这得从南宋灭亡后的南方社会状况说起。一呢，由于战乱，江南人口一度大减，战后大批北方汉人南迁生活条件相对优越的南方谋生，如经商的、耍手艺的、坐馆教书的等等；再者，元代统治者由于对"南蛮子"的防备，也将大批北方官员南迁；还有，当时的杂剧艺人为了谋生四处游荡，也向南方流动。

　　关汉卿就是在这种背景下，带着戏班子向曾作为南宋都城一百五十多年的繁华杭州移动了。有研究者认为，他的这次南行是带着戏班子边演边行，经由山西、河北而入河南，再沿驿道进入湖北、湖南，而后向东经过江西进入浙江，到达杭州。他带着戏班在杭州作了长期的卖艺演出，并创作了不少剧本，著名的《窦娥冤》就创作于这次南下的过程中。因此他的这次南下对杂剧的传播产生了重大影响。

关汉卿带着戏班朋友南流，是较早的一批，可以说他是北曲南流的带头人。

那么马致远是不是也南游过？

1

马致远南游过是肯定的。但他不是如关汉卿那样率班流动，而是单独游走。

他年轻时做小吏无望地奔波近十年，再加上家道衰落，使他心中充满了困惑，虽然不断宽慰自己"枉了闲愁"、"穷通皆命"，但那种强烈的苦闷是难以平静的。因此，他为了排解心中郁闷，更是为了寻求可能发展的希望，从中年开始，大约从一二八五年前后开始到一二九四年，差不多十年间，他曾经多次南游。从他曲作中能看出，他到过江浙、江西、湖南等多地。

之所以说他游过这些地方，是因为他写出过《【双调】寿阳春》等"潇湘八景"那样既写景又抒发孤寂心境的很多精彩的小令。这些曲作不但写了不同的地点，也写了不同的季节。如他的《山市晴岚》是春雨放晴，《洞庭秋月》是写秋湖月色，而《江天暮雪》则是江南雪景，说明他游走的时间是很长的。

也可以理解，那时的交通条件除了骑马坐车就是乘船，应该是转悠个一二年才能转回一趟北方的家吧，所以在一组曲中记录下出游过的不同地区和不同季节的景色是不奇怪的。

咦？不对吧，从他这八首小令的曲名看，《山市晴岚》、《远浦帆归》、《平沙落雁》、《潇湘夜雨》、《烟寺晚钟》、《渔村夕照》、《江天暮雪》、《洞庭秋月》，怎么和宋代画家宋迪的八幅山水画的名字是一模一样呢？宋迪的"潇湘八景图"在宋元时是颇负盛名的，"好事者多传之"。元代就常有人以此画命意吟咏山水景色，如诗人揭傒斯、曲家鲜于必仁、沈和等都有以"潇湘八景图"命题的作品，那么马致远的这八首小令，是不是也是赏着画写的，根本就没游过这些地方？

别人那些是不是看着画写出来的，我们不去探究，单说马致远吧。这些画，他看过是肯定的，而且留下了相当深的印象，所以在南游时便刻意到画中描绘的地方游玩，去体味画中之意，并以画名做了自己曲作的题目。这就如咱们现在旅游，大多是看了某地的图片，才引起参观游览欲望一样，便按图索骥地去了，并随时记下所游之地的景物和所遇之事。因此，马致远的这组小令是游历之作而非赏画之作，应该是真实可信的。

这从他的曲中能品味出来。在《潇湘夜雨》中，他写道：

渔灯暗，客梦回，一声声滴人心碎。孤舟五更家万里，是离人几行情泪。

这分明是游子在途中表达凄苦与伤感的思乡之作。蒙蒙细雨中，江上有几点暗淡的渔火，"我"从梦中被雨声惊醒了，那一声声、一滴滴的，哪里是雨啊，分明是我这个作客他乡的"离人"思念万里家乡的眼泪啊，更像是一条条鞭子在抽打着我，使我的心都要碎了！这种情感，是看着画能体会出来的吗？

再如《洞庭秋月》，他不但写了景色，还透露了他的一次行踪。他是这样写的：

> 芦花谢，客乍别，泛蟾光小舟一叶。豫章郡故人来也，结末了洞庭秋月。

看看，这分明是说，秋天了，我刚乘小船来到湖南的洞庭，江西豫章郡（今南昌）的老朋友就来了，那就一起结交洞庭秋月这个新朋友吧。从这里我们不难看出，他不止一次游过江西，还停留过不短的时间，因此才有了"豫章郡故人"。这总不是画中所能有的吧？

因此说，马致远在南游中到过这些地方，是不应该怀疑的。

他还有一首套数《【商调】集贤宾》，写到"金山寺可观东大海，游客镇常斋"。证明他游过江苏镇江的金山寺，因有名妓苏小卿被茶商蒙骗买走，路过金山寺，在此为情人双渐留诗的传说，他睹物生情，借此故事而写下了这首曲。

从很多曲作中对优美景物的描绘我们能确信，马致远在中年时多次游过江南。

2

马致远在南方的游历中，在山水间解除了一些烦闷，结交了一些朋友，但在游走中也加深了他漂泊中的孤独心情。他写有很多这样凄凉的思乡曲。

他有一首套数《【仙吕】赏花时·孤馆雨留人》，写尽了孤旅中的凄怆：

> 鞍马区区山路遥，月暗星稀天欲晓，云气布荒郊，前途店少，仅此避风雹。
>
> 【么篇】客舍骎骎过几朝，雨哨纱窗魂欲消。离故国路途遥。柴门静悄，无意饮香醪。
>
> 【赚煞】听林间寒鸦噪，野店江村未晓。风刮得关山叶乱飘，料前村冷落渔樵。闷无聊，心内如烧，昏惨惨孤灯不住挑。浓云渐消，月明斜照，送清香梅绽灞陵桥。

在这首曲中，通过因雨住店、雨中客愁、雨残将行三个场景，把他在旅途中的孤独写得细致入微，为我们提供了他南游漂泊时的一个真实的生活片断。

来看第一曲，他写了自己骑着疲惫的马在崎岖的山道上走了很远的路，直到"月暗星稀"也没找到像样的客店。天快亮了，乌云密布，笼罩了荒野，大雨将至，再向前可能店更少，也只能在路过的这个简陋不堪的荒村野店避一下"风雹"了。

接下来就写雨中的愁闷。雨一连下了几天不开晴，在"雨哨纱窗"、"柴门静悄"的"孤馆"之中，思想起千里之外遥远的家乡，独守着荒村小店，烦躁得"闷无聊，心内如烧"，以至于连浇愁之酒都不想饮一口。这是何等苦闷啊！

听着外面乌鸦的乱叫和风吹树叶乱飘的声音，想到这样的天气连打鱼人和打柴人都没法干活，我啥时才能上路，真是烦透了，一夜睡不着啊，只有不住地挑着昏暗的油灯花。天要亮了，云散了，雨停了，真是太好了，赶紧告别此地上路吧！最后一句他用了一个典故，"灞陵桥"

是指长安的灞桥，汉唐以来此桥常被用来象征分别之地。他用在这里当然是说快与此处分别吧。

这首曲写景写情明白如话，将其南游漂泊中的生活场景和孤苦心情刻画得淋漓尽致。

马致远还有一首写天涯苦旅的小令，便是开头我们提到过的那首著名的《【越调】天净沙·秋思》。这首小令，咱们说过，现在只要是读过小学的人都会背：

枯藤老树昏鸦，小桥流水人家，古道西风瘦马。夕阳西下，断肠人在天涯。

这绝对不仅仅是一幅凄美的秋夕孤旅图。前边的两句是写秋景，暮色中，噪鸦绕着缠着枯藤的老树要归巢了，小桥对面的农家小院炊烟飘荡，农人都归家了，安闲而幽静。而接下来"古道西风瘦马"一句虽说还是写景物，但却有丰富的寓意和感染力了。

鸦有巢，人有家，而"我"呢？无家可归！"古道"是荒凉寂寞的，"西风"是萧瑟苍凉的，"瘦马"是疲惫无力的，这里还应该包含着马上的疲惫不堪的人，所以才会发出"断肠人在天涯"的悲叹。荒凉寂寥的古道上骑着疲劳的瘦马，孤独地走向天涯，该是怎么样的悲怆！

"西风"是那样的苍凉，从哪里来的？"瘦马"是那样的疲惫，是怎么造成的？长夜就要来了，"瘦马"仍无处可归，到底是因为什么？哪里才是归宿？马致远在曲中只透露了"断肠"二字，却给我们留下丰富的想象空间。这就是这首小令传诵千古的高妙处。

从以上这些曲作中，我们能得出一个结论，马致远在中年时曾游历过江南，而且并不是和关汉卿那样带着戏班子大帮走的，而是独自游走，即便有结伴的朋友同行，也不会多。

3

马致远的南游漂泊，除了游山玩水，解除求进无门的苦闷，还有一个很重要的想法，那便是寻求希望。在大都当小吏这条路已经断了，由吏而仕是不可能了，那么是不是也和很多曲家一样，到相对发达的南方找找出路呢？

那时的关汉卿带戏班子南下了，白朴呢，很早就开始了南游，一二八○年已经定居金陵（今南京），而那位靠当丞相的爹而"承荫"万户的史樟，也生活在湖北的武昌。这些人都是散曲和杂剧作家，是他投奔的对象，特别是白朴和史樟。

白朴是显宦家庭出身，自己虽然拒不入仕，但其弟白敬甫却是高官；而史樟呢，不但自己是万户，兄弟八个都是高官。如果这些人能说句话对他有所"荐举"，这不是一种希望么？

因此，马致远在南游时，肯定拜访过老前辈白朴。白朴对后辈的造访肯定是热情接待，陪他游山玩水、饮酒赋诗，极尽地主之谊。但等到明白了马致远的真正意思后，以白朴对人生的态度，可能会表现出一种不屑，明白地对马致远说：贤侄啊，我跟你说，在我三十五岁那年，史天泽丞相让我当官，我拒绝了。前几天，江南御史台的朋友又推荐我当官，我又推掉了。我这个年纪了，一是年老体衰，二是要暮年教子，享天伦之乐，再就是要自由自在地游山玩水，以终天年。他说着还拿出了为这事专写的一首赋给马致远看，以此来证明他真是驳了朋友的面子，表示我怎么好意思出面去为你活动这种事呢？

这当然会让马致远相当失落。白朴可能会安慰他：人各有志，你正当年富力强，真有这心呢，这么吧，我给你写封信，你去找找史丞相的二小子史樟吧，当年我给史丞相当文学侍从时他还是个孩子，现如今是武昌万户了。

史樟，字敬先，是元代名臣史天泽的次子，在家族兄弟中行九，因此称史九、九公子。他出身名门，承荫累封真定、顺天两路新军万户，武昌万户，金吾元帅等职。此人虽为高官，却不当回事，而是"喜庄列学"，"有时麻衣草履，以散仙自号"，因此他还有诸如"史九散仙"、"史九散人"之类称号。他放浪形骸，虽是生于真定，但这位"散人"——有钱的贵公子，常游大都应是寻常之事，混迹于书会才人优伶之间。因此，常到书会中厮混的史樟和马致远是认识的。

当马致远来拜见史樟时，同是北方老乡，又同是杂剧和散曲作家，他是相当兴奋的。他大马致远十来岁，二人当兄弟相称，留马致远吃住自不在话下，关键是有了可说知心话的文友。以马致远在曲坛上的名声，史樟是有剧作要和他探讨的。

我们可以想象得出，盛宴、游玩过后，当二人静下心来，自然而然便说到了杂剧。史樟说：老弟写的《汉宫秋》太好了，已经传到了江南，我从元淮那里听说后，就找来读了，爱不释手。

马致远便说：哪里，照老兄所写《庄周梦》那是差远了。您身为万户，受封金吾元帅，却能去"酒色财气漆园春，破莺燕蜂蝶庄周梦"，一派仙风道骨。现又有何大作？小弟愿先睹为快。

史樟说：到南边来后，接触北方杂剧少了，而看南戏多了，不知不觉开始了南戏的创作，正在写一部《风流李勉三负心记》，可是总觉得不满意，老弟你得在文采上给我加加工。

马致远是有求于人的，当然不能推辞，再加上他求知欲强，也想学学南戏的可用之处，便欣然答应。于是便与史樟合作了两部南戏《风流李勉三负心记》《肖淑贞祭坟重会姻缘记》，都被清代专门记载南戏的《寒山堂重订南曲谱》收入，注示是史九敬先、马致远合著。

有了这样的创作经验，马致远后来在当了江浙省务提举时便又写了南戏《苏武持节北海牧羊记》，也被《寒山堂南曲谱》收入。后边注：江浙省务提举，大都马致远，号东篱。

前边咱们说过，对马致远的这几部戏，学者们是有争议的，说是北方杂剧大师不可能染指日渐衰落的南戏。但我们认为，马致远在创作旺盛期游走于南方，并和史樟有过密切交往，他参与了这几部南戏的创作是可信的。从《寒山堂重订南曲谱》的记载看，也能反证马致远和高官史樟有过不一般的接触。

既然二人亲密到可以合作写戏，那马致远希求入仕的想法，史樟一定会表示想办法帮忙的。于是，马致远便满怀着希望，回北方老家等好消息了。以史樟的官位，说句话还是管用的。

但是，等了好长时间，没任何动静。两年后马致远再次南游去找史樟，想问问是否有希望，但却得到一个晴天霹雳：史樟还没找到"荐举"他的机会，已经在他回北方不久的一二八八年突然死去，还不到五十岁。

这让马致远刚燃起的希望一下子破灭了，真的是捶胸顿足。这可能就是他后来创作《荐福碑》的情节线索吧。那个穷书生张镐带着范仲淹的引荐信去见高官，却有两个被他"妨死"。这个故事的影子，不就是来自他这时的经历吗？史樟能帮他，他去拜访人家，人家也答应帮忙，却突然离他而去了，这就是命啊！于是，他便从心底发出了"佐国心，拿云手，命里无时莫刚求"的哀叹，喊出了"困煞中原一布衣"、"登楼意，恨无上天梯"的悲愤。

马致远在南游时肯定还结交过其他一些官员和文人，他的曲作中虽然没有这方面的线索，但按常理推想，以他《汉宫秋》的名气，所到之地的文士听他到来应是主动迎接他，向他请教或切磋的。在他的小令《洞庭秋月》中说到的那位豫章郡"故人"，很可能就是这样一位文友。

这期间正是他成名后精力旺盛的创作期，他除了游历还应有杂剧创作。但他留传下来的几部剧作经分析都不是这时写的，那么就不排除那几部只留下剧名的剧作如《戚夫人》、《踏雪寻梅》、《岁寒亭》、《酒德颂》等是这个时期的作品了。

马致远从三十几岁开始南游，最后一次大约是一二九四年回到大都的。差不多是十年的漂泊，再加上他当小吏的十来年，二十多年的奔波毫无收获，这很符合他在套数《【大石调】青杏子·悟迷》开头说的话："世事饱暗多，二十年漂泊生涯"，不怪他发出了"空岩外，老了栋梁材！"、"困煞中原一布衣！"的呼喊，可以说是悲愤到捶胸顿足的程度了。

可他没有想到，人不能总走背字儿，他最后一次出游回大都不久，命运之神终于正眼瞧了他一眼，他居然要做官了！

第五章

风波梦，一场幻化中

至元三十一年（1294）农历正月二十二，元世祖忽必烈驾崩。当年四月，因忽必烈所立太子金真早已经死去，他的孙子铁穆耳在重臣伯颜等贵族支持下，召开诸王大会，被推立为新皇帝，是为元成宗。

铁穆耳在他的即位诏书中宣布，奉行爷爷先朝所留下的成规。

元世祖忽必烈在统一中国后，便诏告天下"国以民为本，民以食为本，衣食以农桑为本"，因此很重视农业和经济的发展，先后设置了劝农司、司农司、管田司等机构，推动农业的发展。而铁穆耳更胜一筹，经济上实行轻徭薄赋，停止所有非必须的土木工程，免除历年积欠的赋税，同时设立义仓，赈济贫苦之人。在政治上，整顿吏治，打击贪污受贿，慎重选择官员，精简机构。

文化上，忽必烈重儒学，用儒士，并令蒙古子弟从名儒吴澄等学习孔孟之道，而且思想方面较为开放，既可让儒、道、释、伊斯兰、基督各教并存，也对各种学说不加限制。最明显一例，南宋灭亡后，南宋遗民纷纷组结诗社，怀思故国，在思想感情上公开与元朝统治者对抗，有一个"月泉吟社"，竟发起了命题征诗，三个月就得二千七百多卷，实在就是江南遗民反元的大宣泄。可忽必烈却置若罔闻，听之任之。这和后来的清王朝大兴文字狱，完全两样。也许内心强大的忽必烈根本就没把这些人放在眼里，嗬，一群就会舞文弄墨的小文人，莫不成还能翻了天？可劲儿跳跶吧，没人搭理自然就闭嘴了。

其实，这是蒙元统治者过于热衷军事占领而疏于思想钳制的表现。正因如此，也才有可能使明显影射蒙古灭南宋的杂剧《汉宫秋》不但能出炉而且能走红……

话扯远了，还是说新上台的铁穆耳吧。在思想文化方面，新皇帝铁穆耳不但全盘接受爷爷的做法，还下诏办好学校，培养人才。

新皇帝表示出来的极想推行爷爷尊儒术的政策，无疑又给被边缘化的文人们打了兴奋剂。太好了，新皇帝也许能恢复科考吧？

1

铁穆耳登基的第二年（1295），他改年号为"元贞"。

这时的马致远已经从江南回到大都一年多。当时，元初由关汉卿等人发起的"玉京书会"，由于老成员有的已经去世，有的为官外迁，更多的是流落江南，已呈冷寂之状。新皇帝铁穆耳有继续推行爷爷尊儒重汉法政策的表示，又给了文人们新的希望，他们期盼皇帝还能有新的更有利于儒生的政策出台。于是，这些文人们便又兴致勃勃地成立了"元贞书会"。

马致远成了这个当时大都最活跃的戏曲团体的主力干将。在书会中他与文士李时中、艺人花李郎、红字李二合作写了杂剧《邯郸道省悟黄粱梦》。

李时中是元初大儒吴澄的再传弟子，是位高才，后来成了"中书省掾、除工部主事"，做了官。但在当时，李时中还年轻，如马致远一样，还没发达，也在写杂剧。而花李郎和红字李二，是两个演戏人的艺名，据《录鬼簿》载，二人都是金末表演艺术家"伶官"刘耍和的女婿。二人能被《录鬼簿》收入，看来不仅是教坊中的主角演员，还是高水平的剧作家。否则，马致远也不可能找他们合作。

什么？马致远那时已经是杂剧界名家，能找两个戏子合作？还是他们想写却写不出，找马致远这个高手帮忙呢？没人说得清。《录鬼簿》只在《黄粱梦》条末注："马致远、李时中、花李郎、红字李二合撰……"在"李时中"条目下则明确记着："一折马致远，二折李时中，三折花李郎，四折红字李二。"

要看这么排序，这部戏应该是马致远的选题，可能是他刚写完第一折，因为是书会的领导者，事太忙，便找了大才子李时中，把构思讲给他，请他帮忙完成。李时中当时只有二十几岁，名气比马致远差远了，能和马致远合作那是求之不得。可没想到，他写完第二折，也有了事情，于是只好求助于朋友花李郎和红字李二。这便有了四折戏由四个人合写的事。也许还有另一种可能，就是马致远说是想写这样一部戏，因他是编剧名家，教坊就迫不及待地争相要演，为不误事，便四人分摊每人一折同时开写赶出来。是不是这样，都只是个推想。

可细看剧作的描写和剧情，还是连贯一致的。这说明，整体构思应该是马致远的，在写作过程中他把了关或是做了最后修改。而且这部剧主要归在马致远的名下，可见他是此剧的策划和主导者。

《黄粱梦》的故事，出自唐人传奇《枕中记》，说是一卢姓书生在客店等店主蒸饭时睡了觉，梦见自己荣华富贵，醒来"主人蒸黍未熟"。后来不断演化，便附会成钟离权超度吕洞宾的故事了。

马致远取材这个故事，在情节上却做了大改动。一是《枕中记》中的卢生是梦里寿终正寝后梦醒，而他却改为吕洞宾是梦中被钢刀架到脖子上而被吓醒；二是卢生是较正直的，而《黄粱梦》中吕洞宾却是贪赃枉法，率军征敌，收了人家三斗珍珠、一提黄金，竟不杀敌而退兵。于是，马致远便借剧中强人之口，大骂吕洞宾：

> 我为贼寇呵杀人放火，不似你贪财呵披枷带锁。你得了斗大金印一颗，为元帅，佐山河，倒大来显豁。你那罪过，怎过活，做得来实难结末。自搅卜十丈风波，道不的殷勤过日灾殃少，侥幸成家祸必多，枉了张罗。

这种淋漓尽致的斥责和怒骂，显然是针对元朝那些贪狠的官员而发的。再者，剧中那超度吕洞宾的钟离权，表面上是忘怀世事，心如止水，似是"不知甚的秋、甚的春、甚的汉、甚的秦"的神仙境界，可同时又为"饶你手段欺韩信，舌辩赛苏秦，到底功名由命不由人"而愤愤不平。这表明，马致远所写的这个神仙，对于功名利禄非但没有超越，反而是汲汲渴求的。而这恰是马致远这类求进无路的文人一种无奈的表达。

因此，已经四十多岁还在为自己的前途而苦恼的马致远，怎么在兴致勃勃成立了书会后，却突然写了这么个"神仙道化"剧也就不奇怪了，他是借神仙超度的故事表达着渴望入仕而不能的愤懑。

这个时期马致远还写过什么不得而知，但元贞年间以至紧接着的大德年间，相对比较安定，被后人称为元代的"太平盛世"，杂剧也出现了繁荣，出现诸如王实甫《西厢记》那样的很多佳作。

但是，元成宗铁穆耳只是个"守成"的皇帝，他虽然极想推行汉化，但仍和爷爷忽必烈一样，并没有恢复科举，在用人上还是那种"选官制"。这让文人们很快又重陷失落，一直被视为"九儒十丐"的文人儒士，仍是"儒人不如人"的"臭老九"。

等一下，"九儒十丐"？谁排的？有根据吗？

有。是南宋的两个有极强的汉民族意识的遗民文人在他们的笔记中说的。一个叫郑所南，在《心史·大义述略》中说，元代把儒士摆在"一官、二吏、三僧、四道、五医、六工、七猎、八民、九儒、十丐"的位置。而另一个叫谢枋的在《谢叠山集》中写的是，前六同，后边排的是"七匠、八娼、九儒、十丐"。在他们的记载中元统治者是这样看待文人的，把"儒"排在"娼妓"之后，只比讨饭的"丐"高一等。这两个人都是南宋的遗民，有极强的汉民族意识，入元不仕，有资料称，他们"坐临不北向"，"闻北语则掩耳疾走"。有这样强烈反元情绪的人所记的东西，是否会有偏差？

可后世人，特别是汉族人便频频引用，似乎元代少数民族统治者就是这样对待文人，排在娼妓之后、乞丐之前的。但是，在任何正式史料中都查不到这样的记载。种族分"蒙古、色目、汉人、南人"四等，在史料中记得相当明确，而所谓"九儒"说，却查不到出处。不知那两个南宋遗民是怎么弄出来的。也许是人们谈论当时社会上有多少阶层而这么随便罗列出来，他们便带着情绪这样分了等级。试想，咱们在上个世纪常用的"工农商学兵"，能说指文化界的"学"是排老四，而担当国防重任的"兵"是排最后的吗？因此，这个"九儒十丐"说既然信史无凭，还是不要这样引用。

那好，咱就不再用"臭老九"这词了。但是，当时的儒士，特别是下层的儒士虽不至于低下到娼妓之后、乞丐之前，可不受重视确是事实，要想出人头地是相当困难的。

马致远见新皇帝还是不能给儒士们一种新的希望，便再次发出了悲怆的呼喊。他在小令《【南吕】金字经》中写道：

> 夜来西风里，九天鹏鹗飞，困煞中原一布衣！悲，故人知
> 未知？登楼意，恨无上天梯！

看看吧，我有着大鹏展翅、腾飞九霄的凌云壮志，就因是一介布衣，就要被活活困煞啊，太悲哀了，我的朋友啊，你知不知道我现在的状况？恨只恨我没有登上高层的阶梯啊！言外之意是，希望朋友能给搭个"梯子"。

这种近乎绝望的呼喊，确实有点太"悲"了。如果再没什么希望，他可能也就不再喊了。

但也就是这个时候，命运之神突然来到了他的身边，他得到了一个去补缺"江浙行省务提举"的机会。

呀，要做官了！怎么得到的？在他的作品中找不到描述，但无非是"荐举"一种途径。

是谁引荐的呢？肯定是他曲中写到的"故人"伸手相助，给他搭了"梯子"。那么，这位故人是谁呢？从马致远的交往中也许能看出一二。

有人以为，马致远曾和史樟合作过南戏，可见交情很深。史樟会不会就是那个马致远曲作《洞庭秋月》中写到的"豫章郡故人"？史樟是当过丞相的史天泽的儿子，本身承荫"武昌万户"，生活在南方，说句话还是管用的。他们有着共同的戏曲爱好，又是有过合作的北方老乡，

所以史樟便给他搭了"上天梯"……

打住！咱们前边说过，马致远一二八五年开始南游漂泊时，见过史樟，并有过南戏的合作，但在仕途上史樟却没能帮上忙，因为他在一二八八年已经死去了。如果是他荐举的，马致远怎么可能在将近十年后的一二九六年才到江浙为官？

那么，与马致远交往较多的人中，还有一个出身官宦之家的白朴，他虽是不屑于出面为马致远去求这事，但见马致远对入仕如此执著，便让当高官的弟弟帮了忙？

再有曲家卢挚，是相当赏识马致远的。他仕途顺畅，在马致远一二九四年最后一次南游时，他正任江东按察副使，会不会是他为马致远说了话？

还有，他曾写赋夸慕的那位"四公子"也绝非等闲之辈……

都有可能。但也许都不是。可惜的是，马致远在他的曲作中讳莫如深，没透露丝毫信息。咦，那不对呀，你上不去时悲哀地想到"故人知未知"，求人家帮助，上去了却在曲作中没有任何表示，连个谢字也不见，太不够意思了吧？哎呀，君子之交淡如水嘛，谈谢就俗了！

这都是在推测，也许没有什么人"引荐"，是被官方"访求"到的呢。我们前面说过，马致远的多次南游，不但是解闷，还在寻求希望，肯定是广交朋友，那么以他的名气，除了文友，可能还会有官员权贵，所以他的任职也不排除是南方官员的选用。

反正不管怎么说吧，马致远时来运转，终于当了个小官。时间当在一二九六年前后，这时的马致远已经是四十五六岁的年纪。

不准吧。有人说了，元代江浙行省是由江淮行省改的，前后两次呢。第一次是至元二十一年（1284），三年后又改回去了。第二次是至元二十八年（1291）又改为江浙行省。那么，马致远为什么不可能是一二八五年三十多岁时出任的呢？有很多论者就是这么认定的。

从马致远的曲作分析，他不大可能三十多岁就当了官。如果那时就进入了仕途，正是年轻力壮的有为之年，已经为官，干什么老喊"老了栋梁材""困煞中原一布衣"？再者他曲中多次表露过"二十年漂泊"而不得志，如是三十多岁就当了官，那他是从十多岁就开始漂泊了？不读书了？还有，他一二九五年在大都参加了元贞书会，说明那时已经辞官又回了大都，那时才四十多岁，就弃官不做了？回了大都加入书会，又怎么隐退到杭州西湖边去了？后半辈子还有三十年，无事可做，是你自找的，还老喊人家不重用你，愤世嫉俗，不合情理吧？

因此，我们认为，他应该是四十多岁以后，江浙行省第二次设置时才谋到提举这个位子的，这才能解释他成年后二十年的坎坷和他心中悲愤，也才能和他后来的退隐衔接上。

2

马致远很兴奋地上任了。

他当了什么官，都做过什么，有什么政绩，在他的曲作之中没有任何反映，就和他是怎么当上的一样。他为什么不写，不得而知，也许觉得没意思？不可能啊，他求了半辈子的事，终于实现了，为了这，可以给皇帝献诗，可以忍辱负重当小吏，可以四处漂泊找希望，怎么等到实现了，却心静如止水，在曲作中不要说欢呼，连一个字也不见表示呢？这实在是令人不解的。如果不是《录鬼簿》中载有"江浙省务提举"几字，根本就不知他做过这样的官。

"提举"是什么级别的官？主管什么？《元史·百官志》记载，当时的提举官职，种类繁多，有蒙古提举学校官、官医提举、茶盐提举、市舶提举、儒学提举等等。这些官职不是每个省都有，而是根据需要而设，比如船舶之类，内地肯定不设。

马致远会任其中的哪种呢？他既然在自己的曲中不透露，那咱们就自己分析一下。像蒙古提举学校官这类带有"蒙古"字样的，汉人不可能为之，他连想都别想。如官医提举这样的，带有一定的专业性，马致远担任的可能性不大。而那些管着盐、茶、船舶等级别较高且能获厚利的肥缺，也只能是蒙古人或色目人担任，怎么可能落到汉人马致远身上？余下的也只有"儒学提举"了，马致远正好是文人，因此我们可以认定，他所担任的只能是"儒学提举"。

那么，儒学提举是管什么事的？《元史新编》载："儒学提举司，秩五品。各处行省之地，皆置一司，统诸路、府、州、县学校祭祀养钱粮之事，及考校呈进著述文字。每司提举一员，从五品；副提举一员，从七品；吏目一人，司吏二人。"马致远担任的就是这样有职无权只管"文教"的官。

呀，不小了，从五品，相当个地级干部了。但是，别忘了，马致远所处的时代，官员的主位都是蒙古人或色目人担任的，他一个汉人，只能"贰焉"，当个副手，也就是说应是从七品的副提举。

原来只是个"二把手"。虽只是个相当县令级的小官，但毕竟是登上了仕途。荣光去吧，八成要请戏班子唱三天大戏吧？相当可能，他上任走之前，和他朝夕相处的书会友人和勾栏艺人们，能不表示吗？即便是不给他唱三天大戏，也得让他大醉三天。

当然，这都是咱们根据常情这么猜想，他的曲作中没有这方面的表述，是否有人为他唱过戏咱不知道，但他自己却为这次饱受困顿后的成功写了戏。那便是上任后写的杂剧《江州司马青衫泪》。

　　《青衫泪》是写文士与妓女爱情的悲喜剧，马致远是改自白居易的《琵琶行》。白居易描述的是琵琶女高超的演技和她的凄凉身世，以及自己政治上受打击、遭贬斥的悲愤，吟唱的是"同是天涯沦落人，相逢何必曾相识"这一主题，成千古绝唱。而马致远的《青衫泪》却将这一故事改为，妓女裴兴奴盼着招一个风流才子为婿，与白居易相遇后一往情深，当白居易被贬江州之后，富商刘一郎造假信称白居易已死，重金勾结鸨母强娶兴奴。后来白居易在船上偶遇兴奴，二人乘船逃走。再后来，皇上恢复白居易官职，二人洞房花烛夜，大团圆。

　　细读整部剧作，前边描写儒士沦落天涯、歌妓流落他乡，都相当真切，特别是对兴奴为争取自身幸福和鸨母抗争的刻画，塑造了一个富有反抗精神的下层女性形象，是很生动感人的。这种真切的描写，可能与马致远在书会时接触过大量生活在下层的艺妓有关。可结尾却凭空安上了个光明的尾巴，弄了个大团圆。前面的故事，在现实生活中随时可能发生，而后边的皇上赐给的团圆，纯粹是白日梦。

　　马致远在做了官之后，写了这个文士与妓女历尽坎坷终成圆满的戏，他应该是有用意的。那个大团圆的结局，和很多剧作家一样，除了是迎合观众的欣赏习惯外，我们还能从中品味出他所隐喻的一层意思：我作为一个困顿半生的文人儒士，也终于走向圆满和成功。

　　马致远虽然在他的散曲中没有表现出做了官后的张扬，但在《青衫泪》这部剧作中，我们隐约还能感觉到，他对能走上仕途做官，还是从内心感到满足的，表达了一种文士也可圆满的心态，说明心情还是相当不错的。

3

心情也确实该好起来，身份地位显著变了，不再是一个混迹于勾栏瓦舍的闲散文人。一些官员便开始主动和他交往了。

比如几年后的大德三年（1299），去江西做官赴任的卢挚，路过杭州，就特意邀了马致远同游西湖。咱们前面提到过，卢挚是元代早期的散曲的代表作家，一生为官，仕途通达，先后任过集贤学士、江东道肃政廉访使、岭北湖南道肃政廉访使、翰林学士承旨等。在当时，他的官职要比马致远一个小提举高得多。

但卢挚不嫌马致远官职低，而是很看重他的文才，以文友平等相待，邀其同游西湖。据当时被同邀的刘时中所作【水仙操】短序说，卢挚不满意世所传唱的《咏西湖》曲，他"即以春、夏、秋、冬赋四章，命之曰《西湖四时渔歌》。其约定，首句韵以'儿'字，'时'字为之次，'西施'二字为句绝，然后一洗而空之。邀同赋，谨如约。"

马致远能得到高官文友的邀请，当然不会辜负这片盛情，陪同卢挚尽情游玩后，便挥毫写下了《【双调】湘妃怨·和卢疏斋西湖》四首。

他的第一首是这样写的：

> 春风骄马五陵儿，暖日西湖三月时。管弦触水莺花市，不知音不到此，宜歌宜酒宜诗。山过雨颦眉黛，柳托烟堆鬓丝。可喜煞睡足的西施。

看，首句"春风骄马五陵儿"，在春光明媚、游人如织的湖畔，特意突出了那些春风得意、人奢马骄的"五陵儿"般的豪富子弟，这里暗喻着卢挚他们这些官员贵人的到来，韵"儿"；二句"暖日西湖三月时"，点出风和日丽的地点和时间，韵"时"；接着写了他们以"知音"相伴，啸傲诗酒的豪情逸致；最后几句写西湖雨过笼烟、充满诗情画意的景色，就像浓睡乍醒可爱至极的睡美人西施，以"西施"二字结束。全曲不但格式音韵严遵其约，而且意境也是格外清丽活泼。

还有咏夏、秋、冬的三首，每首都是自然贴切，情调轻松，意境优美，我们用不着全都列出来一一赏析了。我们只是想说，通过这件事，可以看出，他走上仕途后，已经能够得到上层官员的认可，他是很为此荣耀的。

马致远不光是得到了上层的认可，和下层小官僚们相处也是不错的。他所在的"儒学提举司"虽只是个管"文教"的，但也管着下边州、府、县上学校祭祀、钱粮、考校、著述呈进等等不少具体事，而且很多实际工作都得他这个副手去干，由蒙古人担任的一把手只摆个指手画脚的官架子罢了。因此，他是经常往下跑的，去为基层解决一些实际问题，和下面自然也就混得相当熟了。

他有这么一首套数《【仙吕】赏花时·长江风送客》，就写了两位县令流泪送他上船的感人场景。这首套数可能是他要去江西出差办事时写的吧。

套数是这样的：

冯客苏卿先配成，愁煞风流双县令。扑簌簌泪如倾。凄凉愁损，相伴着短檠灯。

【么】愁恨厌厌魂梦惊，两处相思一样情。风送片帆轻，天涯隐隐，船去似驭云行。

【赚煞】碧波清，江天静，既解缆如何住程？灭烛掀帘风越紧，转回头又到山城。过沙汀，烟水澄澄。千里洪波良夜水，蛾眉月明。恰才风定，猛抬头观见豫章城。

怎么样，他和下层的官员们相处得还不错吧？你看冯、苏二位县令，于江边夜晚依依为他送行，灯下相对，有泪如倾，一片深情。在官场上混的大老爷们儿竟"泪如倾"，可见他们的关系非同一般。

可以这么说，肯定是马致远为冯、苏二位管理的府县在文化方面解决了关键难题。这是一个贫困地区，马致远想尽了办法，为他们筹划钱财，办起了学校，使下边的学子们百姓们大为受益，而且二位县令也受到了上边的褒奖，这才让他们对要分别的马致远感激涕零。

马致远这么认认真真为下面做实事，而且没什么官架子，喝起酒来可能还会如原来当小文人时一样，拍肩捶胸地称兄道弟，所以才会有二位县令兄弟般的惜别。

这种情感是真挚的，不是官场作态，所以马致远也相当感动，因此才写到了曲中。

细读这首曲，马致远前两句还化用了宋元时广为流传的双渐和苏小卿的故事。前面讲马致远游金山寺时谈到过，故事是说书生双渐和艺妓苏小卿相爱，当双渐上京赶考未归时，江西茶商冯魁以巨金将苏小卿买走。双渐状元及第后授临川县令，寻访小卿，知被冯魁骗走，张帆追赶。至金山，见苏小卿在茶船过此地时留在寺中的诗，便乘船趁风一夜千里赶至临安，夺回苏小卿。

而这次为他送行的恰是姓冯、姓苏的二位，于是便即兴用这个故事写了开头两句"冯客苏卿先配成，愁煞风流双县令"。不能因这两句就认为这首曲是写双渐苏小卿故事的。因为下面写的就与这个故事无关了，是二位县令与他如何愁别，他如何行船，怎么到了豫章等等。马致远在写作中是喜欢用典的，后面我们还要细说。这里的开头两句他只不过是根据两县令的姓氏，随机巧妙地用了一个典故而已。而且，这首套数的题目名，是引用的唐代大诗人贾岛的诗句"长江风送客"，表明就是一次送别。

在这首曲作中，人有姓，地有名，这是他在官场的一次真实记录，也是我们能在他的曲作中看到的唯一官场交往描写。通过上面这些曲作，我们看到的是他和同僚们的和谐相处，说明他为官前期心情上还是不错的。

4

马致远为官前期的感觉还是可以的，但没过几年，他却对官场出现了不适感。

他刚入仕途时写过暗喻文士也可成功也可圆满的《青衫泪》，但是没隔太长时间，又写出了杂剧《晋刘阮误入桃源》。这部戏现在只残存第四折的一支残曲《【双调】收尾》：

　　筵前一派仙音动，摆列着玉女金童；脱离了尘缘凡想赴瑶宫，谁想天台采药遇仙种！

只是个仙境的描绘，没办法从中看出原剧模样。但"误入桃源"的故事是早就有的，是说东汉末年刘晨、阮肇二人共入天台山采药，迷路不得返，遇仙女欣然相留，经半年，思归甚苦，女遂相送，指示归路，乃得还乡。但乡邑零落，无复相识，细询之，已十世。生活已经不适，只好以死解脱重返仙境。

那么他做官后写这样一个戏要喻示什么？是想表达自己也是"误入桃源"？

他还有一首同样题材的小令《【南吕】四块玉·天台路》，说得就比较明白了：

> 采药童，乘鸾客，怨感刘郎下天台。春风再到人何在？桃花又不见开。命薄的穷秀才，谁叫你回去来！

这里说得明白，你本来在仙境挺好，却非惦记着世间桃花，春风依旧，可人世全非，桃花在哪儿呢？而最后一句骂"命薄的穷秀才，谁叫你回去来"，是不是可以理解为，他对自己从一种生存环境进入另一种环境有些后悔了？本来生活挺好，自由自在，谁叫你要到这儿来！

如果说马致远写杂剧《误入桃源》是对自己走入官场的隐喻，那他还有一首在任职期间写的套数《【双调】新水令·题西湖》，就把这种不适感表示得比较直接了。全曲如下：

> 四时湖水镜无瑕，布江山自然如画。堆宴赏，聚奢华。人不奢华，山景本无价。
>
> 【庆东原】暖日宜乘轿，春风堪驭马。恰寒食有二百处秋千架。向人娇的是杏花，扑人飞的是柳花，迎人笑的是桃花。来往花船游，招飐青旗挂。
>
> 【枣乡词】纳凉时，波涨沙，满湖香芰荷蒹葭。倒金杯，斟玉斝。怎般楼台正宜夏，都输他沉李浮瓜。

【挂玉钩】曲岸经霜落叶滑，谁道是秋潇洒。最好西湖卖酒家，黄菊绽东篱下。自立冬，交残腊，雪片似江梅，血点般山茶。

前四支曲他先写了西湖四时的"自然如画"的盛景：春季游人如织，百花争艳；夏季是满天清香；秋则醉赏霜叶；冬是雪似江梅。而下面二曲便由写景转入了抒情：

【石竹子】锦绣钱塘富贵家，簪缨画戟官宦衙。百岁能欢几时价，可惜韶华过了他。

【山石榴】橹摇摇，声嗟呀，繁华一梦天来大。风物逐人化，虚名争甚那。孤舟驾，功名已在渔樵话，更饮三杯罢。

曲中写到"锦绣钱塘富贵家，簪缨画戟官宦衙"的富有的游人们，虽是花天酒地，却也只是"百岁能欢几时价""繁华一梦天来大"，表示出对豪门富贵的鄙视，还不如去和驾舟的老渔翁喝几杯。接下来的四支曲则流露了自己另有打算的心中遐想：

【醉娘子】真个醉也么沙，真个醉也么沙。笑指南峰，却道西楼，真个醉也么沙。

【一锭银】欲向中原力不加，我可便囊箧消乏。直等的男婚女嫁，怎时节却归林下。

【驸马还朝】想象间神仙宫类馆娃，俯仰间飞来峰胜巫峡。葛仙翁郭璞家，几点林樱似丹砂。

【胡十八】云外塔，日边霞；桥上客，树头鸦。水亭山阁日西斜。哎，老子醉么，疑阆苑泛浮槎。

指着南峰却叫西楼，真是醉了，但酒后吐真言啊，在【一锭银】曲中，他写出了这样的话："欲向中原力不加，我可便囊箧消乏。直等的男婚女嫁，恁时节却归林下。"相当明显，已经流露出想回北方的意思，只是财力不行，等处理完儿女的婚事后再说吧。而且在【驸马还朝】一曲中还表露出了到飞来峰求仙学道的意思。

最后两曲中，则明显流露出要退隐的意思：

【阿那忽】山上栽桑麻，湖内寻生涯。枕上听些鼓吹鸣蛙，江上听琵琶。

【尾】渔村偏喜多鹅鸭，柴门一任绝车马。竹引山泉，鼎试雷芽。但得孤山寻梅处，苦间草厦。有林和靖是邻家，喝口水西湖上快活煞。

面对着西湖晚景，他竟然展开了在西湖隐居的想象：摒弃尘俗，啸傲山林，柴门茅舍，该是何等的快乐。

在这套曲里，马致远不光是对官场不适应，对富贵鄙视，而且已经出现了要退出的想法。这种不适应，来自于哪儿？

其实细想，也不难明白，进入官场后他才看清，官场和他原来的向往完全是两回事。在当平民时，他知道平民的苦难和不公，但进入官场后他看到的应该是谁在制造着这些民不聊生的苦难和不公；入官场前想的是以"佐国心，拿云手"为国为民大展一番身手，进入官场后才发现，官场充满了"蚁阵蜂衙，龙争虎斗"般的争权夺利，尔虞我诈，吏治腐败透顶。时间越长，看得越透，当触摸到最见不得人的阴暗处，他可能都会心惊肉跳。这和他努力争取入仕时的那种憧憬"九天鹏鹗飞"的想法差距太大了，如何能不让他灰心丧气。

在他为官期间的交往中，应该是有与全真教的道人为友的，特别是在产生苦闷时，可能会到清净的道观中与朋友谈心以解忧。上面那首《题西湖》中，他说到有到飞来峰学道的意思，那飞来峰道观的道长一准就是和他相处很深的朋友，是经常往来，这也必然影响到他的思想变化。

也就是在这时期，马致远创作了杂剧《西华山陈抟高卧》，描写了五代时隐居华山的道士陈抟以卖卦占卜为名，在赵匡胤未发迹时指明他是真命天子，并为其指出定都汴梁的决策。赵匡胤即位后，便派使臣请陈抟入朝为官，陈抟安于神仙的志趣和山林生活的闲适，拒不为官，仍回华山修道。剧中通过对陈抟不肯为官，不恋荣华富贵，而执意归隐山林的渲染，明显是在表达着他很羡慕大隐士陈抟归隐山林那样的生活，流露出自己的隐逸思想。

在这部剧中，他通过剧中人陈抟之口，表达了他对仕途倾轧的一种相当显明的厌恶：

> 鸡虫得失何须计，彭燕逍遥各自知。看蚁阵蜂衙，龙争虎斗，燕去鸿来，兔走乌飞。浮生似争穴聚蚁，光阴似过隙白驹，世人似舞瓮醯鸡。便博得一阶半职，何足算，不堪题。

在他的曲作中对宦海生涯产生反感也越来越明显，如有一组小令《【南吕】四块玉·叹世》，第一首便是：

> 两鬓皤，中年过，图甚区区苦张罗。人间宠辱都参破。种

春风二顷田，远红尘千丈波，倒大来闲快活。

说得多明白了，人过中年，双鬓花白，我把人间荣辱都看透了，还瞎张罗个啥？哪如回家种地，那才是真快活。

第二首：

> 子孝顺，妻贤惠，使碎心机为他谁？到头来难免无常日。
> 争名利，夺富贵，都是痴！

家中妻贤子孝，生活安稳，还这么争权夺利到底是为谁啊？到头还不是跟着无常鬼去另一个世界吗？追名也好求富也罢，都是个大傻瓜。相当明白，别傻了，快离名利远点吧。

在感叹现实的同时，他还写了不少怀古叹世之作。比如有一首《【双调】蟾宫曲·叹世》：

> 咸阳百二山河，两字功名，几阵干戈。项废东吴，刘兴西
> 蜀，梦说南柯。韩信功兀的般证果，蒯通言那里是风魔？成也
> 萧何，败也萧何。醉了由他。

这里，他描写的是楚汉相争、萧何助吕后杀韩信等一个个故事。"咸阳百二山河"是说秦国的地势多么险固，但只因功名二字，便战乱纷起，项羽起兵吴中，得精兵八千，败后竟无一人还；刘邦曾为汉王，据蜀终成帝业，成也好败也罢，其实都是南柯一梦。名将韩信在萧何的举荐下最后功成名就，他的谋士蒯通劝他背汉自立他不听，最后又被萧何设计骗入宫中被吕后杀死，蒯通装疯避祸，也难逃被抓。他用历史上

的这些故事，揭示了宦海的险恶，表现出了对功名利禄的否定。虽是在写历史，曲名却为"叹世"，这里面包含着他的亲身感叹，叹官场的难言之隐、无奈之感。

终于有一天，他宣布要远离官场了。那便是那首著名的套数《【双调】夜行船·秋思》。全曲泼辣明快地对自己的想法进行了表述：

百岁光阴一梦蝶，重回首往事堪嗟。今日春来，明朝花谢，急罚盏夜阑灯灭。

【乔木查】想秦宫汉阙，都做了衰草牛羊野。不恁么渔樵没话说。纵荒坟横断碑，不辨龙蛇。

【庆宣和】投至狐踪与兔穴，多少豪杰。鼎足虽坚半腰里折。魏耶？晋耶？

【落梅风】天教你富，莫太奢。没多时好天良夜。富家儿更做道你心似铁，争辜负了锦堂风月。

【风入松】眼前红日又西斜，疾似下坡车。不争镜里添白雪，上床与鞋履相别。休笑鸠巢计拙，葫芦提一向装呆。

【拨不断】利名竭，是非绝。红尘不向门前惹，绿树偏宜屋角遮，青山正补墙头缺，更那堪竹篱茅舍。

【离亭宴煞】蛩吟罢一觉才宁贴，鸡鸣时万事无休歇，何年是彻？看密匝匝蚁排兵，乱纷纷蜂酿蜜，急攘攘蝇争血。裴公绿野堂，陶令白莲社。爱秋来那些：和露摘黄花，带霜烹紫蟹，煮酒烧红叶。想人生有限杯，浑几个重阳节？人问我顽童记者：便北海探吾来，道东篱醉了也。

这首套数明明白白告诉我们，"重回首往事堪嗟"，回头看看，对进官场后悔了。"想秦宫汉阙，都做了衰草牛羊野"，争那个名利有什么用？"看密匝匝蚁排兵，乱纷纷蜂酿蜜，急攘攘蝇争血"，争权夺利，多恶心人哪，不干了！豁上回乡下烧树叶子吃野菜也不干了！

不干了？奋斗了半辈子，好不容易熬个小官儿，怎么看着官场有黑幕，相互间争名夺利，就不愿同流合污，洁身自好走人了？好个高风亮节啊！

是吗？他看到的这些事，别人也是能看到的，人家怎么就没这么痛心疾首，没选择这条路呢？

噫，这正是马致远的高尚之处嘛，敢于和黑暗的政治、险恶的世道决裂！

评价绝对不低。但，还是先别给他戴高帽儿为好。以马致远的功名心理，要做出告别宦海生涯的决定应该是很痛苦的。我们可以这么认为，他是受到了什么极不愉快的刺激或打击，才做出这种无奈之举。

5

马致远决定辞官退隐，是受到了打击，是什么呢？在马致远的曲作中找不到他在官场与人有争的线索。但这时他写下了总结以前人生和规划今后去路的套数《【大石调】青杏子·悟迷》，从这曲题看，是从迷途中醒悟了嘛，其中肯定有让他决定要退的原因。那咱们就好好品读一下吧：

世事饱谙多，二十年漂泊生涯。天公放我平生假。剪裁冰雪，追陪风月，管领莺花。

【归塞北】当日事，到此岂堪夸。气概来自诗酒客，风流平昔富豪家，两鬓与生华。

【初问口】云雨行为，雷霆声价，怪名儿到处里喧驰的大。没期程，没时霎，不如一笔都勾罢。

【怨别离】再不教魂梦反巫峡。莫燃香、休剪发，柳户花门从潇洒，不再踏，一任教人道清分寡。

【擂鼓体】也不怕薄母放讶揩，谙知得性格儿从来织下。颠不剌的相知不缱他，被莽壮儿的哥哥截替了咱。

【赚煞】休更道咱身边没持剥，便有后半毛也不拔。活缯儿从他套共榻，沾泥絮怕甚狂风刮。唱道尘虑俱绝，兴来诗吟罢、酒醒时茶。兀的不快活煞，乔公事心头再不罣。

这首曲咱们在前边讨论马致远的出身时，引用过其中【归塞北】曲，说明他出生于"风流平昔富豪家"。读这首套曲，只前面说"世事饱谙多，二十年漂泊生涯。天公放我平生假"和最后的"唱道尘虑俱绝，兴来诗吟罢、酒醒时茶。兀的不快活煞，乔公事心头再不罣"是表达他要从官场退了。开头的"天公放我平生假"是说老天爷放他假了，给他自由了，他平生要离开官场了。结尾呢，是说人间的俗虑全部断绝，兴趣来了就吟吟诗，醒了酒就品品茶，可别再被那些装模作样的官府事来牵扯。这里"乔公事"的乔是"乔装"的意思。

从开头和结尾看，他是决心要退出官场了，可中间却和这种意思一点不搭边，全成了情场风流之事，甚至出现了老鸨子"放讶揩"、"莽壮儿的哥哥截替了咱"这样的句子，好像是情场争斗他要退出了，"柳户花门""不再踏"，而不是要从官场退出了。难道此曲就是在说自己情场的"悟迷"吗？

这有点让人犯迷糊。那么，和他有交往的同代人是否能知道点他为啥要退出官场的信息呢？

对了，前边咱们提到过一个叫张可久的曲家嘛，和马致远是忘年交，他有《【双调】庆东原·次马致远先辈韵九篇》，咱们引用过其中的一首，那么何不到那里去看看，是不是会有这方面的线索呢？

还别说，张可久的这组曲里面还真有值得琢磨的东西。他每曲都对马前辈从不同方面赞扬，但结尾都有一共同的警句："他得志笑闲人，他失脚闲人笑。"

这种警句被曲家称为"务头"，是一组同题曲中的总结性的主题语。比如马致远有一组《【双调】庆东原·叹世》曲作，有咏霸王项羽的、有咏孔明的、有咏曹操的等好几首，但每首最后一句都是："不如醉而醒，醒而醉"，强调的是曲中所说的历史名人无论是楚霸王也好，还是诸葛亮也好，都不过是过眼烟云，咱们还不如在醉醒之间逍遥自在。

张可久在赞扬先辈的组曲中，出现了"他得志笑闲人，他失脚闲人笑"这样的务头，是什么意思？特别说他"失脚"，而且招致"闲人笑"，指什么？"失脚"一词非常明白，就是"失足"嘛，走入邪路了，掉沟里了。马致远"失脚"了？如果不是事实，作为晚辈的张可久敢这样胡说，岂不是大不敬？既然他把这句话当成各曲的务头，那肯定是指在马先辈身上发生过改变命运的大事。

再细看，张可久在第三曲中还有"杀三士、因二桃，不如五柳庄前傲"这样的句子。"二桃杀三士"是春秋时的一个典故，大意是齐景公用两个桃子奖励三个立了功的战将公孙接、田开疆、古冶子，让他们论功而食，三个战将因争两个桃子而相继弃桃自杀。这典故历来被用作比喻为清除异己而借刀杀人。张可久把这典故用在与马先辈唱和的曲中指什么不得而知，但肯定和马致远有关。结合这个典故，不妨做这样的推想，马致远在任职期间是不是被"二桃杀三士"般地给借刀"杀"过？因此才有了陶渊明般的"五柳庄前傲"的结果？

这是极有可能的。马致远学富五车，作为一个儒学司副提举，处理一些汉人教书读书和文士间的事那是轻而易举，这不能不引起和他一起共事的腐儒同僚的妒忌。他向来又是才高气傲，把谁都不放在眼里，且有话就说，不免要得罪一些同事。

更可怕的是，他尽心尽职地为下面州县办了不少实事，下边感激，上头满意，他的同僚是不是想沾光分点功？而直接管着他的正提举，是不是更想贪功为己有呢？想分功，才高气傲的马致远肯定不会同意，那么，俗话说"功高震主"，他的主管上司能不防备他要抢位子吗？终于有一天，马致远被找了一个理由给狠狠整治了一下，再叫你不知天高地厚！

如果真是这样的话，马致远是什么事让人抓住了把柄？咱们还是回头再到《悟迷》中找找看吧。

他在第一曲中表达了"天公放我平生假"，要去过"剪裁冰雪，追陪风月，管领莺花"的日子。可在第三曲【初问口】中，却笔锋一转写到："云雨行为，雷霆声价，怪名儿到处里喧驰的大。没期程，无时霎，不如一笔都勾罢。"

怪名到处里喧驰的大？什么怪名？而且是如雷般震荡各处，满城风雨，难道就是因"云雨行为"？那是说的嫖娼啊，能为这个就得了"怪名"？就是这个！因为下一句他就肯定了，"没期程，无时霎，不如一笔都勾罢"。这怪名可不能没完没了，要尽快把这事一笔了结。

这就是说，马致远的"失脚"，是因为娼妓。元代法律如《元史·刑法·职制上》有明文规定："诸职官频入茶酒市肆及娼优之家者，断罪罢职"；"诸职官取娼女为妻者，笞五十七，解职离之。"《通制条格》说：

"乐人只娶乐人者。咱每（们）根底近行的人每，并官人每，其余人每，若娶乐人做媳妇啊，要了罪过，听离了者。"

马致远从青年时起就是很潇洒的，在书会时和歌妓艺女之流交往是肯定的，上任为官之后仍写杂剧，出入勾栏应该是常事。难道就因这个而犯事了？

这是极有可能的。据元代夏庭芝所撰专记艺妓的《青楼集》记载，有一个官至西台御史的贾伯坚因眷恋艺妓金莺儿，上司察觉，被劾而去；邓州王同知因娶歌妓王金带生子，被人告发，王金带险被取入教坊承应。那么，马致远也是摊上这种事了？

这不对啊。从各种留下来的资料看，那些律条形同虚设，元代的职官们并没遵守这些啊。看看《青楼集》，那里面记下了多少高官显贵在娼家的足迹，他们或"瞩意"、或"纳之"、或"置于侧室"，极尽烟花柳巷的欢乐，不仅不忌惮以上那些所谓的王法，还要四处炫耀，好像是很正常的。那怎么马致远有点这事，就要闹出雷霆般的响动，怪名到处宣扬呢？

这说明，是有人利用了这条针对职官的"法规"，而且更可能的是被人设了圈套，进行了"告发"。

我们可以用他《长江风送客》小令中的两位县令做这样的设想，马致远为那个贫困县办起了学府，当地感激得不行，送礼他不收，便在当地为他立了功德碑，并上报行省。行省的达鲁花赤听说还有这么能干的手下，便露出要奖赏或提拔他的意思，但指标只有一个。参与办事的同僚当然眼红，而他的主管也就是提举大人更是嫉妒得不行，这事是我派你去的，怎么就为你立碑，还要受赏、提拔呢？没有我能有你吗？于是便找行省的达鲁花赤去讨说法。达鲁花赤便开始调查，而下面的两位县令并不知事情的原委，证明这就是马提举的功劳，与别人无涉。

这让马致远的同事和正提举很是恼火，为了争功便下了黑手。他们知道马致远好写戏，跟那些戏子艺妓们是常往来的，便利用这事设了圈套。

从马致远下面的曲中看，出现了"薄母放诙揩"，"莽壮儿的哥哥截替了咱"，应该是陷害他的人勾结了老鸨子，骗他到了妓院中。那陪他的妓女受指派将他灌醉，并说要嫁给他。但他要走时却找不到身上所带的钱，老鸨子便以此开始讹诈，甚至恶语相加，恰这时，一个"莽壮哥"突然出现，找马致远麻烦，说这女人已经答应嫁我了，你凭啥跟我抢，牛了！爷有的是钱，要不咱就试试！大闹妓院或勾栏，第二天又闹到了提举司，但根本不讲去，就在提举衙门前跳脚喊，马提举要抢艺妓为妻，最后竟告到了行省的达鲁花赤处。

这样闹，怎么会不弄得满城风雨。那限制官员娶艺妓之律本形同虚设，可俗话有"民不举官不究"之说，既然有"告发"的，那就得管。于是，和马致远争功的同僚便以此在上司跟前大做文章，落井下石般地恶意炒作，这如何能不"怪名"远扬？行省的达鲁花赤虽很欣赏马致远的才能，但也不能因护着他而得罪了同族人，便顺水推舟说：马提举啊，你挺能干，可这事闹这么大动静，就将功折罪吧，做个检查，功也不奖你了，你给我低头认个错服个软，我也就不上报罢你的官了。

所以，马致远为了尽快平息事态，便痛下决心不再与妓女交往，正如他曲中所说，"再不教魂梦返巫峡"，"柳乡花门从潇洒，不再踏"。决心与青楼生活一刀两断，一笔勾销，并恨恨地对老鸨子说，你今后休想在我身上再讹诈钱财，我连"半毛也不拔"！对那轻薄的相好也不再眷恋，你快跟那"莽壮哥"玩去！

从马致远这首曲的描写看，这种推测应该是不会有太大出入的。所以他的后辈张可久才敢写到曲作中。

　　这种打击，使他名声扫地，更毁了他继续攀升的可能，如何让他不牢骚满腹，愤恨不平？于是他也就更加坚定了退隐的决心。就如他《悟迷》最后说的"沾泥絮怕甚狂风刮"，我的心如沾泥的柳絮不再随风飞，已经沉寂，不会再波动了。

　　"云雨"风波，以他向上司保证以后断绝这种行为做代价摆平了，但所有的功劳也都白扔了。这使他太寒心了，要让他再和这些人争名夺利甚至同流合污是不可能了。于是，他毅然选择了退隐。

　　惹不起咱躲得起。这是一种非常无奈的选择。

　　在人生的路上，走入仕途的马致远又一次失败了。

第六章

白发劝东篱，西村最好幽栖

好不容易走入官场的马致远决没想到，他不但没能展示"佐国心，拿云手"的豪情壮志，反而是"不达半纸来大功名一旦休"，经过追求、彷徨到希望的幻灭，最后只好选择了离开。

这是一种抗争的失败，是一种无奈的选择，也是他人生中最痛苦时期。他为官后更加看清了世道浑浊、政治黑暗、官场腐败等种种黑幕，让他痛心疾首，但又无能为力；他的由儒家教育形成的传统的人生价值观和蒙元统治者是有很大不同的，使他无所适从。

但他又不甘去当俯首帖耳、唯命是从的奴隶，那么只能承认失败，愤然退出官场，取号"东篱"，欲学那宁肯弃官不做，也"不为五斗米而折腰"的陶渊明，去过"采菊东篱下，悠然见南山"的恬淡生活。

这显示了一种正直而高洁的品质。

有人可能会说，什么正直呀、高洁呀，他这就是逃避现实，消极避世，是不敢和统治阶级做坚决斗争，是封建文人懦弱的妥协，是消极人生观的反映……

停，停！类似的话在有些文章中还真这么说过，不过听着怎么有点发霉的味道？咱们别"阶级斗争"行不？马致远那会儿没这个！他生活的元代是极为特殊的时代，政治现实是严酷的，民族政策是苛刻的，知识分子是被边缘化的。还是别唱高调吧，请问如果是你处在那个时代，会怎么做？去和统治阶级做斗争？怎么斗？

有人还要说，那种极端的评论当然不对，但马致远的退隐也并不是什么积极作为，他是受"全真教"的影响而走向了虚无。

应该承认，马致远的退隐是有这个因素，这在他的作品中能看得出来。全真教在元初很盛行，为当时的文人所接受，马致远受其影响是必然的，这从他年轻时就写《岳阳楼》那样的剧就能知道。但是，如果说他是为追求全真教鼓吹的虚无而弃官，不是太可笑了吗？要知道，从年轻时开始，他就一直没放弃对功名的追求，是一个相当现实的人啊。

闲话少说吧，还是回到当时的时代背景中，客观地分析马致远辞官退隐这件事吧。

马致远的退隐，是他人生中的一次最无奈的失败，但也可以说是他经过痛苦的去与留两难的思想争斗后灵魂的净化。正如他在一首曲中写的那样"我头低气不低，身屈志难屈"，官职虽得来不易，我宁可丢掉，也决不再和你们同流合污！因此我们应该看到，他的退隐，不但是显示了他的气节，而且这本身就是一种抗争。

那么，他退隐后是怎么生活的呢？

1

仕途上的挫折，使马致远的价值观发生了根本的转变。在经过"世事饱谙多"后，终于认识到"争名利，夺富贵，都是痴"，决心"不管人间事"，高唱着"归去来"而隐退了。

那一年大致是元武宗至大元年（1308），马致远已经五十七八岁了。

隐退到哪里去了？隐退后又怎么样了？他有一首套数《【般涉调】哨遍·半世逢场作戏》，便说得相当明白：

半世逢场作戏，险些儿误了终焉计。

白发劝东篱，西村最好幽栖。老正宜，茅庐竹径，药井蔬畦。自减风云气，嚼蜡光阴无味。旁观世态，静掩柴扉。虽无诸葛卧龙岗，原有严陵钓鱼矶。成趣南园，对榻青山，绕门绿水。

【耍孩儿】穷则穷落觉囫囵睡，消甚奴耕婢织。荷花二亩养鱼池，百泉通一道清溪。有余豪兴嘲风月，无复闲言讲是非，乐亦在其中矣。僧来笋蕨，客至琴棋。

【二】青门幸有栽瓜地，谁羡封侯百里。桔槔一水韭苗肥，快活煞学圃樊迟。梨花树底三杯酒，杨柳阴中一片席，倒大来无拘系，先生家淡粥，措大家黄齑。

【三】有一片冻不死衣，有一口饿不死食，贫无烦恼知闲贵。惊看风浪乘舟去，争似田园拂袖归。本不爱争名利，野猿作主，海鸟忘机。

【尾】喜天阴唤锦鸠，爱天香哨画眉。伴露荷中烟柳外风薄内，绿头鸭黄莺儿啭七七。

怎么样，这一曲作，把他进入宦海的悔悟和隐居后的田园乐趣、陶醉自然的情怀不是表达得一清二楚吗？

看第一曲，以"半世逢场作戏"起笔，概括了宦海沉浮的生涯，以"自减风云气"表示主动放弃对功名的追求，要过"旁观世态"的清静生活，把自悔、自悟、自隐、自得的心理写得曲折尽意。接下来各曲，便是描述归隐泉林的乐趣，虽是栽瓜种菜，以淡粥腌菜度日，却是"乐亦在其中"，抒发了他安于贫寒、鄙视名利的高志逸情。

嗨，先别说他如何清闲，咱们问的是他退隐到哪儿了，怎么不说？

没说吗？他曲中不是明确交代，"白发劝东篱，西村最好幽栖"吗？唔，是西村，那"西村"在哪儿？从他大量隐居后的写景曲中，能看到这里环境的清静优美。所表现的景物如"渔村"、"梅花"、"蓑衣"等等，绝非北方，应该就在杭州西湖附近。

他为官时写的《题西湖》曲中不是想象过在西湖边生活的情形吗？没想到还真成了现实。

那劝他的"白发"又是谁呢？白发嘛，当是他的前辈，关汉卿？白朴？都不可能，有资料显示，关汉卿在一三〇〇年、白朴在一三〇六年即他退隐前，已相继离世。其他还有哪位是他的白发前辈，在他的曲中找不到线索。也许，是他为官任职时在闲游中结识的渔翁、樵夫、钓友之类吧？但这类人闲聊是可以的，涉及到人生大事的话题估计马致远不会和他们探讨的。

唔，想起来了，有一个人不可忽视。那便是咱们前面说到过的，马致远在《题西湖》中流露有到飞来峰修仙学道的意思，说明他和飞来峰道观的道长是经常交往的。那么，这个鹤发童颜、手甩拂尘的道长，应该就是劝他的"白发"。

马致远在遭受那次官场的龌龊后,心情郁闷至极外出散心,不觉来到飞来峰道观。

当白发道长见到憔悴不堪的马致远,淡然一笑,说:你的事我已经全知道了,这是何苦呢?

马致远长叹一声:哪里是那么回事啊,是有人为争名夺利陷害于我啊。唉,我根本就……

白发道长挥手打断他的话,很平淡地说:不必讲了,一切都没用,人生短暂,就如瞬间即逝的电光、急雨溅起的水泡、石头撞击的火星、风中摇曳的油灯啊。我这里有一册道家真人们留下的曲词,你细读一下吧。

马致远接过一看,名为《鸣鹤余音》。他和道家朋友常在一起交谈,但他们的曲词是不常读的,这回便认真读起来。这一读,对处于人生低点的他影响极大,一拍即合。那里面有一首《瑞鹤仙》:

> 百年如梦蝶,叹古往今来,多少豪杰。图王霸业,谩得渔樵一场闲说。秦宫阙,今只有狐踪兔穴。想荣华秉烛当风,富贵似汤浇雪。

这几乎和他心中想的一模一样,便挥笔写下那首《【双调】夜行船·秋思》,开头便是"百岁光阴一梦蝶",人生就如"今日春来,明朝花谢,急罚盏夜阑灯灭","想秦宫汉阙","投至狐踪兔穴",最后便决定要退隐了。后来他还写过一首《【双调】乔牌儿》再次重申了"世途人易老,幻化自空闹。蜂衙蚁阵黄粱觉,人间归去好"。

于是他在白发道长的劝说下,辞掉了官职,带着一身轻松,在菊花盛开的金秋，隐退到西湖边上的西村了。

马致远是秋天退隐的，真的吗？绝对不是瞎说，看他的小令《【双调】拨不断·菊花开》是怎么写的：

> 菊花开，正归来。伴虎溪僧、鹤林友、龙山客，似杜工部、陶渊明、李太白，有洞庭柑、东阳酒、西湖蟹。哎，楚三闾休怪！

多明白，"菊花开，正归来"嘛，不但说了归隐的时间，也如上面"哨遍"那首套曲一样，还透露了他隐退后的生活踪迹。不过他用什么鹤林友啊龙山客这样的典故让人一时弄不明白他到底生活得怎样。

那好，咱就找他退隐后的曲作，看他到底是怎么过活的。他退隐后写过很多这样的小令，如《【南吕】四块玉·恬退》，其一说：

> 绿鬓衰，朱颜改，羞把尘容画麟台。故园风景依然在，三顷田，五亩宅，归去来。

其二则写：

> 绿水边，青山侧，二顷良田一区宅。闲身跳出红尘外。紫蟹肥，黄花开，归去来。

看到了吧，"黄花开，归去来"，再次证实是秋天退的吧，绝对没错。还有一曲：

> 翠竹边，清水侧，竹影松声两茅斋。太平幸得闲身在。三径修，五柳栽，归去来。

用不着解释了吧，翠竹清水茅屋，好清雅啊。

再如，他还有一组小令《【双调】清江引·野兴》，其中一首写道：

> 西村日长人事少，一个新蝉噪。恰待葵花开，又早蜂儿闹。高枕上梦随蝶去了。

多么的清闲自在。请注意，这里又出现了"西村"二字，也能证实他的隐居地西村并不是虚拟。

当然了，他不可能整天闲坐、闷睡，大部分时间还是要和人交往的。都是些什么样的人呢？最常接触聊闲天的当是他的同村邻居，如他在《【双调】清江引·野兴》中写：

> 樵夫觉来山月底，钓叟来寻觅。你把柴斧抛，我把渔船弃，寻取个稳便处闲坐地。

甭管是打柴的还是打鱼的，无拘无束坐一块儿，神聊。

交往的其他人当是文朋酒友，和这些人在一起，有共同语言，煮酒谈诗，焚香调琴，当是雅趣横生。但这些人不可能常来，马致远有一首小令《【双调】拨不断》就写盼朋友来的急切心情：

> 瘦形骸，闷情怀。丹枫醉倒秋山色，黄菊凋残戏马台。白衣盼煞东篱客。你莫不子猷访戴？

退隐后变瘦了，心情也孤独了，本来是请朋友来赏丹枫、看秋菊，虽辞官成了一介布衣，但邀友赏景赋诗还是有诚意的。可等啊等啊，怎么还不来呢，真是急死人，你莫不是如晋代王子猷那样，乘兴来访，走半道兴尽而返，不来相见了？

从这首曲能看出，马致远隐居到山村后并非过着"酒中仙、尘外客、林间友"的"晚节园林趣"神仙般的日子，有时也是很孤独，很烦闷的。在生活上，他虽是一再说有"三顷田"，其实并不富裕，为了生活，他并非整日喝酒游玩。

他有一首《【南吕】金字经》曲，明白写着：

> 担头担明月，斧磨石上苔，且做樵夫隐去来。柴，买臣安
> 在哉？空岩外，老了栋梁材！

这虽是借朱买臣的典故在发泄"老了栋梁材"的愤世之情，但也能从中看出这是在描述自己退隐后常有的打柴人生活。

但他对这样的生活不后悔。

2

马致远退隐到西村后，真的是心安理得，心如止水，平淡地过起了"三十亩地一头牛，孩子老婆热炕头"的小日子了吗？

并非如此。从他退隐后写下的大量叹世曲作中，可看出他根本就没放下世事，可以说是"身"归隐了，而"心"并没有归隐。

如他的小令《【南吕】四块玉·恬退》其中一首说：

> 酒旋沽，鱼新买，满眼云山图画开，清风明月还诗债。本
> 是个懒散人，又无甚经济才，归去来。

买了酒和鱼，欣赏着图画般的云雾缭绕的青山、面对着清风明月写诗自乐吧，我"本是个懒散人，又无甚经济才"，所以要"归去来"。

这不对吧，你原来不是一直认为自己是有"佐国心，拿云手"的壮志，有"钓鳌攀桂"本领的大才吗？怎么这会儿变成了毫无才能的"懒散人"？

其实，他这么说是在故作旷达，是在变相地发泄，仍然在表达着因为满身的"济世之才"不被重用而变成闲散无用之人的激愤之情。

再比如，他退隐后，写过一首套数《【双调】行香子》，自己就写了在退隐生涯中始终被一股漫无边际、挥之不去的闲愁困扰着：

> 无也闲愁，有也闲愁，有无间愁得白头。花能助喜，酒解
> 忘忧。对东篱，思北海，忆南楼。
> 【庆宣和】过了重阳九月九，叶落归秋。残菊胡蝶强风流。
> 劝酒，劝酒。

从开头看，马致远毫不隐讳地说出自己退出官场后有排除不掉的无所不在的闲愁，有的没的都愁白了头，只有借花助喜，借酒解忧，甚至面对残秋还愁思不减，连呼劝酒。

可再一想，这是何苦呢？

【锦上花】莫莫休休,浮生参透。能得朱颜,几回白昼?野鹤孤云,倒大自由。去雁来鸿,催人皓首。位至八府中,谁说百年后?则落得庄周,叹打骷髅。爱煞当年,鲁连乘舟。那个如今,陶潜种柳?

【清江引】青云兴尽王子猷,半路里乾生受。马踏街头月,耳边宫前漏,知他恁羡甚么关内侯!

【碧玉箫】莺也似歌喉,佳节若为酬。傀儡棚头,题甚么抱官囚!自也羞,则不如一笔勾。锦瑟左右,红妆前后,朦胧醉眸,觑白头黄花瘦。

【离亭宴带歇指煞】花开但愿人长久,人闲难得花依旧。夕阳暂留,酒中仙,尘外客,林间友。黄橙带露时,紫蟹迎霜候,香醪旋篘。酒和花,人共我,无何有。细杖藜,宽袍袖,断送了西风罢手。常待做快活头,永休开是非口。

快别自找烦恼了,既然已经"浮生参透",选择了恬退,就别再想"位至八府"那些事儿了。想起官场上那些拉帮结伙蝇营狗苟的破事,"自也羞",快做一个"细杖藜,宽袍袖"、"永休开是非口"的真隐士吧。

从他一再表示一定坚守"人间宠辱都参破"的退隐信念这一点看,恰恰表明他并不是一个与世隔绝、心如死水的隐士,而是一个怀有丰富情感、热爱生活的人。他越是要让自己加强"远离红尘"的决心,说明他内心那种幽情孤愤就越强烈。如果真达到了清心寡欲,还老赌咒发誓地表什么决心?

这种既想远离世事又愤世嫉俗的矛盾心境,其实一直伴随着马致远。在他退隐几年后的六十多岁,写了最后一部"神仙道化剧"《马丹阳三度任风子》,再次表达了他不能再犹疑不定,既然退出尘世,就决不回头的心情。

之所以能推定是这个时期写的，是因剧中人物马丹阳说自己是"白云洞主丹阳抱一无为普化真人"，而这一称号是元武宗至大二年（1309）才加封的。因此这部剧必然是写于马致远一三〇八年退隐之后。

这个戏是写神仙马丹阳一而再再而三地超度一个任姓屠户的故事。马丹阳用尽各样手段：一度是用道家功夫让任屠折服，丢掉了杀戮之心；二度是任妻抱子寻找，任屠竟休妻摔子，誓不还俗；三度乃儿子前来索命他伸颈就戮，终被点化成仙。

这时的马致远已经退隐了，怎么还要写这样坚决避世、决不还俗的剧呢？他要表达什么？

推想一下，在他退隐后，可能发生了这样的事情：有一个和他一样退隐的人耐不住生活的寂寞，来和他商量，太没意思了，那会儿是不是犯傻了，咱们还是回去吧，于是又重返了官场。更有一种可能，在他退隐后，官府派他在职时要好的朋友来对他说，原来陷害先生您的那帮小人都换走了，上司还记着马提举您很能干，让我来请先生你再次出山。

这样的事，无疑在他的生活中激起了波澜，他犹豫、彷徨，甚至发生了动摇，可能彻夜无眠。但最终，他还是拒绝了，决定像高士陈抟那样，隐而不出。家中的老伴和子女当然激烈反对，苦劝他，为什么不去啊？邻居们和一些朋友也不理解，甚至以为他是"疯子"。

就是在这种情况下，他挥笔写下任屠为修仙而拒绝一切诱惑甚至可休妻摔子的这部杂剧，来表达他退隐后不再动摇，一经觉悟，就决不回头。他为剧中人任屠设计的仙号为"风子"，可能与有人骂他"疯子"有关吧？

他真是一经觉悟决不回头，再不管人间事了吗？

3

马致远写杂剧《任风子》是在元武宗至大二年（1309），表示了他隐退绝不回头的决心。

两年后的一三一一年，元武宗海山病逝，他的弟弟皇太弟爱育黎拔力八达即位，是为元仁宗，成了元朝的第四位皇帝、蒙古帝国的第八位大汗。

元仁宗自幼师从名儒，能读写汉文，还非常熟悉中国历史和儒家学说，儒家的伦理和政治观念对他有很强的影响。他登基后就下诏将《贞观政要》、《帝范》、《资治通鉴》和儒家经典《尚书》、《孝经》等译成蒙古文刊行天下，令蒙古人、色目人诵习。

皇庆二年农历十一月即公元一三一三年十二月，元仁宗同意了大臣们的建议，下诏恢复科举，并指定以朱熹集著的《四书》、《五经》为科举考试指定用书。元仁宗决没想到，他这一指定，使程朱理学竟以正统地位在中华学界占领六百多年，使明清两朝的科举考试都沿袭于此。

从蒙古灭金后，元太宗窝阔台在一二三八年举行一次科举后停科，到仁宗一三一三年下诏恢复，整整过去了七十五年。至此，天下的读书人再次获得了以科举方式晋身做官的途径。

马致远恰恰就赶上了废科举这几十年。仁宗决定复科第二年即一三一四年改元延祐，乡试开始，到一三一五年三场会试再到最后殿试，共取进士五十六人，史称"延祐复科"。

这时的马致远已经是六十五六岁的年纪，只能眼睁睁看着别人忙忙碌碌进考场。考好了手舞足蹈、考不好垂头丧气那种感觉他是体会不到了。但这件大事在当时肯定满天下热议，在他一个读书人心中必然激起巨大波澜。

想到自己由于无缘科考而蹉跎的一生，再想到他的后辈学子们今后有了仕进之路，不禁感慨万分，我马致远怎么就这么背时倒运啊，怎么在年轻时就没赶上这种好事啊，老天爷真是太不公平啊！于是，他再不谈什么避世、退隐，而是动手创作了追求功名的杂剧《半夜雷轰荐福碑》。

"雷轰荐福碑"的传说，宋代僧人惠洪《冷斋夜话》及宋代文人彭乘《续墨客挥犀》均有载。马致远据此故事，发挥想象，大加改造，添了龙神和富商，写成了曲折动人的杂剧。剧中说的是书生张镐落魄江湖，其友范仲淹两次写信助他投奔能帮他之人，可能帮他的两个人竟猝死，去做官竟被富商冒名顶替。庙里和尚要帮他拓名人碑文卖钱，龙神又将碑击碎。正当倒霉透顶的他悲愤要自杀时，被范仲淹救下，进京中了状元。

马致远通过这个故事，影射了元代社会的险恶，官场的污浊和读书人怀才不遇的困境，强烈地表达了他对当时读书文人命运如此坎坷的愤懑之情。

咦，不对啊，这和他退隐后所作散曲中一再宣扬的退隐避世思想是大相径庭的。他不是头几年还写过《任风子》，表示一经醒悟，就远离红尘，不再回头吗？这怎么又写上奔功名中状元了？

为什么？从情理上分析，没能科考是马致远一生的遗恨，开考了他已垂暮，这是多么悲怆的事啊！他时时在想，难道这真是我命该如此吗？是谁造成的？于是便把自己求仕无门的坎坷通过剧中人说出来。也许他看到复科后，再也压不住积了一生的怨恨，就通过此剧发出最后的呐喊吧。

再一层呢，看到复科后，在他的心中可能又升起一种朦胧的希望，写出这个剧，也可看做是对后辈的鼓励吧。就如一个老人在留遗嘱，我年轻时没有仕进之途多艰难啊，一再喊"恨无上天梯"，现在呢，如我戏里写的"到今日攀蟾折桂，步金阶才觅着上天梯"，科考恢复了，有了"天梯"了，再难你们也得努力啊，像我戏里写的张镐那样，坚持追求，就有希望成功。

有人可能问，你怎么知道《荐福碑》是马致远晚年才写的？按剧情看，应该是他年轻时的剧作，其中有他自己科考无望的影子。按常情想，这么推断似乎合乎情理。但是，经专家考证，此剧就是他晚年的作品。

在《荐福碑》第三折【红绣鞋】曲中有这样的句子："本待看金色清凉境界，霎时间都做了黄公水墨楼台。"这里面所提的"黄公"，据分析是指元代擅长水墨山水画的大画家黄公望。黄公望生年比马致远略晚，除了工画，还写散曲和杂剧，且也深受全真教影响，与马致远大有相近之处，所以马致远才在剧中称道他的画技。但有资料载，黄公望早年热衷功名，做过小官，五十岁时曾入狱，一三一八年出狱后"始作画"。如果是马致远年轻时写此剧，黄公望更年轻，还没学画，不可能被马致远写入戏中。

因此这部剧只能是马致远的晚年之作，他那时应该快七十岁了。

4

在马致远七十岁的时候，即一三二〇年，元仁宗去世，十八岁的硕德八剌登基称帝，是为元英宗。第二年改元"至治"。元英宗对朝政进行了大力改革，如裁减冗官、监督官员不法行为、颁布新法减轻民人的差役负担等等，史称"至治改革"。

英宗的新政使元朝的国势大有起色，经济出现相对繁荣，民人的生活也大为安宁。而且他还下令官方编修了记录从元太宗窝阔台以来元朝约九十年的各方面资料的史书《大元圣政国朝典章》，极具史料价值。

这种景象似乎使马致远又看到了人世间的希望，竟为这个看上去是想治理好国家的年轻有为的皇帝又大唱了一首赞歌，像当年他"写诗曾献上龙楼"一样，也是套数《【中吕】粉蝶儿》：

> 至治华夷，正堂堂大元朝世，应乾元九五龙飞。成斯年，平天下，古燕雄地。日月光辉，喜氤氲一团和气。
>
> 【醉春风】小国土尽来朝，大福荫护助里。贤、贤，文武宰尧天。喜、喜，五谷丰登，万民乐业，四方守治。
>
> 【啄木儿煞】善教他，归厚德，太平时龙虎风云会。圣明皇帝，大元洪福与天齐。

这和他青年时"献龙楼"曲子是一个意思，再次赞美元朝国泰民安，一团和气。

不，也不尽然，细看还是不一样的。年轻时他是为了自己的功利目的，努力去讨好皇帝，去吹捧、献媚，完全是因为幼稚。而后面这一曲，他所写的不再仅是皇帝，而是整个王朝，开头是"正堂堂大元朝世"，结尾是"大元洪福与天齐"。和年轻时高呼"吾皇万万岁""稳坐亢金盘龙椅"完全是两回事。

他在七十多岁写下这样的套曲，是看到了世道出现昌平之象，便发出自己的一种希望和祝福，大元朝啊，就这样"五谷丰登，万民乐业，四方守治"地发展下去吧，我老了老了能赶上这样的世道，也算知足了。

但是，马致远可能没看到这样的"一团和气"的盛世是不是能够继续下去。

因为，元英宗的新政触及了蒙古保守贵族的利益，他为了清除权臣的恶势力，造成了扩大化，于至治三年（1323）在出游路上被权臣刺杀，年仅二十一岁。也就是说，元英宗的"至治"年号，只一三二一年至一三二三年这三年。

马致远这套赞"堂堂大元朝世"的曲就写在至治年间，因开头便是"至治华夷"几字，说的什么时候相当明白。从此而后，就再不见他写的东西。

由此可见，马致远是在"至治"年号期间离开了人世，年纪当在七十一岁以上。

喂，也别那么肯定，人家也许又活了十年呢，不写东西就证明是死了？

当然不是，还有别的证据能证明他是卒于"至治"年间。

《录鬼簿》成书于元明宗至顺元年（1330），马致远被列为"前辈已死名公"项下，可见他在此书立著时已经离世。

最有力的证据是，元人周德清《中原音韵》写于元泰定元年（1324），其中有："乐府之盛之备之难，莫如今时……其备，则自关、郑、白、马一新制作……诸公已矣，后学莫及。"这表明，一三二四年写的书，已经说他与"诸公已矣"，马致远死于一三二四这一年之前是没疑问的。

马致远的卒年我们也确定了。

那么，马致远生于一二五〇年左右，卒于一三二四年前的至治年间，年纪应在七十一岁到七十三岁之间。这是不容置疑的了。

马致远走了。静静地，悄悄地。

没有人能确切知道马致远到底是什么时候离开了人间，更没有人知道他最后时日的情形。这位名震元代曲坛的"西风瘦马"、"中原一布衣"，就如芸芸众生一样，悄无声息地走了。

一代大文豪，在凄凉秋风中骑着疲惫的瘦马，在被荒废的儒学"古道"上，默默地走向了天涯……

这就是一代大文豪马致远困顿蹉跎的一生。

有少年时"写诗曾献上龙楼"梦幻般的壮志；

有青年时"登楼意，恨无上天梯"当小吏时求进无门的追求；

有中年时"天涯自他为夫客"南游时束手无策的彷徨寻觅；

有壮年时"风波梦，一场幻化中"的官场失意的痛苦挣扎；

有晚年"闲身跳出红尘外"的矛盾纠结的退隐生活。

是什么使他成为踽踽独行于"古道"上的"瘦马"？又是什么使他成了被"困煞"的"中原一布衣"？元代那个特殊的生存时代是一个很关键的外在因素，这是肯定的。

但是，他本身的内在因素也是不容忽视的。

那么，在下面的一编中，咱们是不是到他的精神世界中转一圈，看看他遇上事到底是怎么想的？为何会那么处理？又为何会写出那么多精彩的但有时却在要表达的思想上很矛盾的作品？

好吧，要想真正了解马致远，咱们就走进他的精神王国吧……

中编　盈虚妙自胸中蓄

　　我国自古以来就是一个由多民族结合而成的国家。由于各民族发展的不平衡，一般来说总是由人口多、地域广且生产力发展水平相对较高的汉族占主导地位，掌控着国家政权。到了宋代，在中国北方先后有契丹族的"辽"、女真族的"金"、党项族的"西夏"、蒙古族的"大元"等少数民族政权与宋朝相对立，最终由蒙古族的元政权完成了祖国的大一统。

　　元代，是中国历史上一个由蒙古贵族执掌统治权的特殊时代，中国封建社会所形成的文学艺术、哲学思想等灿烂的文明，受到刚刚由氏族部落进入奴隶社会的蒙古统治者金戈铁马的强烈冲击和践踏，使整个中华大地陷入深深的郁闷。

　　马致远就恰恰生活在这样一个时代。

　　咱们在"上编"中已经比较清晰地了解了马致远生活的时代背景和他的坎坷而又充满悲情的人生经历。青年时有异乎寻常的追求功名的欲望，也试图以"修身齐家治国平天下"为己任，但却遭到了"登楼意，恨无上天梯"般的束手无策的困顿；中年时虽做了小官，但官场的浑浊、世道的险恶却击破了他的梦想，使他终于放弃心中那微茫的希望，退隐田园。

这使我们的眼前不由得又浮现出小令《天净沙·秋思》中那个"西风瘦马"的意象。在汉人被压制、文人被轻贱、科举被废除的凄厉的"西风"中，马致远如何能不"瘦"！那首小令所展示的，就是他的人生苦旅图啊。但他没有放弃，始终是在被荒废了的中华文明的"古道"上追寻着，虽然是那样孤独。

作为一个深受儒家文化教育的文人，是懂"达则兼济天下，穷则独善其身"之理的，既然在当时的社会政治背景下，显达已经成为奢望，那么于穷途末路时退求其次，归隐山林，独善其身，便成了马致远最为体面但也是最为无奈的选择了。

我们在上编中介绍过，马致远的这种选择是相当痛苦的。从"居庙堂之高"的入仕梦想破碎，到主动远离官场"处江湖之远"，去过"和露摘黄花，带霜烹紫蟹，煮酒烧红叶"的生活，不会是突变，是需要一个过程的。在这个过程中，并不是每个人都能顺利过关，而且结果也是不一样的。

在元代，文人不被重视，本来就被"边缘化"，而退隐，可以说是自己再次把自己"边缘"。在这个过程中，很多人先是沉默，后来便是忘记，忘记世事，忘记自己，也被世人所忘记，最后则沦为实实在在的"一介布衣"。而马致远却不是这样，他退隐后没有忘记自己，也没有忘记世事，政治抱负虽不得施展，但文学才华却有了用武之地。

从追求、失望到避世，这无疑给马致远带来了沉重的悲哀。这种悲哀是怎样搅动着他的心灵，影响着他的写作，那咱们就走进他的精神世界，在赏析他的作品过程中探寻一下他既期待又无望、既愤慨又无奈等等矛盾的心路历程吧。看看他心灵中哪里是"盈"，哪里是"虚"。

第一章

他只是思故乡？

马致远生活在由蒙古贵族统治的元代，这必然影响到他作为一个汉族文人的心灵。在他的意识中，对蒙古统治者是如何认识的，这决定着他的一生。因此，我们就有必要先探讨一下这方面的问题。

这一章的题目是引用马致远散曲小令《【南吕】四块玉·紫芝路》中的一句。这首小令是吟咏汉时昭君出塞的故事的，是说王昭君在入匈奴途中在草原上怀念不可能再回去的汉地家乡。

这首小令是这样写的：

> 雁北飞，人北望，抛闪煞明妃也汉君王。小单于把酒呀剌剌唱。青草畔有收酪牛，黑河边有扇尾羊，他只是思故乡。

昭君出塞的故事，不知有多少文人墨客咏叹过，皆因这故事涉及两个民族能否和平相处，但所咏的角度却大多是叹昭君孤独悲愁的。马致远这首也不例外，"雁北飞，人北望"，一步一回头，想到被汉君王抛弃，看到小单于把盏歌唱的得意，以及大草原牛羊遍地辽阔富饶的风光，她只有一声哀叹，"只是思故乡"。仅四十四字，把昭君所见、所闻、所思、所感，表达得淋漓尽致。

这首小令的描写基本还是和历史记载相符的，昭君为了和亲，出塞去了匈奴，曲中写了她见到了草原那牛羊遍野的景色，怀思故乡。

咦，那问号是怎么回事？原曲中是个句号啊。

是的，这个问号是咱们加上去的。因为这里要说的是马致远又根据这个故事创作的另一部作品，那便是南宋灭亡后不久他写的杂剧《破幽梦孤雁汉宫秋》。我们想问的是，这部剧中的昭君，是不是还在思故乡？所以才有了这个问号。

我们在上编中介绍过，《汉宫秋》是马致远的早期作品，也是他的代表作。这部剧无论从思想性还是艺术性上，都被后世将其与关汉卿的《窦娥冤》誉为元代杂剧的"双璧"。从明代以来的元代杂剧选本大都以它为压卷之作。

这部剧之所以有如此高的声誉，有人认为是"富有正义感、恪守民族良知"的马致远，在南宋亡后，饱受"亡国之痛"，怀着"对故国深深的追念"，借史写下这部剧，通过对王昭君为保全民族、国家而甘愿牺牲个人幸福和生命的歌颂，表露出马致远"自身所处山河破碎、国失家亡的内心伤痛"，也正是"汉族人民遭受民族压迫、做亡国臣民的民族意识的折射投影"，更是马致远"受民族压迫、做亡国臣民的强烈民族意识"的反映。

就差没说他是民族英雄了。

但我们觉得，这种评价，未免对马致远的思想境界有些拔高了。是不是这样呢，咱们还是别带着某种情绪和偏见去认真地品味一下吧。

1

元灭南宋，是在一二七九年，马致远已是而立之年。他虽然生活在北方，但作为一个深受儒学教育的汉族知识分子，不可能无动于衷，内心肯定受到冲击。当他回想起他当小吏时，与伐宋军队的接触以及见到过南宋被掳北来的官民那惨痛情景，心中肯定有诸多感慨。但元代统治者又不允许他直接选用当代题材去表达他的想法，只有借用历史人物来曲折表现，于是便有了这部剧作《汉宫秋》。

《汉宫秋》以民族矛盾为背景，细腻地描写了汉元帝同王昭君的爱情悲剧。剧中的王昭君出身农家，被征选入宫时因无钱应付大臣毛延寿的索贿，被点破画图，打入冷宫。一个偶然机会被汉元帝发现，封为明妃，宠爱有加。不料曾诬陷过昭君的毛延寿事情败露后畏罪叛国，把她的真图像献给匈奴呼韩邪单于。单于遣使赴汉，并以大兵随后，指名索要昭君。当时满朝文武，束手无策。在这国难当头的危急时刻，昭君挺身而出，自愿和番。汉元帝虽然不忍割爱，怎奈宰相无能，朝臣怕死，兵微将寡，国防空虚，只好一边埋怨："太平时卖你宰相功劳，有事处把俺佳人递流"，一边哀叹："满朝文武都做了毛延寿"，忍痛送别。昭君北行至国境，毅然投河自尽。全剧以长空孤雁伴汉元帝在深宫中的凄切哀思结束。

这部戏剧情并不曲折，也不复杂，但包含的内容却很丰富。一方面通过匈奴逼亲致使汉元帝和王昭君这一对爱侣生离死别，含蓄地影射了元代统治者的民族压迫；另一方面通过批判宰相朝臣们的屈辱投降和奸臣的卖国求荣，曲折表达了对南宋灭亡原因的剖析。

《汉宫秋》在当时就相当轰动，各勾栏争相演出。以至于一直生活在江南的大诗人元淮在他的诗中都能引用《汉宫秋》剧中的曲句入诗，可见流传之广，影响之大，艺术性之高。之所以会这样，是因马致远对历史上的昭君故事进行了颠覆性的改编。

"昭君出塞"的故事，史实见于《汉书·元帝纪》，汉元帝时，汉朝兵马打败了匈奴郅支单于，南匈奴呼韩邪单于投降了汉朝，成了藩属。《元帝纪》载："竟宁元年春正月，匈奴呼韩邪单于来朝。诏曰：匈奴……呼韩邪单于不忘恩德，向慕礼义，愿保塞传之无穷，边陲长无兵革之事。其改元为竟宁，赐单于待诏掖庭王樯（嫱）为阏氏。"《汉书·匈奴传》也记载："竟宁元年，单于复入朝……自言愿婿汉氏以自亲。元帝以后宫良家子王嫱字昭君赐单于……王昭君号宁胡阏氏，生一男伊屠智牙师，为右逐日王。"

这就是昭君出塞的本来面目。王昭君出塞和亲，结束了自汉武帝以来汉与匈奴之间一百余年的长期战争。

从这里可知，历史上这时应是汉朝强大、匈奴慑于威力而主动求和，而且也知昭君是以宫女身份出嫁匈奴，后来生儿育女。《后汉书·南匈奴传》所记相同，仅多"昭君入宫数月，不得见御"，临行时，帝始见其丰容盛饰，"意欲留之，而难于失信"一段。直到晋代葛洪的《西京杂记》中，才有诛杀画工毛延寿的传说；石崇的《王明君词》（当时因避讳皇帝司马昭的昭字而为明）则增入了"马上琵琶"一节；晋代孔衍的《琴操》又加入了昭君入宫年岁和"青冢"。这些增添，无非是"红颜女子多薄命"的故事。但到马致远处理这个题材时，便不顾原来这些情节，重新虚构成了一个富有一定积极意义的戏剧故事。

马致远对原来故事的改动主要有以下几点：

《汉书》说昭君系"后宫良家子"，《琴操》说她是"齐国王襄女"；

而马致远在剧中则写她出身"庄农人家"、"家道贫穷",是一个农村姑娘。

原来的说法是昭君始终未得汉元帝宠幸,直到临行才得见一面,而剧中则成了两人相遇相知,情深意长。

《西京杂记》说毛延寿系画工,因画像不真而被斩;剧中他成了朝中大臣,因未得贿赂而点破昭君图像,事发后卖国投敌。

按史实,汉朝当时国力强盛,匈奴内争势衰,呼韩邪单于来朝,汉元帝以昭君赐之;在剧中马致远则改为匈奴强而汉朝弱,汉奸毛延寿从中挑拨,单于以武力勒索,强迫和亲,汉室君臣昏庸无能,无力保国,昭君见国事危急,为国家不遭兵祸而挺身担当。

改动最大的一点是,《汉书》记,昭君至匈奴,立为阏氏,与单于呼韩邪生有一子,立为右逐日王。史载右逐日王一系后来日渐强大,与东汉交恶被击溃,一路西窜,越过葱岭进入欧洲,占领哥特人的地盘引起罗马帝国的崩溃,在欧洲大陆建立了强大的匈奴帝国,也就是后来的匈牙利和塞尔维亚等国。这都是题外话了,目的只是想说明,王昭君实实在在是嫁给了匈奴单于的。呼韩邪单于死后,其前妻所生小单于立,复妻之,又生二女。剧中则完全改观,写昭君行至边境,投黑水自殉,以明其志。

以上这样的改动,便从根本上改变了原来故事的思想意义,把一个很平淡的宫廷逸事一下子改成了具有历史意义的大悲剧。从他的改动中我们可以认识到,他是在用史书上的人物和故事,曲折地表达着他对生活的那个时代的看法。

马致远生活的十三世纪后期,南宋与元朝的关系,就与《汉宫秋》中所设计的剧情中汉朝与匈奴的关系是完全一样的,是宋弱蒙古强。从一二三五年开始,蒙古灭金后大军多次南下攻宋,大规模掠夺人口、财物和土地,南宋王朝表现得十分软弱。一二五八年贾似道派使者到蒙古军营议和，答应以长江为界，每年贡献银二十万两、绢二十万匹；一二七五年宋朝两次派使者与元朝议和，请求称侄纳币，如不答应还可以低贱到要称侄孙；一二七六年再次奉表称臣，每年献银二十五万两、绢二十五万匹，当时元军已经逼近临安，不肯答应，宋朝只好屈膝投降。

这些事发生时，马致远正在地方官府当小吏，接触过军队，肯定清楚地听说过，这对他一个汉族人来说在心灵上不可能没有触动。

因此可以说，马致远的《汉宫秋》确实是对蒙元南下灭宋的影射，也能看出马致远内心深处的一些民族意识。但我们认为，不能拔高，不能如有些论家认为的那样，说这剧表现了他如何如何的"爱国精神"和"民族气节"，更不能看成是马致远以此剧为武器在讨伐元代的蒙古统治者，是他在"思故乡"。

马致远生在北方，长在北方。他的出生地大都，也就是现在的北京地区，五代时称幽州，在后晋时被石敬瑭把包括幽州在内的燕云十六州拱手送给了契丹人，成了大辽朝的南京，后来又被金朝占有，宋朝始终没能收回。因此可以说，马致远的祖辈父辈应该是辽朝、金朝的民人，而他本人，在蒙古灭金后海迷失后临政的一二五〇年出生，应是元朝的民人，这咱们前边已经说过，他从来就没做过宋的民人。说他写《汉宫秋》是怀念灭亡了的南宋，是爱国，是思故乡，他爱的是哪个"国"？思的是哪个"故乡"呢？

对南宋的灭亡，作为汉族人的马致远有感触，可能感触还很深，但不会彻骨痛心。因为，他和南宋无论从地域上还是从心灵上来说都是有距离的。他的这种感慨，只能说是来自于民族的血源和与传统的汉文化割舍不断的联系。

相反，马致远是把自己当作元朝的臣民的。在他的杂剧作品中对蒙元统治者的黑暗残暴相当不满，是有影射的，如《汉宫秋》中以匈奴隐喻蒙古灭宋，《荐福碑》中揭露的社会黑暗，《陈抟高卧》中描写的世道混乱等等，但在他的散曲作品中直接揭露的却几乎没有，而是充满了幻想。年轻时就给元朝皇帝献诗认为自己所生活之地是"扇祥风太平朝世"，高呼"祝吾皇万万年，镇家邦万万里"，到晚年仍认为自己所在地是"正堂堂大元朝世"。这不相当明确地表示，他就是大元的臣民吗？

而且，他的大量的曲作，自比于历史上有作为的贤达，一再表达有"佐国心，拿云手"、"九天鹏鹗飞"的雄心壮志，幻想得到功名为元朝统治者效劳，也是很清楚的。元在攻宋时，他已经成年，正在为蒙古政权当小吏，"昔驰铁骑经燕赵"，不是元民是什么？

因此，在马致远的心灵深处，民族意识不能说没有，但是很模糊，很矛盾的。

我们这么说，可能会引起不少人的反感，说我们没看到马致远的高度，对元代那么伟大的文学巨匠怎么能贬得这样低呢？但我们以为，对历史人物，应该给以实事求是的客观评价，还是别以主观的好恶、特别是带着一种民族情绪给戴高帽为好。

2

马致远在杂剧《汉宫秋》中表现了一定的民族意识，是通过王昭君这个艺术形象体现出来的。

在这部剧中，马致远借昭君出塞的故事，反映了现实之痛。金朝灭亡时，有多少宫女民女被掠到蒙古，元代诗人元好问就写过不少《芳华怨》、《小娘歌》这样的诗。史载南宋亡时，元军进临安后大索宫女，宫女投水死者上百人。帝显、全太后和宫女、内侍等三千多人被押解北上，从行的朱夫人、陈夫人俱自缢。南宋亡后大批宫人被掳北上，在《湖州歌》、《亡宋宫人分嫁北匠》等不少诗歌作品中也有记载，有些诗句被马致远移植到剧本中。马致远设计昭君投江而死的情节，受到这些真事的影响是肯定的。

《汉宫秋》剧中的王昭君，并非是一般宫女了，已经是汉元帝的爱妃，昭阳殿里，艳香与君王相拥，金明池畔，倩影与君王相随，关关雎鸠，相和而鸣。可是，匈奴大军临境，指名索要，汉元帝无奈，只能忍痛割爱。

可马致远并没有局限于君王与爱妃的爱情缠绵，而把昭君区别于普通红颜来塑造，写她爱君王，更爱国家，她不会让君王的痛苦、国家的灾难、奸臣的阴谋因为自己而纠结，于是离开汉宫前往匈奴，到边境投江而死。也正是这个敢于以死抗争的刚烈美女形象，反映了马致远一定的民族意识。

但《汉宫秋》却不是针对蒙元在发泄强烈民族情绪的。

我们仔细欣赏《汉宫秋》就会发现，马致远在作品中是弱化了民族矛盾和冲突的。咱们先看匈奴呼韩邪单于的想法。

在楔子中单于表白道：

> 今众部落立我为呼韩邪单于，实是汉朝外甥……昨曾遣使进贡，欲请公主，未知汉帝肯寻盟约否？

第二折开场说白中也说：

> 想汉家宫中，无边宫女，就与俺一个，打甚不紧？直将使

臣赶回。我欲待起兵南侵，又恐失了数年和好；且看事势如何，别作道理。

第三折昭君死前呼韩邪单于还在说：

今日汉朝不弃旧盟，将王昭君与俺番家和亲。我将昭君封为宁胡阏氏，坐我正宫。两国息兵，多少是好。

昭君死后他又说：

我想来，人也是死了，枉与汉朝结下这般仇隙，都是毛延寿那厮搬弄出来的。把都儿，将毛延寿拿下，解送汉朝处置。我依旧与汉朝结和，永为甥舅，却不是好？

通过这些宾白可知，匈奴始终是希望和汉朝交好的，即使在昭君死后也未改初衷，而汉朝在昭君跳江事件后也同样是息事宁人。

马致远这样处理，说明了他是要调和民族矛盾的。如果说他《汉宫秋》剧中的匈奴是暗指蒙古人的，那他也是主张蒙汉二族能够和平相处，并不想设计成两族开战。

那么，《汉宫秋》到底是要表现什么主题？

《汉宫秋》是写昭君出塞的故事，却是"末本戏"。"末"是剧中男主角。剧中是以汉元帝为主角，昭君只是个配角。这说明，马致远设计昭君跳江，并非是他要表现的主题。

剧中表现的是误国的大奸臣如何贪财投敌，致使匈奴大兵压境逼亲，汉元帝如何慌张，众文武大臣如何懦弱，最后只有弱女子昭君出面去摆平，并以死明志，使深爱昭君的汉元帝大为悲伤。美人殒命，国家的边陲才得以平安，试问堂堂汉廷泱泱大国，何以懦弱到这步田地？分明是在说，是因小人当权、奸臣当道、文武无能、君王失察，因而国势弱被人欺。

这就是马致远在《汉宫秋》中试图解读的主题，解析了王朝盛衰兴亡的历史法则。

在剧中，马致远通过汉元帝之口，深刻而有针对性地解读了当年的历史现实。当尚书令报告匈奴大兵压境前来索亲，汉元帝说："我养军千日，用军一时。空有满朝文武，那一个与我退的番兵！都是些畏刀避箭的，恁不去出力，怎生教娘娘和番！"

接着唱道：

> 兴废从来有，干戈不肯休，可不食君禄命悬君口。太平时卖你宰相功劳，有事处把俺佳人递流。你们干赚了皇家俸，着甚的分破帝王忧。那壁厢锁树的怕弯着手，这壁厢攀栏的怕颠破了头。

这就是文臣武将在国难当头时的表现。难怪尚书令再劝时，汉元帝要哀叹："休休，少不的满朝都做了毛延寿。我呵，空掌着文武三千队，中原四百州，只待要割鸿沟。陡恁的千军易得，一将难求。"

由此可见，相当明白地说明了此剧的主题，国力太衰弱了，要亡国了。马致远是通过对历史故事的演绎，隐喻金朝的衰亡和宋朝毁灭的原因，是腐败导致了国势衰落而灭亡。连自己心爱的女人都保护不了，还配当一国之君？从这悲哀的感叹里，能看出马致远思想根基还是忧国忧民的。

不对吧，有人讲了，《汉宫秋》是千秋名作，主题哪能这么简单，是相当深的。马致远是元朝的臣民，他不是有感于南宋灭亡而写的这个剧，而是借汉元帝失去爱妃王昭君的故事在形象化地向元王朝上的一道"劝谏书"，通过这个告诉元朝皇帝，看看汉元帝吧，用的文武官员不是刁奸便是孱弱，难道不值得灭了夏、金、宋的元朝皇帝借鉴吗？千万可不能腐败，不能用奸臣，否则就是亡国。要兴国就得任贤纳谏，励精图治，才可皇图永固。因此，这部剧也是马致远怀才不遇的反映，是向元朝统治者的"自荐书"，用能人才有希望，比如像我这样有"佐国心"抱负，想干一番"九天鹏鹗飞"大事业的人。

哇呀呀！真是太高妙了！从昭君出塞故事竟能读出是马致远在向元统治者献策，呼吁重视人才，"妙"不可言！虽说马致远的民族意识并不那么强烈，可也不至于去写一个和南宋汉族政权灭亡毫不相干的故事，去献媚元政权重视自己这个人才吧？

还有人说，《汉宫秋》中王昭君的形象与历史上昭君的史实是相反的，历史上的昭君出塞和番，为民族团结做出了贡献，所以才名留青史，而马致远却把她写成封建帝王的玩物和奴才，并因封建贞操观而投江，这是对历史王昭君的"丑化"，并建议再写王昭君时，应该是"献身于民族大团结"，"满脸含笑，风姿绰约"的，"着胡装，跨骏马，愉快地奔向了通往匈奴的和亲之路"。

罢罢！这种明显带着某种色彩的言论，是在评历史上的文艺作品吗？一笑而过吧。

还是别太标新立异。我们评价历史上的文学作品，不能离开作者特定的生活背景，他有他特定政治环境下的爱和恨。

咱们前面说过，马致远在《汉宫秋》中是通过王昭君投江一死而表现了一定的民族意识，这是对昭君形象的美化，人格的肯定。但如果细读剧本就会发现，昭君这个人物写得并没有什么灵性，就是一个很平常、很现实甚至有些势利的后宫女子，如果不是她勇于一死，那么也就不会引起汉元帝的悲叹。这才是剧的重点。汉元帝的悲叹似乎是离情别恨，实则是对自己无能的自谴，更是对汉奸毛延寿和满朝文武大臣的强烈指责，正说明了这是国势积弱，一旦强邻压境，只有束手待毙的根源。

因此，《汉宫秋》写在宋亡之后，就是在探讨朝代兴亡规律，这就是马致远的本意。

3

《汉宫秋》之所以能在当时和后世受到好评，除了解析了盛衰兴亡历史法则的积极主题意义，还因其展现了高超的艺术水平。

戏剧，是一种敷衍故事，讲述事件过程、人物遭遇的艺术形式，发展到元杂剧更是如此，如关汉卿、王实甫等大家都把戏剧的叙事发挥到了绝妙境界。关汉卿善于捕捉敏感的社会问题，提炼激烈的戏剧冲突，把现实生活典型化，于是产生了扣人心弦、引人入胜的《窦娥冤》。王实甫也同样善于讲故事、再现生活，因此才在一片月明风清、秋高气爽的诗情中，讲述了缠绵悱恻的爱情故事《西厢记》。

然而，马致远的戏剧创作，特别是《汉宫秋》，却不仅仅是在讲故事，而在很大程度上是在抒发自己的情感，是为宣泄人生感悟而去营造戏剧场面。

咱们前边说过《汉宫秋》与历史原貌相距甚远。一方面，他在剧情上为了自己表达的意向可随意改动；另一方面，在结构上，前三折是写

"汉弱匈奴强"，匈奴单于在卖国贼毛延寿的挑唆下以武力相胁强索昭君为妻，满朝文武束手无策，汉元帝只好忍痛割爱，昭君为国民不遭战乱而出塞，至边境投江而死。这个故事到这里似乎是结束了，矛盾解决了，还演什么？元杂剧都是"起承转合"四折，而这个剧中昭君投江只到第三折的后部，还有第四折，演什么呢？马致远怎么安排？没有了矛盾、没有了人物，没有了戏剧悬念，没有了情节高潮，他只让汉元帝一个人孤零零去唱心中的悲哀。

这似乎是强弩之末，瞎对付了，这种不顾情节发展的写作有些不严肃，戏能这样写吗？马致远就这样写了。从第三折汉元帝送走昭君就开始了凄楚痛苦的哀思，唱道：

【梅花酒】呀！俺向着这迥野悲凉。草已添黄，兔早迎霜，犬褪得毛苍，人搊起缨枪；马负着行装，车运着糇粮，打猎起围场。他、他、他，伤心辞汉主，我、我、我，携手上河梁。他部从入穷荒，我銮舆返咸阳。返咸阳，过宫墙；过宫墙，绕回廊；绕回廊，近椒房；近椒房，月昏黄；月昏黄，夜生凉；夜生凉，泣寒螀；泣寒螀，绿纱窗；绿纱窗，不思量。

【收江南】呀！不思量除是铁心肠！铁心肠也愁泪滴千行。美人图今夜挂昭阳，我那里供养，便是我高烧银烛照红妆。

这两支曲描绘了伤心人汉元帝面对深秋肃杀景象所勾起的无限伤情，后边用"顶针"手法，后一分句重复前一分句，层层递进，最后用"不思量除非是铁心肠，铁心肠也愁泪滴千行"，把痛苦心情表达得淋漓尽致。

在第四折中，几乎全是汉元帝一个人在唱，描述汉元帝在送走昭君之后"百日不曾设朝"的一个秋夜，满怀思念之情地观看昭君美人图，寒灯孤衾，自谴"薄幸"。他于精神恍惚之际梦见昭君从匈奴逃回，重叙柔情蜜意，可昭君却又陡然被捉走，他在大喜大悲中惊醒。梦醒后眼前一切皆空，他空唤着昭君名姓，只能是长吁短叹。

接下来马致远连续用了五个"雁叫科"作背景，将汉元帝借雁发泄内心孤独感伤、相思怅恨而又缠绵悱恻、顾影自怜的复杂情绪表达得感人至深。

第一声雁叫，汉元帝唱道："却原来雁叫长门三两声，怎知道更有个人孤另"，以孤雁哀鸣比喻自己。古人认为，鸿雁都是成双成对的，"一失雌雄，死而不配"，汉元帝正是以孤雁自比失去了爱侣。

第二声雁叫，汉元帝怜惜孤雁"愁江南罗网"、"怕塞北雕弓"的伤害，进而哀叹"伤感似替昭君思汉主"，竟将孤雁看成了是昭君的化身。

然而，到了第三声，孤雁"慢一会儿，紧一声儿"的"凄楚"叫声扰得他"心神不宁"，像是"又添个冤家缠定"，不禁怨道"叫醒咱家，对影生情。刚俺那远乡的汉明妃，虽然薄命，不见你个泼毛团，也耳根清净"。

汉元帝虽嫌孤雁惹他烦恼，却又不肯让雁离开，第四声雁叫更引发了"汉昭君离乡背井，知她在何处愁听"的情思，是雁给他们搭起的一座天上人间的感情桥啊。

第五声雁叫，"一声绕汉宫，一声寄渭城"，弄得"暗添人白发成衰病，直恁的吾当可也劝不省"来结束，把一个悲愁多情而又无能为力的帝王形象活脱脱摆在了观众和读者面前。

说到这儿，不知朋友们是不是看出来了，这折戏中，是深秋的汉宫中，汉元帝听着孤雁鸣叫而惊破了幽梦，明白是什么意思了吗？

这就是为什么这部戏叫作"破幽梦孤雁汉宫秋"。也就是说，这场毫无情节和戏剧冲突只一人独唱的戏，才是马致远心中的主场！

《汉宫秋》前三折戏中为我们提供了一个故事和生活场面，交代了汉与匈奴的关系，汉元帝与昭君的关系，毛延寿与匈奴的关系等等，而这些其实只是为了后面酣畅淋漓地全面展现主人公，也可以说是为了作者自己的情感而设置的戏剧情境，是为了最后的高潮而做的铺垫。在《汉宫秋》里，前三折情节戏过后，一切归于平静，而就在这种平静中一股情感的激流却涌动、喷发，构成了这部剧作的真正高潮，造成了撼人心魄的悲剧力量。

马致远这么写戏有点偏离正道了吧？前边说过，历史剧嘛，可他乱改史实，根据自己的剧情需要信手写来。再看这戏剧结构吧，他根本就不管什么情节和冲突，而是以宣泄为主，把自己的喜怒哀乐、荣辱得失，向观众尽情倾诉当作戏剧主体，这有点太不"严肃"了吧？

可马致远为表达心中的感觉就这么信手写来了，在他后来的很多杂剧中，这种创作意向都有表现。

马致远决不会想到，他这种不顾情节而只想表达的手法，却被后世许多剧作家效法。在明代徐渭的《狂鼓史》、清代吴伟业的《通天台》、桂馥的《谒帅府》、张韬的《续四声猿》、吴藻的《乔影》等剧作中，尽管故事内容不同，情感性质也各有所异，但深层结构都是马致远这种模式。

马致远的这种结构模式的戏剧被后世有些学者称为"表现"戏剧。请朋友们注意，这里所谓的"表现"，和西方的表现主义戏剧绝对是两回事，它不是西方表现人的非理性的癫狂状态的那种，而是浸透着中华审美意识的一种戏剧艺术表现形式，是相对于以故事情节描写为主的"再现"派戏剧而说的，也就是以"表现"自己对社会、历史、人生的体验、牢骚和深思为主的一种艺术形式。

　　马致远在戏剧创作中，不是为写戏而写戏，而是融入了思想理念，为后世留下了一个流派。可以说，马致远是中国"表现"戏剧的开创者，无疑为中国戏剧的发展注入了新鲜血液。他的这种"表现"的审美意识和"再现"的正统审美意识，成为中国戏剧史上的两大主流。

　　因此，马致远的"表现"戏剧《汉宫秋》和关汉卿的"再现"戏剧《窦娥冤》被誉为元杂剧的"双璧"，绝对是有道理的。

第二章 我本是那一介寒儒

元代蒙古上层取得征服战争全面胜利后建立了大元帝国，为了巩固自己的统治地位，维护本民族的特权利益，实行了一整套不平等的民族政策，人分四等，汉人在下层，不但明确规定汉族知识分子不能担任政权机构的要职，而且废止了科举，全面堵死了汉族儒士的的仕进之路。儒生们读了书只能"或习刀笔吏胥，或执仆役以事官僚，或作技巧贩鬻以为工匠商贾"。

因此，在元代，知识分子问题是一个同蒙元统治者实行的民族歧视政策紧密联系的严重社会问题。前边我们提到过"九儒十丐"说，虽是出自南宋遗民文人的笔记，信史无载，但也从中可见儒士社会地位的低下。元代陶宗仪《辍耕录·卷二》说："国朝儒者，自戊戌选试后，所在不务存恤，往往混为编氓。"他们既无权又无钱，处处受人轻贱。元代无名氏在一首小令《【中吕】朝天子·感志》中这样描写了读书人的境况：

不读书有权，不识字有钱，不晓事倒有人夸荐。老天只
恁忒心偏，贤和愚无分辨。挫折英雄，消磨良善，越聪明越运
蹇。志高如鲁连，德过如闵骞，依本分只落的人轻贱。

还有一支是这样写的：

不读书最高，不识字最好，不晓事倒有人夸俏。老天不肯
辨清浊，好和歹，没条道。善的人欺，贫的人笑，读书人都累
倒。立身则小学，修身则大学，知和能都不及鸭青钞。

这些没留下姓名的曲作真是把当时读书识字的"不中用"说到了极
致，其间的愤懑凄苦令人哀伤。就连有幸得个一官半职的人也难称心如
意，比如官至翰林学士的赵孟頫在《罪出》诗中写道：

谁令堕尘网，宛转受缠绕。昔为水上鸥，今为笼中鸟。哀
鸣谁复顾，毛羽日摧枯。向非亲友赠，蔬食常不饱。

翰林学士啊，如果不是亲友接济，时常连饭都吃不饱。可想而知，
其他处在社会底层的文士们该是如何艰难了。所以，当时很多读书人以
作为儒人而感无望，甚至感到屈辱，认为"儒人不如人"。

但是，马致远这匹生活在严酷"西风"中的"瘦马"，却一直独行
在儒家文化的"古道"上，始终坚持着自己儒士文人的身份，不管是追
求、失败还是避世，他的心灵深处一直有文士的痛苦抗争。

从马致远的杂剧中，我们就可以看到他文士心灵的变化过程。他的
杂剧作品，流传下来的有《汉宫秋》、《青衫泪》、《荐福碑》、《黄粱梦》、

《陈抟高卧》、《岳阳楼》、《任风子》等七种，其中有《青衫泪》、《荐福碑》、《黄粱梦》、《陈抟高卧》是写知识分子生活的。残存一种《误入桃源》，另存七个剧目：《斋后钟》、《酒德颂》、《孟浩然》、《岁寒亭》、《戚夫人》、《马丹阳》、《踏雪寻梅》。在这些剧目中，除《马丹阳》、《戚夫人》和《岁寒亭》以外，大部分也是以知识分子的生活为题材的。

在马致远现存的七个杂剧中，《青衫泪》是直接描写文士与妓女爱情的，虚构了白居易与歌妓裴兴奴的爱情故事，着眼于元代特有的"文士、妓女、富商"之间的三角恋爱，从一个侧面反映了元代文人整体上地位的沉落。除了《青衫泪》，还有《荐福碑》、《黄粱梦》、《陈抟高卧》三种杂剧较为集中地刻画了元代文士的生活，明显地反映了马致远的思想倾向。

1

《江州司马青衫泪》是马致远留传下来的唯一以女人为主角的旦本剧，但其中涉及的重点却是文士。

元代以文人和妓女为题材的杂剧，大致有三种类型：一是专写文人与妓女之间的风流趣事，如关汉卿的《谢天香》、乔吉的《扬州梦》等；二是表现恋情遭老鸨阻挠但最终团圆，如关汉卿的《金线池》、石君宝《紫云亭》等；第三类便是写士子、歌妓与富豪商贾间的三角恋情的，以马致远的《青衫泪》最有代表性。

这三类各有模式，而以第三类最具社会意义。这类剧的模式是，文士要有潘安之貌、太白之才，妓女要有冰清玉洁之性、沉鱼落雁之容，两人一见钟情，不嫌贫富，不问贵贱，相守相爱；而这时便出现一位富豪或大商人，因慕歌妓姿色，以重金贿赂鸨母，共同设计夺取妓女；于是文人与妓女因此而备受艰辛，妓女或嫁作商人妇，或设法逃脱；最后结局，不是士子功名得意，便是有一位做官的朋友出面为他夺回妓女，严惩富豪，终成大团圆。

马致远就是用这个路子写的《青衫泪》，剧中的文人就是白居易，妓女就是裴兴奴，富商就是茶商刘一郎。他是借用了白居易《琵琶行》中"座中泣下谁最多？江州司马青衫湿"为题意，翻版了宋代罗烨的《醉翁谈录》中所收的宋代传奇《苏小卿》的故事。

《苏小卿》故事梗概前面咱们介绍过，明代学人、戏剧家梅鼎祚笔记《青泥莲花记》中也收有这个故事。书中"苏小卿"条载："苏小卿，卢州娼也。与书生双渐交昵，情好甚笃。渐山外久之，不还。小卿守志待之，不与他狎。其母与江右茶商冯魁定计，卖与之。小卿在茶船，月夜弹琵琶，甚怨；过金山寺题诗于壁以示渐……渐后成名经官论之，复还为夫妇。"并作注说，元代的文人有很多咏唱这个故事的曲作和杂剧。

咱们前面在介绍马致远南游时谈到他到过金山寺，并写过一首套数《【商调】集贤宾》。那首曲作便是写苏小卿留诗金山寺的故事的：

金山寺可观东大海，游客镇常斋。恰恨他来看玩，殿阁齐开。谁知是金斗郡苏卿，嫁得个江洪茶员外。便似洛伽山观自在，行行里道娘狠毒害。眼流江上水，裙拂径中苔。

【幺篇】玉容上带着些寂寞色，随喜罢无可安排。俗子先登旅岸，佳人尚立僧街。向椒红壁上题诗，去伽蓝庙里述怀。更俄延又恐怕他左猜，那村汉多时孤待。酷吟得诗句稳，忙写得字儿歪。

【随调煞】出三门长老行啼哭著拜，僧归藜杖懒，风送画船开。留后语，寄多才，也做了长江贩茶客。若到豫章城相见，抵多少月明千里故人来。

这是写苏小卿被茶商冯魁骗走后，茶船过金山寺时，她给双渐题诗壁上的情形，怕冯魁那"村汉"发现，竟"酷吟得诗句稳，忙写得字儿歪"，哭着长叹今后也当了"贩茶客"，盼只盼能和"故人"再相见。

我们细读《青衫泪》就会发现，剧中人物白居易就是故事中的双渐，裴兴奴即是苏小卿，刘一郎便是冯魁；情节上，如文士与妓女相遇相知，一大商人与老鸨设计骗得妓女，后来江面偶遇，趁富商熟睡之机双双逃走，同苏小卿原来的故事如出一辙，所不同的恰是马致远曲中所写过的苏小卿留诗金山寺，而剧中他设计的是白居易即席写作《琵琶行》。

可贵的是，马致远通过《青衫泪》塑造了一个富有反抗性的妓女形象。裴兴奴想到自己二十岁起被母亲当成摇钱树，三十岁时母亲为了钱还是不远千里万里把自己卖掉时，为争得自身的幸福，坚决与老鸨母亲进行斗争，如她在第二折【尾煞】曲中唱道：

> ……少年的人苦痛也天！狠毒呵娘，好使的钱！你好随的方就的圆，可又分的愚别的贤。女爱的亲娘不顾恋，娘爱的钞女不乐愿。今日我前程事已然，有一日你无常到九泉，只愿火炼了你教汤镬滚滚煎，碓捣罢教牛头磨磨研。直把你作念到关津渡口前，活咒到天涯海角边……

这样痛快淋漓的咒骂，并敢和白居易逃走，完美地表现了一个社会底层妓女的反抗性格。

咱们在上编中介绍马致远生平经历时曾说过，这部戏是他当了江浙省务提举之后写的，在这之前他是元贞书会的成员，多与勾栏女子及下层人员接触。当时艺妓们是被歧视的，元代法律规定，"乐人"不准与"良家"通婚，不能参加科考，甚至连出门时的衣着、乘坐都有严格规定，"娼家出入止服皂褙子，不得乘坐马车"，受压迫的程度是何等深。这个剧是受她们影响而写是肯定的，表现了对被玩弄的社会最下层妓女的同情。

因马致远当了提举，走上了仕途，这个剧也通过白居易这个形象，表达了文士也可有圆满的结局，因此便有了唐宪宗下诏："白居易仍复旧职，裴夫人共享荣光，老虔婆决杖六十，刘一郎流窜遐方"这样的大团圆结尾。

但是，从剧情上看，士子、妓女与商人的三角关系，士子是最后的胜利者。而现实中，却是那些财大势大的商人享有妓女的占有权，地位一落千丈的文人儒生怎么可能是富商的对手。因此，马致远的所谓文士与妓女最终破镜重圆，富商鸡飞蛋打，只不过是落魄文人一厢情愿的白日梦而已。

如果从这个角度来看，我们也可以这么说，裴兴奴这个形象完全是马致远抒发心声的代言人，她的美丽、她的痴情、她的多才多艺完全是马致远期待下的产物，是男人进行价值实现的道具。她所追求的才子佳人式的幸福生活，其实是对白居易这个人物的安慰。因此，在这个剧中，裴兴奴虽是主角，可情感和欲望都是服从男性主人白居易的，实质上仍是男人的附属物。

《青衫泪》是通过妓女而描写了文士，这是间接的。那么，马致远还有其他几部剧《荐福碑》、《黄粱梦》、《陈抟高卧》便是直接写文士人生际遇的了，而且从中也反映了马致远的思想变化历程。

2

那咱们先谈谈马致远的杂剧《半夜雷轰荐福碑》。

《荐福碑》是马致远根据宋代僧人惠洪《冷斋夜话》的一则记载改编的，设置了很多相当"巧合"的情节关目。

剧中主人公张镐是个穷苦知识分子。由于"幼小父母双亡"，家境贫困，一直"飘零湖海，流落天涯"，甚至有时"饭甑有尘"，到了揭不开锅的地步。他家薄有田产，勉强维持着寒窗下的读书生活，但一遇到天灾人祸，连这样的生活也很难支撑。

马致远之所以选择这种人物作为他杂剧的主人公，正是要反映元代知识分子的命运艰难、壮志难伸的悲苦生活境况。

旧时代的文人都是以"功名"作为人生目标，张镐也不例外，正如他自己所说："小生幼年间攻习儒业，学成满腹文章，指望一举状元及第，峥嵘发达。"文人们对功名的追求，大部分是为获利禄，改变自己的命运，想做一番事业，施展自己的抱负。

在元代，汉族知识分子对功名的渴求，客观上反映了汉族文人对于自己被压抑、被排挤的不满，反映了他们想参与政权活动以改变自身命运的愿望。元朝统治者不傻，他们当然能认识到这一点，因此才堵死了科举之路。

因而，摆在如剧中张镐这类人面前的就是一条毫无希望的路。正如张镐在第一折中唱道：

【仙吕·点绛唇】我本是那一介寒儒，半生埋没红尘路。

则我这七尺身躯，可怎生无一个安生处？

【混江龙】常言道七贫七富，我便似阮籍般依旧哭穷途。我住着半间草舍，再谁承望三顾茅庐。

【油葫芦】则这断简残编孔圣书，常则是养蠹鱼。我去这六经中枉下了死功夫。冻杀我也，《论语》篇、《孟子》解、《毛诗》注；饿杀我也，《尚书》云、《周易》传、《春秋》疏。比及道河出图，洛出书，怎禁那水牛背上乔男女，端的可便定害杀这个汉相如！

【幺篇】这壁拦住贤路，那壁又挡住仕途。如今这越聪明越受聪明苦，越痴呆越享了痴呆福，越糊涂越有了糊涂富。则这有银的陶令不休官，无钱的子张学干禄。

这就是混迹于草野的元代读书人怀才不遇的愤激的心声。

在剧中，马致远通过张镐的遭遇，对统治者歧视和压制知识分子做了具体揭露。

如：第一折写满腹经纶的张镐困顿潦倒，流落到山西长子县教村学；友人范仲淹给他写了三封荐书让他去投奔人，却接连"妨死"了两个主人，使他投托无门，只有流浪。第二折写由于范仲淹的推荐，好不容易得到一个吉阳县令的官职，却被一个叫张浩的小地主赖走，并要杀死他；他去龙神庙算命又得罪了龙神，恼怒的龙神骂他"你本是儒人，我着你今后不如人"。第三折则是他流落到饶州，投宿荐福寺，长老答应送他一千份名贵的颜真卿手书"荐福碑"拓帖作为进京赶考的盘缠，龙神却连夜用狂雷将碑轰碎。

马致远设计的这些专与张镐作对的情节，从天上到地下、从有形到无形，其实就是元代社会歧视、压制知识分子的各种淫威在剧作中的反映。

剧中的人物张镐，由于龙神轰碎"荐福碑"，对社会现实的不满一下喷发：

> 把似你便逞头角欺负俺这秀才，把似你便有爪牙近取那澹台，周处也曾除三害。我若得那魏徵剑来，我可也敢驱上斩龙台！

张镐对无形龙神的咒骂，已经是一种愤怒和仇恨，是对有形社会的抗争。但是，无论是咒骂还是抗争，都不能改变社会的黑暗现实，更不能改变读书人卑微的地位。因此，当象征着统治者权威的龙神逼得他走投无路时，他只能选择自杀以抗议："小生命运如此，是天不容小生也。"

这里，剧中人提到了"命运"，可能有人说，马致远塑造这个人物表现了明显的"宿命论观点"。当然，相信命运的确就是"宿命论"，但在马致远那个时代有这个词吗？而且，是谁把一个穷书生的命运弄得如此悲惨？是谁在操纵着他们的命运？《荐福碑》中的张镐说得相当清楚，是那"这壁挡住贤路"、"那壁又挡住仕途"，歧视读书人的政策使他的命运屡遭不济，是制定这种政策的统治者在操纵着他们这些读书人的命运。因此可以说，这一点正是《荐福碑》积极思想内容的表现。

荐福碑被雷击碎，把张镐逼上了绝路，正当他痛不欲生要自杀之际，巧得很，范仲淹突然赶到将他救下。于是第四折"峰回路转"，范仲淹带他进京，金榜题名，得君王召见，"日不移影，对策百篇；圣人见喜，加为头名状元"。

绝路逢生，咔嚓一下，一步跨入人生的最佳之境了。

但这种热闹，就如《青衫泪》结尾一样，只不过是身处逆境渴望时来运转的元代文人的痴情幻境而已。在那阴冷的"西风"里，他们永远只能是被抛弃的孤独"瘦马"。

咱们在介绍马致远人生经历时讲过，这部剧是他晚年的作品。但这里面有很浓的他年轻时在仕进路上艰难跋涉的影子，青年时的他有过追求，但面临的是一条没有希望的路，是坎坷不平的路。无情的挫折，希望的渺茫，使他发出了"困煞中原一布衣"的哀叹。他的这种愤愤不平的情绪，几乎原封不动地表现在《荐福碑》中，融进了张镐这个人物的思想性格里。张镐对于功名的追求，对于压抑知识分子的社会制度的指责和对于命运的悲叹，都是马致远"西风瘦马"那种情绪通过艺术形象的再现。

马致远还有文士剧《吕蒙正风雪斋后钟》、《风雪骑驴孟浩然》、《大人先生酒德颂》等，没有留存下来，但从剧目看很明显都是描写文士不得志遭遇的。比如《斋后钟》，马致远的剧已失存，但关汉卿、王实甫都有同题故事之作。大致故事是吕蒙正少时贫困，寄食白马寺中，颇受寺僧之辱，悲而题诗墙上，及得官归来，观寺中旧题处，皆为碧纱所笼。从这个故事看，《斋后钟》和《荐福碑》的旨趣是一样的，受尽磨难，而后时来运转。

马致远通过《荐福碑》这部剧，真实地反映了元代知识分子的生活现实，更表达了他青年时的痛楚。追求是痛苦的，无望的，但在他心灵深处却不愿放弃。

3

无望的追求是痛苦的，那么如果少数幸运儿偶有成功，步入庙堂又会怎么样呢？好，那咱们就看看马致远的《邯郸道省悟黄粱梦》吧。

杂剧《黄粱梦》是马致远与李时中、花李郎、红字李二等合著，创作于元贞年间。那时的马致远经历了"二十年漂泊生涯"，既看透了官场的丑恶，又为自己"困煞中原一布衣"而悲而恨，这就是他创作《黄粱梦》的背景。

《黄粱梦》是写文人吕洞宾由荣华富贵到犯罪充军，再被神仙钟离权超度成仙的故事。通过对吕洞宾读书应试，高官厚禄直到家破人亡，入道成仙的全部生活的描写，表现的是马致远鄙视功名、弃绝仕途的思想。这和他在《荐福碑》中所表现的青年时对功名的渴望和追求，是完全对立的。创作这部剧时马致远已过不惑之年，因"恨无上天梯"的困顿，对功名和读书人的认识，已经有了变化，这主要表现在对吕洞宾这个人物的塑造上。

前两折主要写吕洞宾遇时荣升的历程，对当时世态有所讽喻。

第一折开场，吕洞宾进京求官时，只骑着一头毛驴，以黄粱充饥，表明他只是平平常常的读书人。

他上场念道："策蹇上长安，日夕无休歇。但见槐花黄，如何不心急？"他"只顾那功名富贵，全不想生死事急"，再三声称"我学成文武双全，应过举，做官可待，富贵有期"，"官居兰堂住画阁"，"身穿锦缎轻纱，口食香甜美味"，而且自信得意："我十年苦志，一举成名，是荷包里东西，拿得定的。"

从这些道白中，我们看到的是活脱脱一副醉心功名、倾慕利禄的嘴脸。东华帝君见吕洞宾有神仙之气，便派钟离权前去点化。钟离权在邯郸黄化店等到了进京赶考的吕洞宾，劝其出家，吕洞宾心系功名，坚决不肯。时值他神思困倦，昏昏入睡。

第二折，钟离权运用道术，由现实转入虚幻，使吕洞宾进入黄粱清梦，让他在睡梦中经历了十八年的宦海沉浮和世态炎凉，虚中显实，影射了世事情态。

梦中，吕洞宾中举，除授天下兵马大元帅，招为当朝高太尉婿，得了一双儿女。蔡州反叛，他奉命征讨，临行时他岳丈嘱他切不可重利而轻义。但吕洞宾作为国家重臣，"到的阵面上，卖了一阵，与了我三斗珍珠，一提黄金，领军回还"。就连院公也谴责他："朝廷将使命差，前厅上把圣旨开，道是西边上卖阵走回来，谁教你贪心儿爱他不义财，今日个脱空虚败，恶支沙将这等罪名揣。"吕洞宾一个三军统帅，既无勇谋，又纳贿卖阵，无能和卖国集于一身，其丑陋堪称极致。

这里马致远曲折地揭露了元蒙权豪阶层的贪鄙，入木三分。元代，蒙古贵族和大小官吏贪赃枉法的案件多如牛毛。仅举一倒，史载大德七年（1303），全国一次查处贪官污吏一万八千四百七十三人，赃钞四万五千八百六十五锭。这数字只是查出来的，已是相当惊人，没查出的还有多少？不得而知。

因此，马致远设计吕洞宾受贿卖阵情节，是有现实生活依据的，形象地描绘了元代统治阶层的无耻和贪婪，深刻揭露了当时官场的黑暗和腐败。

在《黄粱梦》中，吕洞宾这个知识分子形象如此丑陋，说明有些读书人一旦进入仕途，则变为贪财索贿的无耻之徒，这使马致远心中的追求功名的读书人不再那么受追捧。他借剧中人物强盗之口，对吕洞宾进行了斥问：

> 我为盗贼呵杀人放火，不似你贪财呵披枷戴锁。你得了斗来大黄金印一颗，为元帅，佐山河，倒大来显豁。
>
> 你那罪过，怎过活？做的来实难结末，自揽下千丈风波。谁教你向界河受财货，将咱那大军折挫？似这等不义财贪得如

何？道不得殷勤过日灾须少，侥幸成家祸必多，枉了张罗。

字里行间隐含着马致远对官僚集团的强烈批判。

《黄粱梦》后二折着重写吕洞宾失魂落魄的处境。作者有意渲染了浓厚的悲剧气氛，在某种程度上可看作是元代文人际遇的一种真实写照。先是，他出征卖阵，妻子却在家与人通奸，并告发了他，使他被判处流放，刺配沙门岛，"飕飕的枷棒捽"，"纷纷的皮肉开"，登上望高台，"空目断一天残照霭"，"看时节隔疏林风送过哭声来"。一片凄凉景象。

接着，吕洞宾披枷戴锁，引领一双儿女，冒着凛冽朔风，纷飞大雪，"冻剥剥"、"战钦钦"，逃脱后迷踪失路，历尽磨难。此处马致远设计让樵夫唱了六支曲，唱风雪的凄厉，道路的崎岖，前途的不测。以此隐喻仕途的恐怖，也含有迷途知返的意味。

最后，强盗趁难打劫，摔死了吕洞宾的一双儿女，还将他"脖项上钢刀剜"，落得个惨痛的结局。一梦惊醒，他睡前店家蒸的黄粱米饭还没有熟，于是他便省悟了人生如梦的道理，再不犹豫，跟随钟离权入了仙道。

因此看，马致远这样来写走入官场的文人，是对尔虞我诈、风波迭起、朝不保夕的官场失去了兴趣甚至产生了憎恶，他借剧中钟离权之口说："功名二字，如同那百尺竿上调把戏一般，性命不保。"这是他对同代人追求功名道路上惨痛经验教训的总结。

既然仕途凶险，那么知识分子的出路在哪儿呢？《黄粱梦》中钟离权度脱吕洞宾时说得明白，出路便是弃绝功名利禄，脱离世俗生活，归隐山林："你看这紫塞军，黄阁臣，几时得个安闲份？""他每（们）得到清平有几人？何不早抽身，出世尘！"

但他所说的退隐，是和修道模棱不分的。一会儿说，"俺闲遥遥独自林泉饮"，一会儿又说"将一函经手自翻，一炉香手自焚，这的是清闲真道本"。

这种退隐和修道意识的混杂表现，反映了当时马致远思想的转变及其复杂性。

很显然，在《黄粱梦》这部剧中，马致远最后让吕洞宾度化成仙，表面上是给文士指出的"出路"，实则是逃避现实。

4

如果说马致远在《黄粱梦》中表达了他对功名的幻灭，思想产生了退隐的转变，那么他的《西华山陈抟高卧》就是直接描写了隐逸山林的读书人了。

在《陈抟高卧》这部剧中，马致远塑造了一个高洁的山林归隐文士形象，为他宣扬的隐退主张树立了艺术典型。他是选用五代时陈抟辞却朝廷的征召，隐居山林的传说，与宋朝开国皇帝赵匡胤太平兴国的史记融合在一起而编创的故事。

第一折写陈抟竹桥卜卦。陈抟在剧中登场时，已经是一位"看三卷天书，演八门五遁"、"有黄白住世之术"、"降服尽婴儿姹女，将炼成丹汞黄银"的神仙。但如果细细品味他剧中的言行，却发现他并非不问人间事。他身居山林，却时时关心着世道变化：

> 因见五代间世路干戈，生民涂炭，朝梁暮晋，天下纷纷，隐居太华山中，以观时变。这几日于山顶上观见中原地分，旺气非常，当有真命治世。

在这里，剧中陈抟说出了五代时的乱世，并希望能有"治世"，实是马致远对元初社会混乱的影射。陈抟希望有"真命"出现，天下大治，于是不辞劳苦，亲自下山卖卜，给未来的天子赵匡胤指点迷津。

他唱道："这五代史里胡厮杀不曾住程，休则管埋名隐姓，地教谁救那苦恹恹天下生灵！"匡时济世之情溢于言表。他所"指迷归正"的，不是什么"出世修炼"，而是入世拯时救民。他推算出赵匡胤有流年大运："大小运今年并，后交的丙辰一运大峥嵘。日犯空亡为将相，时逢禄马作公卿。你是南方赤帝子，上应北极紫微星。"并明确指出赵匡胤"他日必为太平天子也"，宜顺应历史潮流，"整理乾坤"，救"苦恹恹天下生灵"于水火之中。

然后，纵论兴国建业的形势，议兵论势、出谋划策、指点关山、规划前程，对于"天下形势，何处可守，何处为不可守"这样重大的战略问题，陈抟也腹有良谋：

"兴龙之地，莫如汴京"，"左关陕，右徐青，背怀孟，俯襄荆，用兵的形势连着唐、邓，太行天险壮神京。江山埋旺气，草木助威灵。欲寻那四百年兴龙地，除是这八十里卧牛城。"

这哪还有半点隐逸出世的味道？倒像是诸葛亮在卧龙岗大作"隆中对"。传说中的陈抟是一个"每寝处，多百余日不起"的仙家，而此折中的陈抟却并不像一个"常睡着"的神仙，更像是站在时代前列，明察风云、指点江山的圣哲。

剧情到第二折，赵匡胤当皇帝后，派使臣请陈抟出山。陈抟看破红尘，不肯入朝做官。剧中通过他的口，一方面具体描述了万里河山归于一统，犹如"黄河一旦清，东方日已明"，从此，没有了"狼烟战氛"，而是"四海澄清"，勾勒出一个由动乱之世到太平治世的充满理想色彩的画图。

另一方面，热烈抒发了陈抟"经济才"的襟怀。他唱道：

> 我往常读书求进身，学剑随时混，文能匡社稷，武可定乾坤，豪气凌云。似莘野商伊尹，佐成汤救万民，扫荡了海内烽尘，早扶策沟中愁困。

这表面是陈抟在自述身世，实则更是马致远一腔激情而不被看重的白我流泻。

前两折中，马致远直接抒发了政治理想，后两折则着力揭露了官场的黑暗，仕途的险恶。

如第三折中，陈抟因圣恩难违，只得奉诏下山。他受到皇帝召见，受封"希夷先生"，但对皇帝要授予的高官厚禄，他却坚辞不受，以物喻人，唱道：

> 鸡虫得失何须计，鹏鷃逍遥各自知，蚁阵蜂衙，龙争虎斗，燕去鸿来，兔走乌飞。浮生似争穴聚蚁，光阴似过隙白驹，世人似舞瓮醢鸡，便博得一阶半职，何足算，不堪题。

指出官场如"蚁穴蜂衙，龙争虎斗"，相互倾轧，尔虞我诈；宦海似"燕去鸿来，兔走乌飞"，漂泊不定，充满风险。

即使步步高升，又会怎么样呢？他唱道：

> 三千贯二千石，一品官二品职，只落得故纸上两行史记，无过是重茵卧列鼎而食。虽然道臣事君以忠，君使臣以礼，哎！这便是死无葬身之地，敢向那云阳市血染朝衣。

就是真到了"列鼎而食"的显位，一旦栽落下来，也是个"死无葬身之地"，"血染朝衣"，其下场是可怖可悲的。

这其实是作者马致远对追求仕途的艰辛、有志难伸的屈辱心态的坦露，官场的险恶也使他产生向往如陈抟在剧中所唱的那种生活："俺那里云间太华烟霞细，鼎内还丹日月迟"，"卧一榻清风，看一轮明月，盖一片白云，枕一块顽石"。

因而，这部剧的另一部分则是赞颂恬退、弃绝功名、遁居山林的。如第四折，汝南王郑恩带着十名美女款待陈抟，劝其回心转意，陈抟不为所动，终于归隐山林。他唱道：

> 把投林高鸟西风里放，也强如衔花野鹿深宫里养。你待要加官赐赏，教俺头顶紫金冠，手执碧玉简，身着白鹤氅。昔日旧草庵，今日新方丈。贫道呵，除睡外别无伎俩。本不是贪名利世间人，则一个乐琴书林下客，绝宠辱山中相。推开名利关，摘脱英雄网，高打起南轩吊窗，常则是烟雨外种莲花，云台上看仙掌。

在这里，马致远将陈抟写成拒绝皇帝给他的高官厚禄，也拒绝王公送他十名美女的荒淫生活的引诱，仍是归隐山林，表明了马致远本身已经对荣华富贵相当鄙夷，对官场上人与人之间为谋求功名利禄所作的一切倾轧予以全部否定。

值得注意的是，在《黄粱梦》和《陈抟高卧》中，马致远想象着一个与元代社会相对立的清新的、自由自在的天地。就如他在《黄粱梦》中所描绘的那样：

> 俺那里地无尘，草长春，四时花发常娇嫩，更那翠屏般山色对柴门。雨滋棕叶润，露养药苗新。听野猿啼古树，看流水绕孤村。

在这个天地里，没有统治者的凶残嘴脸，没有吮吸民脂民膏的贪官污吏，没有赋税，也没有"蚁阵蜂衙，龙争虎斗"，就是一个清静幽雅的"世外桃源"。当然，这不过是马致远幻想的产物，在现实中是不可能有的。

但也正是这种幻想，反映出了马致远及元代一部分知识分子当时的思想状态，也反映了马致远作为读书人渴求安宁和平静的理想。

5

马致远的一生，经历了重大的思想转变。这种转变，在《荐福碑》、《黄粱梦》、《陈抟高卧》三种杂剧中留下了明显的痕迹。

在这三部剧中，马致远借用历史传说，描写了元代知识分子追求功名、宦海沉浮和隐退山林的三种生活状态，概括了他们走过的生活道路，揭示了他们的苦闷和理想，表现了他们的思想性格和精神面貌，从而，也深刻地反映了元代的社会生活。

作为那个时代的知识分子，这三部剧所概括的生活道路，正是马致远"追求、失意、退隐"的生活经历。

马致远经历过青年时的追求，有过进取功名的欲望；经历过中年时的挫折，饱尝过那个时代歧视和压制知识分子的痛苦滋味，萌发过对社会现实的不满，产生过退隐的打算并真的辞官过起了隐居生活。因此，他才能在这三部作品中那样真实、细腻地描写他生活的那个时代的文人们的生活，那样真挚地抒发他们的感情，那样热烈地为他们的田园生活吟唱。

可以这样说，马致远较为集中地反映元代知识分子思想特点的杂剧，在元代作家群中几乎是独一无二的，不但从中能看到他自己的思想变化脉络，也可从中看出元代知识分子群体的一些特征。

马致远塑造的这些形象的意义就在于，反映了追求功名和隐居遁世，是那个特殊时代知识分子所走过的道路。他的杂剧从这个方面落笔，写出了当时许多读书人共同的思想性格和命运，因而也反映了元代社会某些方面的本质。

也许有人会说，马致远之所以放不下读书人的架子，总好宣扬文人儒士，那是因为他不是下层没人看得上的寒酸书生，而是能被高看一眼的以"曲"考中的"曲状元"，《录鬼簿》中写得清楚："战文场，曲状元"。

真的，元代有"以曲取士"的事？马致远还当了"曲状元"？既然当了状元，那还老叽叽歪歪地发什么牢骚，什么"西风瘦马"了，什么"困煞中原一布衣"了，什么"老了栋梁材"了，你都状元及第了，还想咋着？

以曲中了状元，不能吧，哪儿记载着呢？

"以曲取士"这种说法其实从明代就有了，一直延续至今仍有人相信此说。根据是，明代沈德符《顾曲杂言》中说："元人未灭南宋时，以此定士子优劣，每出一题，任人填曲，如宋宣和画学，出唐诗一句，恣其渲染，先其能得画外趣者登高第，以故宋画元曲，千古无匹。元曲有一曲传至四五本者，予皆见之。"

还有一条依据是明人臧晋叔《元曲选》序中说："元以曲取士，设有十二科，而关汉卿辈争挟长技以自见。至躬践排场，百傅粉墨，以为我辈生活，偶倡优而不辞。"

自"以曲取士"一出现，大多评家是否定的。对上面的第一点，元初在太宗九年（1237）秋八月开过一次科，直到仁宗延祐元年（1314）方再次复科，中间停了七十多年，太宗开科马致远还没出生，仁宗复科他已经行将就木，就算是真有"以曲取士"，他也不可能参加，怎么就成了"曲状元"？

还是相信正史吧。《元史》卷八十一"选举志"对科考的内容及程序规定得相当清楚，恢复科考后，所考的都是四书经义、诏诰、章表、经史、时务之类，根本就不见"戏曲"一字，怎么会有"以曲取士"呢？

而上面说的第二种根据，说是有十二科，其中还有粉墨登场。哎呀呀，一代文人，都描眉画脸，忸怩表演，诙谐调笑，以此来博取进士，这不是千古笑话吗？元代的统治者竟愚蠢到从唱戏的人中去选拔官员？真如此的话，关汉卿不但戏写得多，而且经常粉墨出台，以他在戏曲界的名气和表演才能，早就该是"曲状元"，还有马致远什么事？轮得到他吗？

这么看，有人抓住《录鬼簿》中所说"曲状元"，就以为马致远在元代曾在"以曲取士"中得过状元，只能说是一种误读。

那么《录鬼簿》里，元末的贾仲明为马致远所作的【凌波仙】吊词中是怎么说的呢？

全曲如下：

万花丛里马神仙，百世集中说致远，四方海内皆谈羡。战文场，曲状元。姓名香，贯满梨园。《汉宫秋》、《青衫泪》、《戚夫人》、《孟浩然》，共庚、关、白老齐肩。

从这套【凌波仙】中，明显看出，所说的"曲状元"只不过赞说马致远是戏曲界的头牌、魁首之意，就如现在平时说"行行出状元"一样。开头就说"万花丛里马神仙"，也就是说在杂剧的百花园里马致远是最擅长"神仙道化"剧的一枝花，一谈到他，海内四方之人无不称赞。然后再说"战文场"，是说他在文坛比高低，而不是在科场比高低，从而成为魁首。接着又说他"姓名香，贯满梨园"，而不是"贯满科场"。接着再说他的四本杂剧，名声与关汉卿、白朴、庚吉甫这些大家一样高。全曲一气贯通，哪里能看出他应过以曲考试呢？

对这个问题，就如前面我们分析"九儒十丐"说法一样，虽见于文人笔记，但信史无载，那我们还是以正史为据吧。

因此，马致远就是一介布衣寒儒。在元代那样文士最被轻蔑、最不受重视的时代，他却始终不肯丢下儒士的尊严，而且一直为不被人看得起的文人鼓吹着，呼喊着。

第三章

闲身跳出红尘外

　　前面介绍马致远儒士心灵变化时，提到了三部涉及元代知识分子精神状态的杂剧《荐福碑》、《黄粱梦》、《陈抟高卧》，但其中后两部《黄粱梦》、《陈抟高卧》却是被后世的一些学者归到"神仙道化"剧中的。

　　什么是"神仙道化"剧？前辈学人并没有做出明确的界说，因此在学术交流中常有不同见解。是不是剧中出现了"神仙"、"道教"人物，就算是"神仙道化"剧了呢？很多学者认为这样看未免太简单，而应着重看剧中所宣扬的是不是"道化"。

　　所谓"道化"，是指"以道化人"，也就是所谓的"超度"、"度脱"。如果故事中有神仙出现，就是"神仙道化"剧，那所有的神话故事不都成了"神仙道化"剧了吗？因此，我们以为，评元代的"神仙道化"剧应侧重于"道化"。

　　如果依据这样的界定，《黄粱梦》和《陈抟高卧》并不是真正意义上的"神仙道化"剧。这两部戏中，"神仙道化"只不过是马致远的取材对象，而作品要表现的主题思想及其艺术价值，却另有其更深层次的内涵。

比如在《黄粱梦》中，虽有钟离权超度吕洞宾的情节，但并不是剧情的主要内容，而是只起到了剧情发展线索的作用。而且关于"度脱"的文字，剧中所占比例极小，情节也很简单。剧中主要篇幅是描写吕洞宾由荣华富贵到身败名裂的全过程，从而揭露元代社会的黑暗和腐败。

剧中虽有一些告诫人们看破"酒色财气"的宗教说教，但结合剧情看，第一折就说："酒恋清香疾病因，色爱荒淫患难根，财贪富贵伤残命，气竟刚强损陷身"，这基本上是针对统治者贪污纳贿的丑行和荒淫腐化生活的，是对统治者的指责和抨击。

在《黄粱梦》中还有点儿关于"仙境"的描写，那实际是写山间林下、泉边石上的野趣，是一种无拘无束、无忧无虑的山乡情调，这也是元代文人所崇尚的隐居生活，只是作者有意将其艺术化和神秘化了。这种环境的描写，充满了人间生活气息，而并非不食人间烟火的仙境。由此看，马致远在《黄粱梦》剧中所说的修仙炼道，不过是他对隐居生活的向往。

而在《陈抟高卧》中则更明显，主人公陈抟一出场，虽然浑身笼罩着神仙气，但马致远明明白白交代他原本是尘世中人，而且是尘世中苦读经史的儒生。纵观全剧，里面虽然仙气缭绕，异说不断，但陈抟却始终没有忘记人间事。他退隐华山是为避乱世，下山给未来的君主赵匡胤指点迷津，也是为解除长期的战乱给老百姓带来的痛苦，祈求和平。这位"神仙"身上有很多普通人的特点，他的所谓修仙生活，其实就是读书人的隐居生活。在这部剧中，连一点"超度"的事儿都没有，怎么能说是"神仙道化"剧呢？

如果是以这样的标准界定，那么马致远的杂剧中，只有现存七部中的《吕洞宾三醉岳阳楼》、《马丹阳三度任风子》，还有已经失传的《王祖师三度马丹阳》才算是真正意义上的"神仙道化"剧。《马丹阳》这部剧已经不存，就不去说了，那就看看《岳阳楼》和《任风子》两部戏吧。

怎么，还想研究研究他的"神仙道化"剧吗？要知道，马致远的"神仙道化"剧，"热衷于宣传道家的虚无思想，荒诞地提倡修道登仙的宗教迷信"，"代表了他杂剧创作落后、消极的一面"，宣扬"宿命的人生观"，"回避现实矛盾，反对人们为争取自身的现实利益而斗争"，兜售"一种懦弱的悲观厌世的态度"。难道没听说吗？还介绍这种消极落后东西做什么？

当然听说过，比这厉害的还有，甚至大骂马致远"反动"。这些因素，不可否认，在他的"神仙道化剧"中是有的，但不能说得过于绝对。我们是不是能从某种固定的单一思维中走出来，遵循知人论世的原则，对马致远的剧作进行评介？因为在他的作品中，总晃动着他自己的影子，反映着他的心声，我们为什么不看看他的"神仙道化"剧，分析一下到底是什么观念影响了他，使他产生了避世的思想？这样才能更全面地了解他。

1

《吕洞宾三醉岳阳楼》，是马致远早期作品，咱们在上编中分析过，应是和《汉宫秋》同期。当时正是南宋亡后，他用吕洞宾三上岳阳楼度脱柳精、梅精，也就是凡人郭马儿夫妻二人的故事，借吕真人之口，唱出了对改朝换代、兴亡盛衰的感慨。

第一折，吕真人一上岳阳楼。他见岳阳地界青气冲天，似有仙灵，便下凡察访，一醉岳阳楼。原来是楼下千年柳树和杜康庙前一株白梅花树均已成精。吕洞宾想要度脱他们，先让柳树精托生在岳阳楼下卖茶的郭家为男儿，名郭马儿，又使白梅花精托生在贺家为女，名腊梅，让他们结为夫妻。

一开场，吕真人便自述身世，"先为唐朝儒士"，后入道成仙。但其言谈声貌，却不似仙家，而更像儒家。"来到洞庭湖畔，百尺楼旁"，登高远眺，"翠巍巍当着楚山，浪淘淘临着汉江"，不禁发出诗人的赞叹："是好一座高楼也！"遂唱【混江龙】一曲：

> 端的是凭凌云汉，映带潇湘。俺这里蹑飞梯，凝望眼，离人间似有三千丈，则好高欢避暑，王粲思乡。

接着，吕真人边欣赏"岳阳楼形胜偏雄壮"的胜景，边畅饮"杜康趁晚凉"，唱道："自隋唐，数兴亡，料着这一片青旗，能有的几日秋光，对四面江山浩荡，怎消得我几行醉墨淋浪。"历数自隋唐以来朝代盛衰兴亡，以至于"醉墨淋浪"，哀情顿生。

后边他又唱一曲：

> 想那等尘俗辈，恰便似粪土墙。王弘探客在篱边望，李白扪月在江心丧，刘伶荷锸在坟头葬。我则待朗吟飞过洞庭湖，须不曾摇鞭误入平康巷。

在这首曲中，既痛斥了极少数趋炎附势、误国误民的奸佞之人，称其是"尘俗辈"，不如"粪土墙"，只能投以鄙视的眼光，又举例说出了正直文人如王弘、李白、刘伶等的遭遇，这也是马致远对当时文人被抛弃境遇的隐喻吧！

第二折，三十年后，吕真人再临凡间，二上岳阳楼。他是为度脱在这里开茶坊的郭马儿入道而来，但郭马儿夫妇并不肯听从。他一入茶坊，就似一个"风魔"，"哭了又笑，笑了又哭"，忽然幻觉横生，再现了乌江岸、华容道的历史影像，还自白道：

> 古人英雄，今安在哉！华容路这壁是曹操遗迹，乌江岸那壁是霸王故址。曹操奸雄，夜眠圆枕，日饮鸩酒；三分霸王，有喑哑叱咤之勇，举鼎拔山之力，今安在哉！

接着便唱了一曲：

> 你看那龙争虎斗旧江山！我笑那曹操奸雄。我哭呵，哀哉霸王好汉！为兴亡笑罢还悲叹，不觉得斜阳又晚，想咱这百年人，则在这捻指中间。空听得楼前茶客间，争似江上野鸥闲，百年人光景皆虚幻。

在这里，吕真人哪里像脱俗的道家真人，简直是一个遭遇改朝换代的遗民文人，强忍着内心的痛苦在狂笑，在哭泣。

马致远这样描写吕洞宾，就是在感慨元灭金、宋，犹如"龙争虎斗"，"奸雄"、"好汉"虽显赫一时，仍不免如流水般逝去。因此，在曲的后半部才有"百年人"在"捻指间"的悲哀，奏响了人生虚幻的低音。马致远把吕真人写成又哭又笑的"风魔"，正是要表现文人在政治重压下被扭曲的灵魂。

第三折、第四折，吕真人三上岳阳楼，再次劝化改开酒店郭马儿出家，郭马儿还是舍不得妻室而不从，吕洞宾便用幻化之术，使贺腊梅死而复生，陷郭马儿于诬告官司，该受死罪。当郭马儿向吕洞宾求救之时，变成官吏的八仙现出原形，点化郭马儿幡然悔悟，夫妻"双赴灵虚殿"。

在这部戏中，马致远明白地渗入了人生无常、超凡避世的道教思想。但是，在诸多曲词中也不时表现出当时的底层文人们对社会的看法和压抑的心理。

如，有吟咏担惊受怕心理的：

怕你虎狼丛吃闪呆獐般看，是非海淹着死马儿医，树倒风吹。

有寄托着超脱隐逸情致的：

我劝你世间人，休争气，及早的归去来兮。可乾坤做一床黄绸被，单搦着陈抟睡。

这些曲词表现了马致远对统治者的不满和绝望，不肯与其同流合污，而决意"归去来兮"，寻求一种田园乐境的解脱。

因此看，《岳阳楼》虽然是度脱的"神仙道化"剧，充满了避世思想，但仍然能从中看出马致远心灵中与世抗争的投影。

2

再看看马致远的另一部"神仙道化"剧——《马丹阳三度任风子》。

咱们在上编中讲到过，这部剧是马致远晚年的作品，因为剧中提到的马丹阳的封号"丹阳抱一无为真人"，是元武宗海山至大二年（1309）才封的。所以这部剧只能是写于这年以后，只能是马致远退隐后六十多岁时所作。

这部戏是写一个姓任的屠夫随从马丹阳修仙成道的故事。全剧故事情节简单而"荒诞"：先是，马丹阳下凡超度任屠成仙，先点化一镇之人皆断荤茹素，致使屠行买卖折本。接下来，"性如烈火"的任屠，手执屠刀，执意除杀马丹阳："我到那里一只手揪住系腰，一只手揪住道服，把那厮轻轻抬举，滴溜扑蹲下街衢。"经过一番周折，任屠却被马丹阳的道行功夫所折服，经点化去掉了杀戮之心，这个"蠢蠢之物"猛然醒悟，投刀于地，当场就出家做了弟子，隐于菜园修道。

在第二折中他唱道："打勤劳，受辛苦"，"从今后栽下这五棵绿柳侵门户，种下这三径黄花近草庐，学师傅伏虎降龙，跨鸾乘风，谁待要宰马敲牛杀狗屠驴，谢师傅救了我这蠢蠢之物，泛泛之才，落落之徒。"

这是一度。

到第三折，任屠连唱了几支曲：

【中吕·粉蝶儿】每日在园内修持，栽排下久长活计。若不是我参透玄机，则这名利场风波海，虚耽了一世。吃的是淡饭黄斋，淡则淡，淡中有味。

【醉春风】石鼎内烹茶芽，瓦瓶中添净水。听得一声鸡叫五更初，我又索起、起。识破这眨眼流光，迅指急景，转头浮世。

【红绣鞋】我自撒下酒色财气，谁曾离茶药琴棋。听杜鹃一声声叫道不如归。也不曾游阆苑，又不曾赴瑶池，止不过在终南山色里。

这表示了他看破红尘，参透玄机，投迹终南山中。其后他的妻子抱着幼儿去找他回家，他竟休掉了娇妻，摔死幼子，誓不还俗，"由你待叫吖吖叫到明，哭啼啼哭到黑，打悲歌休想我有还俗意"，誓不回头，"便是我亲兄弟跳出我那七代先灵将我来劝不得"，恩断义绝，一空人我是非。这是二度。

十年之后，马丹阳幻设了六个强盗来抢财物，任屠拱手相让；又幻设了被摔死的孩子前来索命，任屠也伸颈就戮。马丹阳看清任屠已经去掉了物欲和贪生之念，便将他列入仙籍，号"风子"，是为三度，使他实现了最终心愿——"我不曾倒骑鹤背上青霄，今日个任风子积功成道，编四围竹寨篱，盖一座草团瓢，近着这野水溪桥，再不听红尘中是非闹。"

《任风子》这部剧，从外部形式看，是地道的超度剧，流露着浮生如梦的虚无思想，无疑也反映了马致远意识中的消极一面。但是，如果推进一步细看内容，不难发现，马致远在剧中并没有刻意宣传道教的教义，而是试图塑造高洁隐士形象。

从这部剧中，我们不难看出，马致远把自己从当官到归隐的生活经历含蓄不露地融入了戏的情节中。

剧中任风子的举止言谈，根本不像屠夫，更不像他自己说的"蠢蠢之物，泛泛之才，落落之徒"，倒像一个参破世俗的儒生。这在剧中很多曲词中有鲜明的表露，屠夫之口不可能说得出。

比如：

我自撇下酒色财气，谁曾离茶药琴棋。

世来到林下山间，再休想星前月底。

我虽不似张子房休官弃职，我待学陶渊明归去来兮。

我世跳出虎狼丛，拜辞了鸳鸯会。

朱顶鹤献花鹿，唤野猿啸风虎，云满窗月满户，花满溪酒满壶，风满帘香满炉。

……

这些话竟从任屠口中说出，不但文辞典雅，有的还用了典故，带有浓浓的文人情调。

再如第二折有段唱："小小茅庵是可居，春夏秋冬总不殊。春景园林赏花木，夏日山间避炎暑，秋天篱边玩松菊，冬雪檐前看梅竹……"

四季美景宜人，自有一种怡然自乐的情趣在，充满了文人士子的理想生活色调。

因此我们可以说，任风子从不悟到悟，悟而彻，坚若磐石，至终不悔，是有寓意的，是马致远在暗喻自己居家、做官、辞归、隐居生活的道路，同时也曲笔告诫自己，既然已经"跳出红尘外"，就不要为身外之物所诱惑，被四周环境所干扰。

因此，《任风子》这部戏宣扬神仙道化是其表，坚持隐居避世是其实，这才是马致远写这个剧的真实心态。

但是，我们也不能不说，马致远为了美化马丹阳和任风子，竟设计了毫无人情味甚至是充满残忍血腥气的"休妻摔子"戏，这是令人极其反感和厌恶的。试想，如是这样才能去仙界，人们哪个敢去？

因此我们可以这么说，尽管马致远是元杂剧的头牌高才，但他这种令人厌恶的情节设计，不能不说是他不可思议的败笔。

3

从对《岳阳楼》和《任风子》两部描写度脱故事的"神仙道化"剧分析中我们能看出，剧中宣扬浮生如梦，鼓吹归隐解脱，说明马致远的思想意识是有消极丧志一面的。这是他的思想和时代的局限所致。但从总体上看，马致远的"神道"剧和元代中晚期及明代的"神道"剧在性质上是有差别的。

文学作品反映社会生活的手法多种多样，有白描的直接的，有影射的间接的。元代中晚期及明代的"神道"剧属前者，直接而单纯地铺展宗教事迹，一味宣扬修真养性，散布佛道观念；而马致远却属后者，只是以"神道"掩其外，世态寓其内，即便是描绘了洞天仙境，也看不出多少仙气，其中洋溢的却是田园之趣，林泉之美。

因此可以看出马致远的神道剧是有影射的，在每个超度成仙故事背后，都在传达着他要表达的其他的东西。

这是马致远从向往"龙楼"到鼓吹"世外"的心灵苦旅的反映，是他这个"西风瘦马"在"古道"上寻觅到的归宿。

他热衷于宣扬避世的神道剧，与他所处的生活环境有关。

小环境，就是他困顿的人生经历，仕途的艰难，官场的黑暗，使他产生了避世的思想。他的隐退，说是学陶渊明，取号"东篱"以明志，可他和陶渊明的旨趣是不一样的。

青壮年求仕，中晚年退隐，他们的人生经历相似；从对现实政治官场的厌弃到倾心于自然田园，他们的心灵旅程也相似。

因此，马致远效法陶渊明创作了大量描摹与赞颂隐逸生活的散曲，与陶渊明的田园诗从题材内容和思想主旨上，都有某种一致性。

比如《【南吕】四块玉·恬退》：

> 绿水边，青山侧，二顷良田一区宅。闲身跳出红尘外，紫蟹肥，黄花开，归去来！

再如《【双调】青江引·野兴》：

> 东篱本是风月主，晚节园林趣。一枕葫芦架，几行垂杨柳，是搭儿快活闲住处。

这种托身于青山绿水、适意自得的气息，与陶渊明《归田园居》中"暖暖远人村，依依墟里烟。狗吠深巷中，鸡鸣桑树颠"的充满生机的情境十分相似。

他们对官场都持否定态度，但二人对官场功名的认识和辞官退隐的目的却是各不相同的。

陶渊明退隐时，欣喜于对官场的摆脱，"久在樊笼里，复得返自然"，排除了官场的烦扰，到大自然中去享受"种豆南山下，草盛豆苗稀。晨兴理荒秽，带月荷锄归"的野趣。他退隐后生活有过困顿，但从不动摇，躬耕田园，"杜门不复出，终身与世辞"，不再问时事。

而马致远的辞官隐退，咱们介绍过，却是相当痛苦和无奈的。他人虽退隐，却不是真的避世。他有一组小令《【南吕】四块玉·恬退》，其中一首说：

> 酒旋沽，鱼新买，满眼云山画图开，清风明月还诗债。本

是个懒散人，又无甚经济才，归去来！

说自己散懒无才，这是反话，不仅与他青年时以英雄自许的精神不合，其后期作品中也仍常流露出"老了栋梁材"的雄心大志。说白了，马致远正话反说，是在向人们抱怨，我既有经济之才，又愿为时所用，却被放浪在云山之间饮酒赋诗，是社会抛弃了我，而不是我抛弃了社会。直到晚年他还想着功名，这在他散曲中随处可见。

因此，马致远困顿的人生经历使他产生了避世的思想，这是他写神仙道化剧的主观因素。

而促使马致远写神道剧还有客观的外部大环境，那便是元代盛行的"全真教"。

全真教是道教的分支，金朝初年兴起于北方地区。《太古观记》中说：

全真家，其谦逊似儒，其艰苦似墨，其修习似禅，其块然无营又似夫混沌之术者。

由此可见全真教是以道家清净无为思想为本，剔除了神仙虚妄之说，融合了儒、释二家的学说。

这个教派从诞生之日起，就与儒家思想有割不断的联系。创"全真教"的教祖王重阳，本是"弱冠修进士业，系京兆学籍，善文属文，才思敏捷"的读书人，这种身份，使他创教开始，便自然而然地在文人中发展组织。金大定七年（1167），他传道山东，首收马丹阳、谭处端、丘处机、刘处玄等七真，这些大多为通经达史、喜文善赋的读书之人。此时已经奠定了全真教以文人为骨干的性质。

金末元初，伴随着政权更迭的巨变和动荡，社会上掀起一股宗教热，很多文人名士都成了全真教的信徒，如姚燧、王恽、王鹗、元好问等好多名士，都与全真教有瓜葛。至元代初期，全真教文人化的性质达到了创教后的最高点。

作为一个以文人为骨干的宗教，自觉与儒家思想接近，乃是情理之中的事。全真教每度信徒，往往让道徒诵《般若心经》，还要读《道德清净经》及《孝经》，也就是说不光读道经，也要读儒家经典。《元史·释老传》明确记载，七真之一的长春真人丘处机，就是一位熟透儒家经典的道长，"于道经无所不读，儒书梵典也历历上口"，"博物洽闻，于书无所不读"。

丘处机晚年应元太祖成吉思汗西域之召，远赴地处中亚的乃蛮行宫，受到成吉思汗隆重接待。每有顾问，或劝以"敬天爱民"，或对以"人罪莫大于不孝，不孝则不顺乎天"，"欲一天下者，必在乎不嗜杀人"。建言献策不离儒家观念。

后来，成吉思汗下令免除全真教徒的赋税、差役，任命丘处机总管道教。一二二四年丘处机定居燕京天长观，成为"为帝者之师，亦天下之教父"，享有相当高的威望，成为了带头接受大蒙古国统治的宗教领袖。

全真教这么显赫的地位以及极浓的儒家化倾向，自然引起乱世中无所适从的文人们的认同。再则，全真教所倡导的"不倡虚妄之说，不为怪诞之行"的教义，在很大程度上也接近隐逸文士的作风。正因为如此，全真教得到了大批曲家如元好问、刘因、姚燧等的认可，甚至为教主们撰写墓铭碑记。

马致远生活在北方，思想上定然也深受其影响，因此才会不厌其烦地以戏剧形式对全真教的故事加以表现。

这么看，马致远的散曲和杂剧创作中出现退隐、避世、神仙道化的元素是不奇怪的，当时很多文人都有这方面的作品，只不过马致远多一些。那是因为，在严酷的政治统治下，有些话他不能也不敢直说，但他又想说，便借助统治者尊崇的全真教的故事，曲折表达出自己要说的话。

4

因为马致远杂剧作品中表现退隐避世和神仙道化的占了相当比重，有很多人认为，他退隐后当了道士。

马致远出家当道士了？哪里说的？当然有根据，有人认为，《录鬼簿》中贾仲明所写的【凌波仙】吊词中说得明白，说他是"万花丛里马神仙"。而"道士"在元代就被人称为"神仙"。

这和有人说"曲状元"是马致远以曲考中过状元一样，是对他更大的误解。

马致远是否是道士？这关系到如何认识他的思想，分析他的作品，以及如何评价他所写的神仙道化剧等问题，我们还是有必要搞清楚，进行落实的。

咱们在上一章介绍马致远是否是"曲状元"时，就分析过贾仲明给马致远的吊词，第一句就是"万花丛里马神仙"。综合看全词，这句话分明是说杂剧的万花丛里有神仙道化剧这枝花，而这枝花首推马致远，他写得又多又好。

元杂剧从题材上分，有所谓仕妓剧、历史剧、水浒剧、公案剧、隐逸剧、神仙道化剧等等，万花齐放，百彩纷呈。在这个万花园里，马致远被确认的剧目中，真正意义上的神道剧有三种——《岳阳楼》《任风子》，还有一个是只传下剧名的《马丹阳》，如果把带有神仙道化意味的

《黄粱梦》和《陈抟高卧》也算上，则共有五部，这在元代剧作家中是最多的。因此，这句颂词是对他剧作的肯定，是说神仙道化剧这枝花马致远当为第一，我们决不能理解为"万花丛中马道士"。

但是，有没有这种可能，马致远本来当过道士，只是没有文献记载，或者有记载但已经失传呢？那我们就从他的作品中分析一下，是不是有这种可能吧。

先说一点吧，从马致远剧作中我们能看出，他虽然写神仙道化剧，但他对所谓的"神仙"是不相信的。

比如，他在《陈抟高卧》剧中，借陈抟之口说：

> 神仙荒唐之事，此非将军所宜问也。
>
> 则你这一身拜将悬金印，万里封侯守玉门。现如今际明良千载风云，怎学的河上仙翁，关门令尹？可不道朝中随圣主，却甚的林下访闲人。既受了雨露九天恩，怎还想云霞三市隐！

说得很清楚，"神仙"是"荒唐之事"，只要是太平盛世，遇见明主，就不应当求仙学道。那么也就是说，只有在怀才而不为世用的乱世，才信道而隐居。

再如在《黄粱梦》中，借吕洞宾之口也说："神仙事渺渺茫茫，有什么准程，教我去做他。"

可见马致远写神道故事的用意，只是在表示对混浊之世不可居住的愤懑之情。

再说一点，在马致远的神仙道化剧中，对于仙道的描写，本身就存在很多矛盾。

比如在《任风子》中，马丹阳对任屠说，"你真个要出家，我与你十戒"。其中第一戒是"酒色财气"。可恰是这一点,却在他剧作描写中出现了混乱。就拿酒来说吧,在《黄粱梦》中,马致远描写了饮酒的恶果,秀才吕洞宾"吃了三口酒,吐了两口血"。但在《岳阳楼》中,已经得道成仙的吕洞宾偏偏要在岳阳楼上吃得酩酊大醉,正如酒保所说,"王弘送酒,刘伶荷锸,李白摸月,也不似先生这等贪杯",而且还要一而再再而三地醉。

就是那个度脱吕洞宾的太极真人钟离权,也是一个反对喝酒而又喜欢喝酒的仙人。在《黄粱梦》中,他先是宣传"酒恋清香疾病因",可是后来又自我介绍,"这个爱吃酒的钟离便是我",也是前后矛盾。

其中第六戒是"吞腥啖肉",但吕洞宾在岳阳楼上偏偏要吃荤油酥金,并且还宣扬自己吃荤的仙人生活:"做厮儿,做女儿,水鬻火燎;或鸡儿,或鹅儿,酱炒油煎。"这里的"厮儿"就是"子儿",是指鸡蛋,"女儿"是指"鱼儿",都是道士们不能接触的荤腥,可吕真人却津津乐道。更典型的是《黄粱梦》中还冒出一个"每日打猎为生"的道士。这就不仅是吞腥啖肉了,而是直接杀生了。

而第十戒是"贪生怕死",但《任风子》中已经归道的任屠却又说:"忽祖师来救,方觉死生之可惧也。"

马致远剧中所表现出来的矛盾,说明他根本没有形成定格的全真教的思想体系,只懂个大概皮毛。

还有第三点,马致远的作品中,不光有全真教的道家观念,还有明显的佛教思想。

如《任风子》中任屠对妻子说:"咱两个分连理,你爱的是百年姻眷,我怕的是六道轮回。"这里所说的"六道",即佛教所说的"天、人、阿修罗、地狱、饿鬼、畜生"。佛教认为,芸芸众生如果不求"解脱",则永远在六道中生死相续,浮沉不定,有如车轮旋转不停。"六道轮回"

就是佛教思想，他却写在了道化剧中。

同是在《任风子》中，度人的仙家马丹阳还说："我与他阎王簿上除生死，紫府宫中立姓名。"阎王即阎罗，是梵语"阎魔罗余"的简译。阎王等等，也属佛教。

更有甚者，在《岳阳楼》中，八仙之一的吕洞宾带着渔鼓简板竟唱了这样的诗文："今生不与人方便，尽念弥陀总是空。"仙家竟说出了"弥陀"，这就不能不叫人怀疑吕洞宾的道家身份了。"弥陀"是佛教所指的西方极乐世界中最大的佛"阿弥陀佛"，是大乘佛教的佛名。佛经上说，常念此佛名号，死后即往生净土。因此，此佛名是佛教中人的口头禅。在道教的所有派别中，都找不到这个外来的神仙，独有《岳阳楼》中的吕洞宾说了出来。

还有，在《黄粱梦》中，那个扮作院公的神仙钟离权，还说过这样的话："休道是浊骨凡胎，便是释迦佛也恼下莲台。"这里释迦佛也就是释迦牟尼，佛教的教祖，竟然成了道家心中的偶像。接着钟离权又说："饶夫人一命，胜造七级浮屠。""浮屠"也写作"浮图"，是佛教中的塔，这也明显不是道家思想。

咱们分析过《岳阳楼》是马致远早期作品，而《任风子》是他晚年作品，但从早年的《岳阳楼》到晚年的《任风子》，他的佛、道思想都是很混乱的，有时很难辨别他是在讲道还是在说佛。这说明，马致远一生都没有真正理解什么是全真教。

接下来再说第四点，马致远所写的神仙道化作品，有些方面是和全真教教义相冲突的。

例如，全真教是反对睡觉的，全真教道士尹志平曾说："修行之害，食睡色三欲为重……睡多情欲所由生……必欲制之，先减睡欲……"但在岳阳楼中仙人吕洞宾却说："我劝你世间人，休争气，及早的归去来兮，可乾坤做一床，黄绸被单搦着陈抟睡。"陈抟是怎样睡的呢？是"每寝处，百余日不起"，陈抟自己曾在剧中唱道：

> 我但睡啊，十万根更筹转刻，七八瓮铜壶漏水，恨不得生扭死窗前报晓鸡，休想我惜花春早起，爱月夜眠迟，这般道理。

这说明，马致远对瞌睡不但不反对，反而宣扬，并不在乎是不是全真教的教义。

还有第五点不可忽视，那就是马致远一些宣扬神道的作品，表现的某些思想是和他的行为相抵触的。

还是拿酒来说吧，他在神仙道化剧中多次提到了神仙反对喝酒，但他的日常生活中却又是万万少不得酒的。他认为人生"宜歌宜酒宜诗"，"相逢且莫推辞饮，君若歌时我慢斟"，他可以不断地劝酒，甚至"便北海探吾来，道东篱醉了也"。大家看看，他嗜酒到了何等程度！

再如马丹阳说的第六戒是"吞腥啖肉"，但马致远偏偏"爱秋来那些和露摘黄花，带霜烹紫蟹，煮酒烧红叶"。他不但喜欢喝酒，而且特别喜欢吃秋天肥大的紫色螃蟹。这是道教徒吗？还有第四戒是"忧愁思虑"，但马致远是"无也闲愁，有也闲愁，有无间愁得白头"。看看吧，他可曾戒掉了一丝半点的"忧愁思虑"？

从这些情况看，马致远的一些行为，是公然蔑视道家清规的。这至少说明，马致远并没有完全实践全真教的主张。

最能说明问题的还有一点，马致远的神道作品中，有些情节还表现了对全真教的嘲弄。

看看《任风子》中任屠是怎么说的吧：

> 你道他都修善，不吃膻；你道是先生每（们）闹了终南县，
> 道士每住满全真院，庄家每闲看《神家传》，姑姑每屯满七真
> 堂，我道来摇车摆满三清殿。

你看，道士们住满全真院，道姑们住满七真堂，用不多久，装小孩的摇篮便会摆满了三清殿。

如果这是任屠出家前对全真教的亵渎，那已经修成正果的的吕洞宾为什么对自己信仰的道教也不恭敬呢？

在《岳阳楼》中，吕真人曾说郭马儿的妻子和自己是"绾角宿缘伴侣，垂髫时儿女妻大"。郭马儿说："你这出家人，如何要老婆？"吕洞宾说："道士须当配道姑，则俺两口儿先生姓吕。"相传吕洞宾是唐朝京兆人，本姓李，曾状元及第做过县令，后因世乱带着妻子隐居终南山，两口子遂做了洞中之宾。他用"俺两口儿先生姓吕"，巧妙地点出了"吕"字，但"道士须当配道姑"，虽是嬉戏之言，却是对道士们的极大不恭敬。

宗教信仰应该是以虔诚和崇敬为基础的，有哪个信徒会这么拿自己的信仰开玩笑？可马致远就这么写了他的"真人"。由此可见，马致远根本就不信奉全真教，所以才敢"道士须当配道姑"般地写来。

最后一点，全真教要求信徒们断绝"酒色财气"，不仅指功名富贵，还包括妻子儿女。而恰是这一点，马致远做不到，因为他有一个温暖的家庭。

在他的曲作中虽然没有专门描写他家庭的作品，但也有一些透露。如在小令《【仙吕】青哥儿·十二月》中，有"律管儿女漫吹灰，闲游戏"，便说出了自家平静的生活，管教调皮的儿女，陪同游戏，爱护备至。

在小令《【南吕】四块玉·叹世》中提到"妻儿胖了咱消瘦",对妻子和孩子的康健表达出了一种调笑式的欣慰。

再如在套数《【双调】新水令·题西湖》中,提到有退隐之意,但无力北归大都,说到"直等的男婚女嫁,恁时节却归林下",其中的"男婚女嫁"便是指儿女们的婚事。

还有,小令《【南吕】四块玉·叹世》还有一句:"子孝顺,妻贤惠,使碎心机为他谁?"意思是有孝顺听话的儿女,贤惠温柔的妻子,生活平安,何必还要枉费心机地去争名夺利?这里又透出了和睦温馨的家庭信息。

有这样温暖的家庭,他怎么可能抛下,去出家当道士呢?

马致远不但没有抛弃世俗家庭,甚至还追求醇酒美女的世俗乐趣。在他的散曲中,有不少描写男女相思的,如有一首《【双调】寿阳曲·相思病》:

相思病,怎的医?只除是有情人调理。相偎相抱诊脉息,不服药自然圆备。

这种入骨的相思和直露的相拥相抱的愿望,读着都让人耳热心跳,这能是出家的道士写出来的?

好了,拉拉杂杂扯了上面一大堆,就是要说明,号称"马神仙"的马致远,绝对没有当道士,也不可能当了道士。

通过上面的分析我们也能得出这样的结论,马致远虽写了不少神仙道化剧,但在他的心中,并没有形成全真教的思想体系,没有建立起全真教的宗教观,也没有真心真意地宣传全真教的教义,更没有不折不扣地去实践全真教的主张。

因此,只能说马致远在当时全真教兴盛的社会背景下受到了很深的影响，但却没有全盘接受，而是把全真教思想当做了治疗自己心灵痛苦的药剂，选其所需，择其所用。这也就形成了他的散曲和杂剧创作中表现避世、超世和摆脱凡尘等题材的思想根源，是他在那个特殊的社会环境下复杂心态的表现。

第四章

烦恼如何到心头

在前几章中，我们结合马致远留存下来的杂剧，介绍了他的民族意识、文士情结与避世隐退思想的成因。但在这些杂剧中，他只能隐讳地通过剧中人之口表达自己想说的话，借助一个别的故事来表现自己的思想。这是需要别人在欣赏的同时去品评猜度的，琢磨出来了，便懂了其中真正的含义；体会不出来，那便就是那个故事。如他的神仙道化剧，很多人只从他写的故事的表面看，认为就是宣传消极丧志的宗教东西，而不分析其内涵，这就容易在深入研究马致远的思想脉络时产生误差。

好在，马致远还留下一百二十多首散曲。在杂剧中他不能直接表达的想法，在散曲中却可以直抒胸臆。

在上编，我们在他的散曲中，通过他透露的蛛丝马迹还原了他的人生旅迹：

如《【大石调】青杏子·悟迷》中的一句"风流平昔富豪家"，便断定了他出身的世家绝非贫苦平民；

　　而在《【中吕】喜春来·六艺》中"夙兴夜寐尊师行"一句，则能看到他少年刻苦读书的情形；

　　青年时在套数《【黄钟】女冠子》中明确表白，"写诗曾献上龙楼"，证明他有强烈的功名欲望，想得到统治者的赏识；

　　《【中吕】喜春来》中一句"昔驰铁骑经燕赵"便透露了他当小吏时曾经的艰辛奔波；

　　而后便是仕进无路，在《【南吕】金字经》中大喊"困煞中原一布衣"，"登楼意，恨无上天梯"；

　　中年当了小官后，经历了官场的龌龊，便发出了"风波梦，一声场幻化中"的慨叹；

　　最后在《【般涉调】哨遍》中终于选择了"白发劝东篱，西村最好幽栖"的隐退。

　　那么，我们再到马致远的散曲中去细细品读，肯定会发现更多的东西，可以这么说，他的灵魂会暴露无遗。

　　马致远是"西风"中的"瘦马"，是元代那个特殊时代造就的特殊文人，心理和传统文人是不一样的，具有他自己独特的心态。

　　我们前边已经讲过，他有过强烈的入世为官的观念，但在现实中屡屡受挫，所有的希望都被撞得粉碎；他试图从全真教中寻得出路，却割不断世俗情结。这种由追求、厌世与超脱引起的"烦恼"，时时涌上他的心头，形成了他矛盾纠结的特殊文化心态，伴随了他一生。

　　什么是特殊的文化心态？那就让我们细细品味马致远的曲作，探寻一下他的心灵深处吧。

1

身处乱世中，马致远心中有着荒诞，更有着清醒。

中国古代知识分子，面对不公的现实，总有人站出来抒写他们的痛苦、不满和抗议。元初废掉科举，导致了文士阶层整体的人格扭曲和迷失，也激起了他们心中的忧患意识。以"拿云手"、"栋梁材"自命的马致远当然也不例外，悲愤和怨叹更是强烈。

他想扭转现实，为求得功名，付出了艰辛，但"二十年漂泊生涯"换来的却是"登楼意，恨无上天梯"，"半纸来大功名一旦休"，引起他痛心的怅惘和失落。这使他终于明白，在强大的政治统治者面前，他是那般的渺小，如蚂蚁挑战大象；抗争声是那样的无力，似蚊子喝喊虎啸。于是，他便如当时很多文人一样，走向了避世、醉酒、酣睡甚至装傻的道路，不问是非。

马致远在杂剧《黄粱梦》中写道：

> 也不知甚的秋，甚的春，甚的汉，甚的秦。长则是习疏狂，耽懒散，佯妆钝。把些个人间富贵，都做了眼底浮云。

在套数《【双调】夜行船·秋思》中说："休笑巢鸠计拙，葫芦提一向装呆。"所谓"葫芦提"，是当时的俗语，是"糊涂"的意思。

而要做到糊涂，那便是醉酒和酣睡："每日醉如泥，除睡人间总不知。"

如此这般地自暴自弃，"佯妆钝"、"葫芦提"、"醉如泥"，装呆卖傻，真是有点糊涂了。

如果我们真停留在这种荒诞的表面来认识马致远，未免有些肤浅了。他让自己"佯装钝"、"葫芦提一向装呆"的表象中，却包含着对社会、对历史、对人生清醒的深层思考。

先说说马致远对他所生活的现实社会是不是有着清楚的认识。

在马致远的杂剧中，前面谈到过，他通过剧中人不断地揭露当时社会的黑暗。如在杂剧《汉宫秋》中，第一折大奸臣毛延寿有一段自白诗："大块黄金任意挝，血海王条全不怕，生前只要有钱财，死后那管人唾骂！"这不只是在写汉代贪婪的毛延寿，更是元代贪官污吏的真实画像。

再如在杂剧《荐福碑》中，他为主人公穷文人张镐设计了一个接着一个的灾难：去投奔人，人却被他妨死；得了个官职却被人冒名顶替，并遭追杀；去庙中上香却得罪龙神；僧人要拓碑帖助他路费，碑却遭雷劈。一难连一难，看上去荒诞离奇，但却十分清醒地在表达着"这壁拦住贤路，那壁又挡住仕途。如今这越聪明越受聪明苦，越痴呆越享了痴呆福，越糊涂越有了糊涂富"的鲜明主题，鞭挞着当时那扭曲的社会现实。

在他的散曲中，也有大量对读书、对世事有清醒认识的作品。如他的一首小令《【双调】拨不断》：

> 叹寒儒，谩读书，读书须索题桥柱。题柱虽乘驷马车，乘车谁买长门赋？且看了长安回去！

这是借汉代司马相如的故事来抒发元代文人的愤懑。"叹寒儒，谩读书"，起笔便点明文人学士读书再多也没用的主旨：是"寒儒"，必"读书"，读了书，犹"寒儒"。有再大的才华，谁赏识呢？寒儒仍是寒儒，读书真是枉然啊。于是，他以汉代"家贫，无以自业"的"寒儒"司马相如作比。司马相如未发达时，去长安求取功名，过升仙桥，曾在桥柱上题写："不乘高车驷马，不过此桥。"最终功成名就，连原来的皇后都用百斤黄金请他写《长门赋》。而自己呢，读书也有"题桥柱"之志，也有"乘驷马车"之望，更有写《长门赋》之才，可又有谁赏识呢？只能是"且看了长安回去"，那掌权当官的地方你也只是看看而已，想也甭想，打道回乡吧！这不仅是他自身的感受，也更清楚地写出了元代无数文人的命运。

在另一首《【双调】拨不断》中，他又写道：

> 布衣中，问英雄，王图霸业成何用！禾黍高低六代宫，楸梧远近千官冢，一场恶梦。

辅佐英雄有什么用？六代豪华的宫殿都变成了废墟，那些官僚们的坟上长满了楸梧，人生就像噩梦一样。在这里马致远清楚地认识到，元代的社会环境给读书人造成的噩梦，已经使人产生了对人生的追求是毫无意义的荒谬认识。

再看看马致远对社会历史有着怎样的深层思考。

马致远不是只对一时一事抒发感慨，他的很多作品是着眼于总结历史的经验教训，从历代王朝的兴亡中，给人以启迪。如他有一首小令《【南吕】四块玉·马嵬坡》：

> 睡海棠，春将晚，恨不得明皇掌中看。霓裳便是中原患。
> 不因这玉环，引起那禄山，怎知蜀道难！

这是写唐玄宗和杨贵妃的故事。白居易的一首《长恨歌》，写尽了二人的爱情悲剧，有口皆碑。但马致远却从"马嵬坡"入手，点明"霓裳便是中原患"，鲜明地指出唐玄宗和杨贵妃沉迷于歌舞淫乐而造成"安史之乱"。"不因这玉环，引起那禄山，怎知蜀道难"这三句是说，倘若不是由于杨玉环，引起爱慕她的安禄山造反，那就不会发生这场全国性的大灾难，最终导致杨贵妃被缢身死、唐玄宗经蜀道逃难失权的恶果。马致远以曲写史，感叹兴亡，意在告诫掌权者，不要忘了由于贪色而毁了江山的惨痛教训。

他还有一首写楚汉相争的小令《【双调】拨不断》：

> 竞江山，为长安。张良放火连云栈，韩信独登将拜坛，霸王自刎乌江岸。再谁分楚汉。

这首小令描述了汉高祖刘邦争夺江山、建都长安的全过程。他抛开了诸多复杂的历史场面，仅抓了关键性事件，便将汉兴楚亡的过程清晰地勾画出来，显示了刘邦善用谋臣良将，致使霸王项羽自刎。也就是说，如果刘邦不听信张良，不重用韩信，项羽不刚愎自用，忽视韩信，结果可能就是另一个样子了。兴亡成败在于用人，主旨不言自明。

马致远还有不少写历史人物的曲作。他对那些历来被人尊敬的英雄圣贤，自有一把衡量他们的尺子，表达出他不同于常人的见解。

他有一组怀古咏史的小令《【双调】庆东原》，我们不妨欣赏几首：

> 明月闲旌饰，秋风助鼓鼙。帐前滴尽英雄泪。楚歌四起，乌骓漫嘶，虞美人兮。不如醉而醒，醒而醉。

这是写楚霸王项羽败亡前夜的悲怆情景。一代盖世英雄，走到穷途末路，耳听四面楚歌，乌骓长嘶，眼看美人虞姬，慷慨悲歌。此曲只写项羽之亡，不写其兴；只写"帐前滴尽英雄泪"，不写其"力拔山兮气盖世"。意境苍凉，感叹兴亡，一笔点透。

另一首：

> 三顾茅庐间，高才天下知。笑当时诸葛成何计！出师未回，长星坠地，蜀国空悲。不如醉而醒，醒而醉。

诸葛亮是一代人杰，自比管仲、乐毅，人称"卧龙"，其才之高，举世皆知。可马致远却说"笑当时诸葛成何计"，只一"笑"字，由极扬一下到大抑，贬义鲜明。看看吧，孔明再有妙计，成了什么气候？壮志难酬，一旦死去，"蜀国空悲"，终于导致了蜀国的灭亡。他与杜甫所说"出师未捷身先死，常使英雄泪沾襟"的崇敬惋惜心情不同，而从"高才"妙计并不能决定兴亡的角度着眼，颇有见地。

再一首：

> 夸才智，曹孟德，分香卖履纯狐媚。奸雄那里，平生落的，只两字征西。不如醉还醒，醒还醉。

这是说曹操的。曹操是一代枭雄，谋略过人，纵横捭阖，扫荡群雄，成就了统一北中国的大业，论历史功过，如鲁迅所讲曹操"至少是个英雄"。但马致远在这里扬弃了他的一切文功武略，只截取他死前一个片断："分香卖履"。这是指曹操死前舍不得丢下妻儿，留有遗嘱："余香可分与诸夫人。诸舍中（众妾）无所为，学作履组卖也。"马致远认为他这是以"狐媚"手段笼络人心,其实心中想的"只两字征西",揭露其权谋机诈、足以欺世的"奸雄"表演,最后只是空留西征蜀国的余志,万世成空的结局。

在一首《【双调】拨不断》中,他写到了战国时的燕国大将乐毅:

> 莫独狂,祸难防。寻思乐毅非良将,直待齐邦扫地亡,为牛一战几乎丧。赶人休赶上。

乐毅是战国时名将,统兵伐齐,破齐七十余地,千古史书称其为良将。马致远却唱反调,说经仔细思索分析后认为,"乐毅非良将"。为什么呢?他认为是乐毅太"独狂",刚愎自用,为人狂傲,以致招来"祸难"。史载乐毅率五国联军伐齐,"破之济西,诸侯兵罢归,而燕军乐毅独追",没想到燕王中了齐将田单的反间计将乐毅撤换,田单再用火牛阵大败燕军。这说明马致远说得也不是没道理。他在批评乐毅独狂招祸的同时,也总结出了"赶人休赶上"的历史教训。这首曲表面上是写乐毅逼人太甚,而暗含的深意却是直指元代统治者,你们别狂,不要把事做绝,把人逼急了是会出事的!

马致远还有一首《【双调】拨不断》,其中出现了有关屈原的句子,他竟是这样写的:"屈原清死由他恁,醉和醒争甚!"

屈原的忠君爱国历来为人们所推崇。司马迁不仅在《史记》中为屈原立传,极力推崇,而且以"屈原放逐,乃赋《离骚》"的精神来鞭策自己。一生傲然的李白深深敬佩屈原,说:"屈平词赋悬日月,楚王台榭空山丘。"肯定了屈原的不朽。

但马致远却把屈原给否定了。他认为屈原那种"伏清白以死直"的行为不可理解,那只是屈原的个人选择,并不值得宣扬。这看起来就有些荒唐了。

哎呀，没见他每首曲后都写着"醉还醒，醒还醉"、"醉和醒争甚"么？别当真，他是喝多了说醉话呢。

说这种话可能真是有点喝迷糊了吧？马致远这组曲的"务头"，也就是结句"不如醉还醒，醒还醉"，是他发出的人生感悟，他是化用了苏轼【渔夫】词"酒醒还醉醉还醒，一笑人间今古"句意，内涵应该是：醉以忘世，醒则叹世。比起屈原所说"众人皆醉我独醒"，马致远则坚守在醉与醒之间，显示他既清醒地感受到"人间古今"历史人物兴衰之无常，又以"一笑"表示对现实政治的厌弃。

马致远在他的曲作中不时对忠臣义士、圣哲英烈进行奚落和调侃，这并不意味着他已经糊涂到是非不分的地步。一代大儒再怎么被压抑，也不至于信口雌黄，荒诞到贤愚倒置的地步。

实质上，这是马致远对传统思想的反思甚至是批判。如他对屈原的认识。屈原固然是一位伟大的爱国诗人，但他认为，面对昏庸的统治者和众人皆醉的局面，"独醒"的屈原去投江而死，这对衰落的楚国到底能起什么作用？既然世人皆浊，屈原却一定要独清，那就由他清，清死也任他去。我老马所处的世道更是浑浊得一塌糊涂，如果我去"独清"，有什么用？从这里所表现出的，是马致远对历史人物的那种追逐"青史留名""尽忠尽孝"的反思。

当然，马致远对这些历史人物的认识，不论是功也好、过也好，都是否定的。在他看来，功名富贵、历史纷争、圣人贤才、君臣纲常，没有一样是神圣的，也没有一样是不朽的，一切都如过眼烟云。

这不能不说，他在对历史的反思中，表露出很浓的虚无思想。

2

马致远的作品中对历史的反思，也表现了对人生哲学的冷静思考。

人有生有死，这是自然法则；王朝有兴有灭，这是历史规律。既然如此，人生的意义何在？应当怎样度过？元代的文人，对这些问题的态度是各不相同的。

比如曲家张养浩，也许是做过官的原因吧，他在一首曲牌为【山坡羊】的曲中认为，官、钱、富、贵对人生来说都不重要，重要的是要有德，为人做好事，得到人民的尊敬，名传千古。这样的人生态度当然是积极的，但在元曲作品中也是相当罕见的。

再如同样做过官的曲家卢挚，曾和马致远同游过西湖并相唱和，却是另一种态度。在一首【蟾宫曲】中，他对人生算了细账：

> 七十年间，十岁顽童，十载尪羸；五十岁除分昼黑，则分得一半儿白日。风雨相催，兔走鸟飞。子细沉吟，都不如快活了便宜。

他认为人生短暂，应及时行乐。

而马致远对人生的态度则与他们不同。他年轻时不甘心"老了栋梁材"，便"带月行，披星走""枕上忧，马上愁"地上下求索，做了一个卑微小官，后来因看破官场的黑暗与龌龊而退隐。他有一首小令写得明白：

　　浙江亭，看潮生。潮来潮去原无定，唯有西山万古青。子陵一钓多高兴，闹中取静。

　　这是他任江浙省务提举时在钱塘江口浙江亭观潮时所写，从大潮的"潮来潮去"中他已经体味到了潮来如山涌、潮去半江空的变化无常，这使他联想到宦海沉浮的险恶也是一样的"原无定"，认识到只有屹立不动的青山才能万古不变，便有意要学汉代的严子陵退隐，去山林中过那"闹中取静"的钓翁式的散淡生活。这说明，在他还做官时，对人生的看法基本已经定调。

　　马致远在套数《【双调】夜行船·秋思》中吟唱道："百岁光阴一梦蝶，重回首往事堪嗟。"把以前年轻时的人生追求否定了，重新设计的人生路是这样的：

　　名利竭，是非绝。红尘不向门前惹，绿树偏宜屋角遮，青山正补墙头缺；更那堪竹篱茅舍……裴公绿野堂，陶令白莲社。爱秋来那些：和露摘黄花，带霜烹紫蟹，煮酒烧红叶……

　　他还有另一首套数《【涉般调】哨遍》，将他的人生态度说得更透：

　　……茅庐竹径，药井蔬畦。自减风云气，嚼蜡光阴无味。旁观世态，静掩柴扉。虽无诸葛卧龙冈，原有严陵钓鱼矶。成趣南园，对榻青山，绕门绿水。

　　在这样环境中：

　　"有余豪兴嘲风月，无复闲言讲是非，乐亦在其中矣"，"青门幸有栽瓜地，谁羡封侯百里。桔槔一水韭苗肥，快活煞学圃樊迟"，"有一片冻不死衣，有一口饿不死食，贫无烦恼知闲贵。惊看风浪乘舟去，争似田园拂袖归。本不爱争名利，野猿作主，海鸟忘机……"

　　在这首曲中，他淋漓尽致地抒写了自己那种啸傲风月、超逸尘世的心境。

　　马致远这种远离富贵名利、甘愿村居的人生道路的选择，是经过相当冷静的思考的。咱们前边分析过，他选择退隐这条路是很无奈、很痛苦的，并不是一时的意气用事，而是经过认真思考的。因此，他对田园生活的选择，并非只是追求闲适和幽雅，而是对人生深入思考的结果。

　　综上所述，处在文人被边缘化的那个特殊年代的马致远，和当时的很多文人一样，心灵受到伤害，由原来受儒家传统观念影响形成的价值观、人生观、世界观，或多或少地开始变形。对社会、对历史甚至对孔孟之道都产生了一种荒诞感、虚无感，这在马致远的身上是有的。

　　但综合看，他对社会的认识，对历史的反思，对人生的选择，都是有自己认真思索的。他没有像当时一些文人那样，或放浪山水，或耽恋女色，或皈依宗教，表现出一种或放纵、或叛逆、或颓废的心态。他并没随波逐流，而是始终保持着一种清醒的心态。

　　既然是清醒地看透了一切，那么该怎么办？马致远是采取什么样的心态，什么样的途径去对待的呢？

3

面对着礼崩乐坏的世道、求仕无门的人生，马致远经过冷静的思考，平静地选择了隐退。

咦，平静吗？不是总说他退隐是无奈痛苦的选择吗？他可能平静吗？唔，是的，这里所说的"平静"，只是他的表象，高唱着"归去来"潇洒地走向了田园。其实在马致远的内心深处，始终是有抗争的，甚至充满了矛盾。

马致远的退居田园，是经过由"愤世"到"避世"这个过程的。中国文人的隐逸大致有这样几种原因：有的是改朝换代之时不愿为新朝效劳；有的是和社会有抵触，不愿出仕；还有的是因政治黑暗为避祸保身。马致远当属后者。

因此，在马致远作品中，明显表现愤世、抗争的，大多是他中青年企图入仕而困顿时的那些作品。最有名的就是咱们引用过的那首《【南吕】金字经》：

> 夜来西风里，九天鹏鹗飞，困煞中原一布衣！悲，故人知
> 未知？登楼意，恨无上天梯！

在这里，他又用到了"西风"。黑夜沉沉，西风凌厉，如此恶劣的环境中，他还梦想着如大鹏展翅高飞。但那只能是梦，现实中他只能是"西风"中的"瘦马"，只能连连喊着"困"、"悲"、"恨"，表达着强烈的愤激抗争之情。

再如他还有一首小令《【双调】拨不断》，也是求进无门时写的：

> 子房鞋，买臣柴。屠沽乞食为僚宰，版筑躬耕有将才。古
> 人尚自把天时待，只不如且酩子里胡捱。

一下笔便连用六个典故，"子房鞋"是指汉张良为老翁拾鞋而得兵书；"买臣柴"则是汉武帝时名臣朱买臣年幼家贫，打柴为生，担柴苦读的故事；"屠沽"是汉初名将樊哙，少时以屠狗为业；"乞食"是讲春秋时楚人伍子胥投奔吴国时曾因病在路上讨饭；"版筑"是殷商时名相傅说贫穷时在用木板筑的土屋中生活；"躬耕"是三国时蜀相诸葛亮早年曾隐居南阳，躬耕垄亩。他用这些都曾饱经磨炼而终成将相的人以自比，期待能被赏识而早日出山，实现"佐国心，拿云手"的壮志。但统治者冷遇汉族文人的现实，使他不得不发出"古人尚自把天时待，只不如且酩子里胡捱"的悲叹。真是没办法啊，我不比史上那些有名的将相差啊，也只得暗地里（即"酩子里"，元代俗语）拖时间等着"天时"吧。这流露出他的愤慨与无奈，表达了对统治者压制扼杀人才的不满。

马致远还有大量的以"叹世"为题的作品。所谓"叹世"，实质是面对浑浊的现实而表示的一种痛心疾首、悲愤感叹的态度，带着一定的揭露性和批判性，其中包括愤世、讪世、玩世、遁世等等思想感情。在马致远的叹世曲作中，表现遁世思想的比较明显。

如他的一首小令《【双调】庆东原·叹世》：

> 珊瑚树，高数尺，珍奇合在谁家内？便认做我的。岂不知
> 财多害己，直到东市方知。则不如醉而醒，醒还醉。

那高数尺的珍奇的珊瑚树，不管在谁家，那都得是我的！这是马致远用石崇争富的典故隐喻现实贪官污吏的巧取豪夺。他劝人们"财多害己"，还是躲到尘外去逍遥吧，等到被拉到东市刑场砍脑袋才明白利害，就什么都晚了。

再如他多首《叹世》中的句子诸如"图甚区区苦张罗，人间荣辱都参破""使碎心机为他谁""争名利，夺富贵，都是痴""命里无时莫刚求"等等都透露着这样的思想，在愤世的同时，都明显表达了他的厌世情绪。

马致远真正避世后，按常理推想，他的情绪意识应该是快乐的、闲适的、自在的、达观的。他也确实写过很多歌唱归隐生活、田园风光、诗酒优游、渔樵野趣的曲作。

比如他有一组四首小令《【南吕】四块玉·恬退》，其中的一些句子写尽了隐居环境的幽雅：

> 绿水边，青山侧，二顷良田一区宅。
> 翠竹边，青松侧，竹影松声两茅斋。
> 酒旋沽，鱼新买，满眼云山图画开。

再如他还有一组八首小令《【双调】清江引·野兴》，其中描写山野闲散生活的曲句，更是意趣横生：

> 樵夫觉来山月底，钓叟来寻觅。
> 山禽晓来窗外啼，唤起山翁睡。
> 林泉隐居谁到此，有客清风至。
> 西村人事少，一个新蝉噪。恰待葵花开，又早蜂儿闹。

一枕葫芦架，几行垂杨柳。是搭儿快活闲住处。

多么的清闲自在！他所追求的生活就是这样无拘无束，逍遥自由，一切都顺从了自己的想法，用现在时髦的话说，已经实现了对"个性解放"的追求。

但是，真是如此吗？如果我们细细品味他的曲作，就能发现，其实他这是故作旷达，他的内心深处并没有放下世事。如他有一首描写退隐后的小令《【南吕】四块玉·叹世》，是这样写的：

带野花，携村酒，烦恼如何到心头！谁能跃马常食肉？二顷田，一具牛，饱后休。

表面看，"带野花，携村酒"，投身自然，诗酒自娱，当是"远红尘千丈波"了，可"烦恼如何到心头"又是怎么回事？那么清闲自在，烦恼什么？其实下面一句便回答了，"谁能跃马常食肉"，借战国人蔡泽自述其志的典故，表达了人生富贵并不长在之意，自然也包含着他对自己生平不得志，没能"跃马常食肉"的慨叹。虽然后边他一再声明"二顷田，一具牛，饱后休"，但这种奋斗了一生也没能"跃马常食肉"的烦恼在心头并不能排除，时不时会有一丝摆不脱、挥不去的幽情孤愤涌上来。

还有一首同曲牌的小令《叹世》，也是他退隐后写的：

佐国心，拿云手，命里无时莫刚求。随时过遣休生受。几叶棉，一片绸，暖后休。

"佐国心，拿云手"咱们常引用，是说他年轻时的豪情壮志，想要治国安邦，干一番大事。然而如今一事无成，退居山野了，唉，听天由命吧，随遇而安过日子吧，不要烦恼、自找苦吃，能有棉被盖，有绸衣穿，暖暖和和的就知足了。

其实，在他乐天知命的外衣下，仍在跳动着一颗难忘往昔、苦闷无奈的心。这说明他仍是忘不掉"佐国心，拿云手"的往事，如果真忘了，还用这般告诫自己吗？

再如，他还有一首描写退隐后生活的小令《【南吕】金字经》：

> 担头担明月，斧磨石上苔，且做樵夫隐去来。柴，买臣安在哉？空岩外，老了栋梁材！

这是描写他退隐后过的打柴人生活。白天石上磨斧砍柴，夜晚挑柴担伴着明月归，辛苦虽是辛苦，但乐趣却在苦中。但下边一句，意境一下全变了，他由打柴，联想到汉代名臣朱买臣，虽曾砍柴为生，但最终却由穷困变发达，大展了雄才。再看自己，虽也归隐砍柴，但要由穷困而发达那是太渺茫了，怎么能不发出"买臣安在哉"的愤懑。同是文人，都有才华，古代的买臣能由樵夫成了重臣，而眼前的"买臣"却由小官而成了樵夫，天理何在！古今对比，激愤自生，不由喊出："空岩外，老了栋梁材！"

在这些曲里，怀才不遇而又不甘寂寞、并非只求悠闲逍遥而退隐的马致远的内心暴露无遗。他渴望仕进却失意沦落，不容于世却不甘寂寞，欲求逍遥偏难抑牢骚，这充分说明了马致远人生观的复杂性和矛盾性。

因此，对他隐退多年而晚年突然写出那首歌颂元王朝的套曲《【中吕】粉蝶儿·治至华夷》也就不难理解了。

其实，马致远的这种心态，在元代很多文人身上都有体现。他们在求进无门的情况下虽是高唱着避世隐居的快乐，但并不等于说在内心深处已经完全消失了幻想，泯灭了愤懑和不平。自视为"栋梁材"的马致远当然更是如此。他在自己的杂剧中，总是让那些穷秀才时来运转，高中状元发迹。这恰好是反映他心中那种不甘寂寞，希望得志有为的幻想。

由此可见，马致远一方面歌唱着避世隐居，另一方面又没有完全忘怀现实，在他的思想中始终存在着出世与入世的矛盾。

4

马致远作为一个有血肉之躯的人，在那个特定的时代，产生矛盾复杂的特殊心态是不奇怪的，因为这是元代特定的政治、经济和思想影响下的产物。

政治上对文人的影响，我们曾从不同的侧面谈到过。元代是一个民族矛盾极为尖锐的时代。宏观上，对几千年来主宰中原的汉族来说，突遇少数民族掌握中央政权，一时是难以接受的，特别是长期受儒家思想熏陶的文士，对堂堂华夏被"夷狄"所统治，在心理上是很难顺从的。

微观上，我们曾介绍过，元代是明确把人分为四等的，当时的汉人和南人，在政治、经济、法律等方面都受到奴隶般的虐待，当时统治者贪赃枉法猖狂，侵占民田、掠卖人口，放高利贷之风盛行，再加上战争连年，灾荒不断，弄得民不聊生、怨声载道，引起了人民普遍的不满和反抗。对文人儒士来说，由于民族歧视政策和科举的废止，地位一落千丈，甚至有了广为流传的"九儒十丐"之说。此说虽出自民间，但足见读书人地位的低下。

　　我们翻开马致远的杂剧《荐福碑》，就可以听到元代文人那种啼饥号寒之声。剧中写道，他们"住破窑使破瓢"，"贫乃士之常"。他们不得不像剧中主人公张镐一样，去卖诗鬻字，充当佣工，求斋要饭，甚至因走投无路而要自杀。因此，"儒人不如人"的慨叹在当时到处可见。

　　当然，像马致远一样，有些文人也得到过一官半职，但当时的民族政策是相当严酷的，汉族人只能沉抑下僚，而且不仅仅是受到歧视，甚至随时会有杀身之祸。马致远为官时不就受到了莫名的陷害么？

　　这种特定的政治背景肯定会迫使马致远这样的文人们思考现实，反思历史，探索人生出路。结果当然便是，远离严酷的政治，避世隐居。

　　经济上对文人的影响，也是很重要的一个方面。从资料上看，早在宋代，城市的工商业就已经十分繁荣。到了元代，在征服南宋的过程中，北方是后方基地，没有战争，社会相对比较安定。统治者为了奢侈生活的需要，拘掠全国工匠几十万人，在都市设立各种作坊，使手工业得到了进一步发展。再加上，元代疆域辽阔，中西方交通扩大，海运和漕运沟通，更加促进了商业的繁荣。据当时的西方旅行家马可·波罗在他的《马可·波罗游记》中记载，当时的大都，"既大而富，商人众多，商业工艺之民，大多数制造丝、武器与鞍辔以及各种商品"；"每日商旅及外侨往来者难数计，故均应接不暇"；"外国巨价异物及百物输入此城者，世界诸城无能与比……百物输入之众，有如川流不息"；"娼妓为数亦伙，计有两万有余"。

　　城市经济畸形发展，居民自然越来越多。城市工商业的发达和市民阶层的壮大，必然助长了人们的享乐之风，富者娱乐享受，贫者寻求解闷。因而在文人中对传统儒家的安贫乐道思想观念也形成了冲击，产生了冲破传统束缚、追求个性自由的现象。在当时，如关汉卿般玩世混世，把自己放置在风月场中；似白朴般放浪山水，只追求逍遥自在，都与当时城市经济的发展不无关系。

这种社会形态，对马致远的思想意识当然不能没有影响。因此，他对历史人物的反思及传统思想的动摇也就不足为怪了。

最后说说思想上的影响，这是文人心态形成的主要因素，其中也包括上面说到的政治、经济所反映出来的不同于以往的观念。我们以为，表现在思想上的主要有这么几点，影响着马致远和当时的文人们。

首先，咱们前面有过交代，元代的蒙古统治者靠金戈铁马取得中原时，刚刚由原始的游牧部落迈入奴隶社会。在这种情况下，他们一下子冲进封建社会，既没有农耕经济意识，更没有儒家文化传统的传承。因此，他们入主中原之初，对儒家思想根本不重视，对这些思想上"虚"的东西根本不当回事，看重的就是物质上"实"的方面。后来一些君主如忽必烈认识到利用传统儒学治理中原的重要性，提倡汉学，用了大批汉族儒士为自己服务，但也是有强烈防备心理的，始终没有消除人分四等的等级制度，长时期没恢复科举，这就造成了儒家思想的一度削弱。这对元代文人必然有很大影响。

再者，咱们刚才说了，随着工商业的发展，市民阶层的扩大，追求眼前利益，追求享乐的小市民思想意识也会影响到当时的文人们。实话说，元代杂剧的兴盛，与当时都市经济的发展和市民阶层的扩大不无关系。而当时很多文人，能放下儒家的高雅架子而混迹于俗气的勾栏瓦舍，投入杂剧创作，除了仕途无望，谋求生计的因素外，也是市民意识在他们心中的折射，打破了自以为清高的传统儒家思想的束缚。

还有，如咱们前边讲到过的，全真教对元代文人思想影响绝对是不可小看的因素。全真教的所谓"全真"，也就是保全本性。当时的文人们诉说着社会的黑暗、官场的凶险，歌唱着隐居的安全和自由，也就是以隐居保全身心，明显是受全真教的影响。

全真教是道教的分派，与老庄思想是密不可分的。中国古代知识分子，在没有出路的时候，往往到老庄哲学中去寻求精神寄托，元代的文人们更是如此。老子《道德经》中提倡无为、好静、无事、无欲，主张小国寡民。庄子提出了著名的"齐物论"，把一切相反的东西都看作"齐一"，既无彼此，又无是非，认为把贫富、贵贱、得失都置之度外，便可自由自在。

元代文人在曲作中所表现出的抛弃名利、不问是非、安闲旷达、自然无为等等，表面是全真教内容，其实明显带有老庄哲学的色彩。比如马致远就有这样的一首小令《【双调】清江引·野兴》：

> 绿蓑衣紫罗袍谁是主？两件都无济。便作钓鱼人，也在风波里。则不如寻个稳便处闲坐地。

绿蓑衣是渔夫钓翁穿的，紫罗袍是古代五品以上高官之服，谁是主？对认为仕途险恶、追求退隐山林的马致远来说，自然应是选"绿蓑衣"是主。但他的回答是出人意料的，"两件都无济"，全都不是。为什么呢？他解释了，"便作钓鱼人，也在风波里"，官场沉浮有风险，钓鱼人也是在风波里啊。在这里，他把贫富都看得一样，追求的就是个"自然无为"："则不如寻个稳便处闲坐地"。这不就是庄子的"齐物论"么？

最后我们要说的，也是最主要的，就是儒家思想对元代文人的影响。我们虽然说儒家思想在元初曾一度被削弱，但决不能低估儒家思想对元代文人的作用。一千多年来，儒家思想一直在中国占统治地位，古代知识分子一代接一代长期受其陶冶，即使在元初曾一度被削弱，但仍能在文人的思想上打下深深的烙印。

特别是马致远这样学习着儒家诗书经典成长起来的文人，他心中的儒家思想应该是占主要位置的。比如他的隐居恬退，就和儒学经典《论语·述而》中所讲"用之则行，舍之则藏"的思想是一致的。再则，他时不时表现出来的入世有为的幻想，又何尝不是儒家积极进取思想的反映呢？

由此可见，元代特殊的社会背景下所产生的小市民意识、全真教观念，以及传统的老庄哲学、正统的儒家思想，都对马致远有着或多或少的影响，从而形成了他独特的复杂矛盾的心态。这如何不让"西风"中的"瘦马"心头总是充满了烦恼！

我们掌握了马致远的这种心态，反过来再去研读他的作品，就能更准确地把握和读懂其中一些隐讳的、模糊的、矛盾的作品吧？

第五章

共庚白关老齐肩

这一章的题目引用的是《录鬼簿》中贾仲明为马致远所作的《凌波仙》吊词的最后一句，肯定了他在曲坛的地位。

这里有一点要做个小说明，本人手头有一本一九五七年版文学古籍刊行社出版的《录鬼簿新校注》，其中这句的最后一字不是"肩"，而是"眉"。看其他资料引用时，则很多是"肩"，但也有用"眉"的，看来是从不同版本引下来的。仔细琢磨，应该是"肩"字，合整首曲"言前辙"的韵，而且意思也好理解，就是俗话所说的，几个人肩膀头一般儿高。如是"齐眉"，不但不合辙押韵，意思也弄不明白。这个"眉"字估计是《录鬼簿》不同的版本在流传过程中刊刻或印刷时失误。

贾仲明说马致远"共庚白关老齐肩"，意思是给他排了座次，也就是说他和元代前期最有名的几位元曲大家庚吉甫、白朴、关汉卿是肩膀头一般高的，也就是说名声一般大。

怎么个一样高？他没说。那好，咱们就来给他们比比，看能否分出个高低，也看看他们的精神境界有没有差异。

有元一代特殊的政治经济形态，造成了那个时代知识分子的特殊心理特征。马致远作为其中一员，有当时文士的共性，也有他自己强烈的个性。

《录鬼簿》序中说，元代的剧作家们大多是"门第卑微，职位不振"的文人，因此在这些人中，投靠统治者，爬上高位，专事歌功颂德者是少有的，也不可能有。咱们前面讨论过，元代那几种仕进之路，没有背景的基层读书人是根本踏不进去的，马致远不就喊"恨无上天梯"么？咱们在上一章介绍马致远思想状态时说过，当时文人们在小市民意识、全真教观念、传统的老庄哲学、正统的儒家思想等多种意识形态影响下，心态是混乱的，矛盾纠结的，有时甚至是荒诞的。

而且，由于每个人所接受的文化思想不同以及所受影响的层次不同，导致当时的文人们对人生态度的不同，或抗争、或隐逸、或放浪、或回避等等。

抗争者，"不平则鸣"，所谓"一管笔在手，敢搠孙吴兵斗"，对现实呼号批判，可看为斗士，在元代作家中关汉卿当首屈一指。

放浪者，优游岁月，"放浪形骸"，"玩世滑稽"，流连山水，饮酒赋诗，如白朴等人。

回避者，既不去粉饰现实，也不去揭露和批判现实，而是顾左右而言他，去写神仙隐逸、风花雪月，如吴昌龄辈。

而马致远的生活态度和以上这些人都是有差异的。他是一个深深执著于人世的人，哪怕是退隐之后，也从来没有忘怀现实生活。

但是，马致远既不愿逃避现实，又不能与现实抗争。因此人生态度是相当矛盾的。

那么，马致远和与他同时代的那些元曲大家们，在思想上，到底有什么样的差异呢？我们就找几位有代表性的元曲作家和他比较一下吧，从中就能看出他们处世的不同心态，可在对比中更清晰地看出马致远更深层面的思想脉络。

1

第一位要出场的，当然是关汉卿。为啥？因为他是元曲的老大。

元末熊自得编的《析津志》说他"生而倜傥，博学能文，滑稽多智，蕴藉风流，为一时之冠"。成书于元末的钟嗣成所著《录鬼簿》曾记载"前辈才人所编传奇（杂剧）于世者五十六人"，关汉卿名于榜首。贾仲明在《录鬼簿》吊词中称许他是"驱梨园领袖，总编修师首，捻杂剧班头"。明代周德清的《中原音韵》说"乐府（散曲）之盛、之备、之难，莫如今时……其备则自关郑白马一新制作……"，当中"关"即关汉卿，排在第一位。明代朱权的《太和正音谱》称许关氏"初为杂剧之始，故卓以前列"。

后世对关汉卿评价就不用一一细说了，只举一例，一九五八年世界和平理事会已经把他列为"世界文化名人"，足见其在文坛上的地位。

那么，被《录鬼簿》吊词称为"共庚白关老齐肩"，也被后世列在最有成就的"元曲四大家"之中的马致远，当然要和元曲的"一把手"比较一下了。

关汉卿，号已斋叟，大约生于金末的一二二〇年、卒于元代一三〇〇年左右，年辈要比马致远高，马致远当呼他为"前辈"。他们虽为同时代的曲作家，但他们的思想观念、处世哲学却有相当大的不同。

首先，二人的人生态度，是截然不同的。

关汉卿有一首小令《【一枝花】不伏老》，鲜明地写出了自我的人生形象：

> 我是个蒸不烂、煮不熟、捶不扁、炒不爆、响当当一粒铜豌豆；恁子弟每谁教你钻入他锄不断、斫不下、解不开、顿不脱、慢腾腾千层锦套头。我玩的是梁园月，饮的是东京酒，赏的是洛阳花，攀的是章台柳。我也会围棋、会蹴鞠、会打围、会插科、会歌舞、会吹弹、会咽作、会吟诗、会双陆。你便是落了我牙、歪了我嘴、瘸了我腿、折了我手，天赐与我这几般儿歹症候，尚兀自不肯休。则除是阎王亲自唤，神鬼自来勾，三魂归地府，七魄丧冥幽。天哪，那期间才不向烟花路儿上走！

关汉卿通过这首小令，塑造了自己叛逆者的形象：不与社会合作，不认可社会确定的道德导向和价值观，并且歌颂一般不为社会所容的眠花宿柳、放浪形骸的生活，对市井的无赖、痞气光明正大、毫不掩饰地给予赞扬。这反映了他对人生对社会的独特的人生态度。他改变了传统文士那种已被定型的穷酸、迂腐、清高、懦弱的形象，第一次以我行我素、嬉笑怒骂、放荡痞赖的形象取而代之，蕴藏着丰富的文学和美学意义。因此，在青楼中对老狎客的昵称"铜豌豆"便成了关汉卿的代名词。

而马致远被称呼什么呢？用不着提示，大家会脱口而出："马神仙"。对了，这是《录鬼簿》给他封的嘛。咱们分析过"神仙"二字在这里是指马致远所创作的"神仙道化"剧，也分析过他借助的神道剧要表达他什么样的人生观，那便是"东篱本是风月主，晚节园林趣"，他所追求的是"酒中仙、尘外客、林间友"的闲适生活。

一个是玩世混世的"铜豌豆"，放浪形骸；一个是厌世避世的"马神仙"，追求清净。二人对人生的态度相去甚远。

由于对人生的认识存在不同，直接决定了他们的创作倾向必然存在着很大的差异。这主要表现在他们杂剧创作的选材上。

关汉卿众体皆擅，笔法娴熟，题材广泛。他一生创作六十七种杂剧，流传下来十八种，被学术界公认而无争议的十三种。从题材上看，大致可分三大类：一是社会公案剧，如《窦娥冤》、《救风尘》等；二是男女风情剧，如《拜月亭》、《调风月》等；三是历史剧，如《单刀会》、《西蜀梦》等。

他的代表作是《窦娥冤》。虽说它是历史上"东海孝妇"、"周青血飞白练"等传说的艺术再现，但却更是元代社会黑暗面的反映，他是目睹了当时一个弱女子蒙冤死去之后，对上述两个故事进行了改编，通过窦娥这个一生饱受煎熬、最后冤死于非命的普通童养媳的悲惨命运，惊心动魄地描写了元代社会的黑暗和吏治的腐败。剧里面有"羊羔儿利"的高利贷剥削，有流氓恶棍的敲诈勒索，有贪官污吏的贪赃枉法。这些正是窦娥不幸命运的根源，为人们描绘了一幅元代黑暗腐朽的社会图景。

他有很多作品触及社会方方面面，如《救风尘》、《望江亭》揭露了男权社会统治下女性备受欺凌的现实。由此可见关汉卿的剧作浓墨重彩地接触到社会的各方面，直面社会底层，大胆揭露，真实而深刻地反映了社会现实。

而马致远创作杂剧十五种，留存下来被学界确认的七种。从题材分类看，咱们分析过，大致也是三类：历史爱情剧《汉宫秋》、《青衫泪》；文士剧《荐福碑》、《黄粱梦》、《陈抟高卧》；神仙道化剧《岳阳楼》、《任风子》。他的代表作是描写汉元帝与王昭君爱情悲剧的《汉宫秋》。从选材内容看，马致远离现实是较远的，或从历史，或从宗教，或从儒士，着眼的是风流名士。

因此，由于选材的差异，在人物的塑造和刻画上，也就出现了较大的不同。

关汉卿的剧作是以女性为主的。他自命"普天下郎君领袖，盖世界浪子班头"，有一种与生俱来的女性情结。他混迹勾栏，甘与倡优妓女为伍，女性在他眼中是极美好的。因此，在他的剧作中，"旦本剧"即以女性为主角的，占绝大多数。如上面提到过的《窦娥冤》、《拜月亭》、《谢天香》、《金线池》、《诈妮子》、《救风尘》、《望江亭》等等，全是关注女性问题，如遭冤刑、遭虐待、遭遗弃、遭强占、婚姻不自由等，揭示了女性问题的复杂性、社会性和严重性。这隐约流露出关汉卿思想中很朦胧的女性主义情结。

而马致远恰恰相反，他的剧中表现出较强的男权色彩。他现存的七部剧，六部是"末本戏"，都是以男性为主角。以"昭君出塞"为故事线索的《汉宫秋》，出场的唯一女性昭君竟然也是配角，让她在封建伦理规范中去活动，如不是最后跳江一死，给人的印象就是男人的附庸。

还有，在杂剧上走着两条不同路子的关汉卿与马致远，在散曲创作上也是分道扬镳，呈现着迥然不同的风貌。

他们的差异既体现在艺术风格上，也如杂剧一样，同样体现在题材选择和思想倾向上。

关汉卿现存学术界没争议的小令四十一首、套数十五首，涉及言情享乐、男欢女爱的近四十首，比重之大，令人吃惊。

他对生活的态度，在他的散曲中说得明白："到头这一身，难逃那一日，受用了一朝，一朝便宜""适意行，安心坐，渴时饮饥时餐醉时歌"。对生活他是洒脱的、现实的，要在有限的人生中寻找最多的乐趣，尤其是在男欢女爱中寻求安慰与解脱。他善于将男女离别那一瞬难分难舍写得缠绵悱恻，也善于将闺中思妇的孤寂相思写得凄婉动人，更善于将男女间的打情骂俏写得绘声绘色。更有甚者，他不但写情而且写色，不仅写爱而且写性。在小令【新水令】中他就直接描写男女偷情的细节，用笔之大胆，为同代曲家所罕见。

最能代表关汉卿玩世浪荡人生态度的曲作就是上面说到的小令《【一枝花】不服老》，是他的人生宣言，也可以看做是以他为代表的市井文人的人生宣言，直接表示了市井文人玩世狎妓的生活态度，带着明显的纵欲思潮印记。

而马致远在散曲中所表现的人生态度，就没有这样现实。咱们赏析过他不少曲作，在他存世的一百三十多首曲作中，有七十多首可直接归在"叹世"这一主题下，占一半以上。其中有对个人命运的慨叹，有对功名、对富贵、对历史、对人生意义的思索。在他看来，一切都是过眼烟云，一切都如梦幻般虚无。

他的套数《【双调】夜行船·秋思》，最全面最深透也是最富有艺术意味地展示了他的人生观。咱们从不同侧面引用过、赏析过这套曲子，其中，王图霸业的虚幻、百岁光阴的短促、世俗纷争的渺小、人生无常的状况，被他描绘得那样惊人；而绿树青山的宜人、隐逸生活的超然，又被描绘得那样生动。

马致远这种对传统价值观的否定，在元曲中是影响很大的，很多曲家都不同程度地有这样内容的作品，形成了一股潮流，那便是虚无主义思潮。

怎么样，通过以上对比，我们看出了关汉卿与马致远二位的不同了吧？一位面对现实，带着极强的市井气；一位寻求超脱，有着极浓的隐士气，气质上是相去甚远的。

关汉卿和马致远的作品中分别流露出当时文人们的两大思潮：纵欲

思潮和虚无思潮。

我们可以这样认定，以关汉卿和马致远在曲界的地位，他们二位当时就是这两大思潮的领袖。

2

和元代文学的老大关汉卿比完了，下面出场的该是谁了？

和马致远同时代、也被称为元曲四大家的还有一个白朴。白朴，字仁甫，号兰谷先生，一二二六年出生于金朝的贵族家庭，其父白华，官至枢密院判、轻骑都尉、南阳郡伯，是金末文武兼备之才。白朴虽生于这个显赫的富贵之家，他的命运却是很不幸的。他八岁时，蒙古大军攻陷金国都城汴京（今开封），时值其父随金哀帝在外逃难，在仓皇中白朴与其母失散。蒙古军入城后大肆劫掠，他母亲或死或辱，可想而知。几乎成了孤儿的白朴在大诗人元好问的保护下，北渡黄河，这才得以存活。少年时这种永生难忘的伤痛，不仅影响了他今后的生活，更影响了他的文学创作基调。

白朴一生作品较丰，有杂剧十六种，今存《梧桐雨》、《墙头马上》、《东墙记》等三种，散曲有小令三十七首、套数四首。他的艺术风格文辞醇雅，疏放俊爽兼备，与时俗迥异。元代白朴的朋友王博文评他的曲作："词语遒丽，情寄高远，音节协和，轻重称惬。凡当歌对酒，感事兴怀，皆自肺腑流出。"明代朱权的《太和正音谱》评："白仁甫之词，如鹏搏九霄……有一举万里之志，宜冠于首。"近代王国维评他的杂剧《梧桐雨》："沉雄悲壮，为元曲冠冕。"这说明，白朴的作品兼有豪放和清丽两种风格。

那么，马致远如果与这位贵族子弟出身的白朴相比较，他们为人处世的思想状态，会有什么不同呢？

那咱们就先看看他们的政治态度吧。

在谈马致远的名作《汉宫秋》时，咱们涉及了他的"民族意识"问题，结论是他的"民族意识"并不是那么强烈，在这里就不再重复啰唆了。那么，作为目睹了金朝灭亡，经历了战乱失母之痛的白朴，后来又亲历了南宋的灭亡，作为汉人的他，对蒙元统治者是什么态度呢？

白朴的朋友王博文给他的《天籁集》写过序，其中说白朴"幼经丧乱，仓皇失母，便有山川满目之叹。逮亡国恒郁郁不乐，以故放浪形骸，期于适意"。这说明，白朴对亡国是耿耿于怀的。后来有一些评论家据此认为白朴是一个"具有民族气节的爱国者"。

真的是如此吗？细读他的作品，感叹世道变化的词句确实存在，但在他的散曲诗词中所占比例极小，相反，他对使他遭受战乱之痛的蒙元一统大业是竭力歌颂的。这令人有点不可思议。

但他的作品就是明明白白这么反映的。如元军在攻灭南宋的过程中，他已经是成年人，在不同时期给元军的不同将领都写过诗词相赠，赞扬元军如何威武："笳鼓秋风，旌旗落日"，"三军耀武，万灶屯田"；鼓励他们尽快立功："扫清残寇"、"看人归厚德，天垂余庆"；并对蒙元的一统大业寄予极大希望："明年看，平吴事了，图像凌烟"；而且对南宋充满了鄙夷："我望金陵王气，尽消磨区区江左"，"长缨系越在须臾，看扫蛮烟瘴雨"。他的立场是完全站在蒙古统治者一边的。

更为突出的是，一二六七年他代真定总府为元世祖忽必烈写了一首寿词《春从天上来》，对元灭金伐宋的行动大加肯定，以"虞尧"来美化当时是一幅太平景象。我们前边谈到过，那时马致远也写过这样的东西"献上龙楼"，吹得也好肉麻，但那时的马致远只有十六七岁，"且念鲰生自年幼"；如果说因为不成熟，为了前程不假思索一时冲动而写了那样的东西，多少还可辩解一二，但那时的白朴已经四十二岁了，经多识广，对人对事已经形成了自己固定的观念，不会随便就去写吧？

因此，在"民族意识"这个问题上，白朴要比马致远更加淡薄。

在政治认识上，马致远和白朴是不同的。马致远虽然对元朝统治者抱有幻想，但对社会、对官场还是有清醒认识的，在作品中也是有揭露、有反映的。

而白朴对元代统治者是认可的，甚至是拥护的。他的这种政治态度，再加上他贵族出身，他的人生路，比起"恨无上天梯"的马致远，会是前途无量，步步登高吧？

好吧，那咱们就再比较一下他们的人生态度吧。

按说，以白朴的出身和他结交的高官朋友，他要出仕是不难的。如果他愿意，会一夜之间便"峥嵘发达"。可他却偏不走那条路，不登那个高。

白朴有两次被推荐做官，他都"再三逊谢"，怎么说也不去。而是出入青楼，留连勾栏，声称要自由自在地游山玩水，以终天年。

这种人生态度，是和对功名有着很强欲望的马致远有明显差别的。马致远年轻时一心追逐仕进，无望就大发牢骚，实在没希望了这才愤愤离开了，归隐田园，寻求想象中的世外桃源。二人完全是两种生活状态。

这种人生观的差别，必然影响到他们的文学创作。马致远与白朴二人文学创作上的不同，和关汉卿类似，主要表现在作品的取材上。

以杂剧为例，在白朴的十六部杂剧中，就有《梧桐雨》、《墙头马上》、《流红叶》、《祝英台》等八部是爱情剧，不难看出，讴歌爱情、描写爱情是他创作的主要方向。故事内容上，从宫廷的帝王后妃到平民甚至妓女，无所不包，但反映现实的不多。他的代表作是悲喜剧《墙头马上》，塑造了一位追求爱情幸福的大胆女性，这与他放纵自己信步青楼，混迹于勾栏娼优间不无关系吧？

马致远也曾是书会中人，与勾栏瓦舍中人也常厮混，但他从来没有这方面的剧作，只有一部《青衫泪》写了妓女，其他主要是以男人为主的文士剧和神道剧。这里就不再细说了。

综上所述，我们不难看出，出身于名门望族的白朴放弃仕进，追逐游乐，带有鲜明的无拘无束的浪子气，而一介布衣的马致远如咱们在第二章分析的那样，却带着浓浓的自以为清高的儒生气。

毋庸讳言，马致远和白朴，在艺术成就上各有特色，可能不相上下，但他们的人生观是有明显差异的。

好了，接下来马致远该和谁比了？

3

下面马致远该和哪位相比较呢？可能有人会说，这还用问，上面标题不是说明了，"共庾白关老齐肩"嘛，元曲四大家，当然是那位"庾"了。

"庾"是指庾吉甫，也是元初曲坛上一位很有成就的作家，有杂剧《骂上元》《兰昌宫》等十五种，但均已逸失，散曲仅存小令七首，套数四套。没有作品，是没法进行比较的。况且，他并不在"元曲四大家"之列。贾仲明那样提，只不过是说马致远的成就，可以和比他年长的前辈作家关汉卿、庾吉甫、白朴不相上下罢了。

被后世认可的"元曲四大家"是指关汉卿、郑光祖、白朴、马致远四位，是元代周德清在一三二四年成书的《中原音韵》自序中第一次提出来的。其中说："乐府之盛，之备，之难，莫如今时。……其备，则自关、郑、白、马，一新制作，韵共守自然之音，字能通天下之语，字畅语俊，韵促音调。"

这里面所说的"备"，指的是元曲作家的创作，是说关汉卿、郑光祖、白朴、马致远在曲体创作上臻为完备。形式上"字畅语俊，韵促音调"，内容上"有补于世"。而他说的"难"，是指元曲代表作品成就。

这是元人第一次提出关汉卿、郑光祖、白朴、马致远为元曲界成就最高的四位，被明清曲坛后人所接受，"元曲四大家"之称也就约定俗成。

但是，元曲四大家到底是哪几位，该怎么排列，为什么没有《西厢记》的作者工实甫，后世也是争论不断的。简而言之，主要是有人主张用王实甫换掉郑光祖。

这是因为王实甫有一部惊世之作《西厢记》。这是一部优美动人的爱情诗剧，从它问世以来，到现在盛传不衰。可以说是千古流芳。

既然这样，在有可能在"四大家"中被排挤掉的"郑"和有可能被吹捧进入"四大家"的"王"之间，咱们选择哪位来和马致远比一比呢？掂量来掂量去，还是选择王实甫吧。

呸！怎么可以这么势利眼啊？看郑光祖越来越没人搭理，王实甫被越抬越高，就跟着起哄啊？还有点自己的见解没？喂喂，别急别恼，这涉及不到郑光祖、王实甫谁高谁低的问题，我们也没资格给人家排座次，只是想给马致远的思想观念对比找个合适的参照对象。

郑光祖是元后期的杂剧作家，作有杂剧十七种，保存下来八种，散曲作品极少。他的文笔相当优美，无论写情写景均有佳句为人称道。代表作是爱情剧《倩女离魂》，有人称其与关汉卿的《拜月亭》、王实甫的《西厢记》、白朴的《墙头马上》为元曲四大爱情剧。但是，更多的评家认为，郑光祖处于杂剧由极盛期走向下坡的阶段，他没有了关汉卿、白朴、马致远那样强烈的时代意识和艺术上的开创精神，作品多为模仿、翻改前人的名作。有人指出，他的《倩女离魂》和另一部爱情戏《㑇梅香》是深受了《西厢记》的影响的，特别是《㑇梅香》，有些重要关目多处与《西厢记》相同，被人称为《小西厢》。

"四大家"中我们已经比过了两位，且年辈都比马致远高，余下一位可以算作同辈的四大家之一，代表作还是受了《西厢记》影响的，那我们为什么不直接去将《西厢记》的作者王实甫来和马致远比较一下，看看这个没能挤进"四大家"而且年辈和马致远差不多的人，思想意识与他有什么异同呢？

王实甫为元代大都人，生平事迹不详。但经一些专家的推考，认为他和马致远可能是同时人。他存下来的散曲作品很少，只小令一、套数二、残曲一。

《录鬼簿》在王实甫名下只"名德信，大都人"几字。贾仲明为他写的吊词是这样的：

> 风月营，密匝匝列旌旗；莺花寨，明飈飈排剑戟；翠红乡，雄赳赳施谋智。作词章，风韵美，士林中等辈伏低。新杂剧，旧传奇，《西厢记》天下夺魁。

"风月营"、"莺花寨"、"翠红乡"指的都是元代官妓聚集的教坊、行院和杂剧演出的勾栏，说明王实甫是混迹于书会中与勾栏妓女合作，为她们编写杂剧的文人。所谓"列旌旗"、"排剑戟"是说舞台上争奇斗胜，"施谋智"是指施展艺术才能，而后肯定他的《西厢记》为天下第一剧。因此在生活经历上，他和马致远是完全不一样的。他就是一个混迹于勾栏瓦舍的书会才人。

王实甫因混迹艺妓间，擅长写男女之间的恋情。他创作杂剧十三种，现存《西厢记》、《丽堂春》、《破窑记》三种，还有残剧两种。代表作是《西厢记》。

《西厢记》取材于唐代大诗人元稹所写的传奇小说《莺莺传》。讲的是张生在普救寺偶遇崔氏女莺莺，先恋爱后遗弃的故事，全篇充满了男尊女卑和女人是祸水的思想。后来不断有诗文或曲艺形式表现这个故事，到金代出现了董解元编写的《西厢记诸宫调》，后人称为《董西厢》。这部作品不仅把原来只有三千字的传奇改成了八卷五万多字的说唱文学作品，而且使原来的故事主题颠倒了过来，人物面貌和故事情节都有了根本性变化，提出了"从古至今，自是佳人合配才子"的主张，把莺莺被抛弃的结局，改成了二人在封建礼教的压力下毅然私奔出走，取得了爱情自由。

这些情节，绝大部分被王实甫《西厢记》杂剧所吸收。

闹了半天，王实甫的杂剧《西厢记》是抄人家金朝一个姓董的书生的，又不是自己独创，吹乎什么呀？

哎，话可不能这么说。王实甫的《西厢记》虽然继承了《董西厢》，但已属于再创作，在思想和艺术上都大大超越了原作。首先，它深化了主题，反封建、反礼教更大胆、更彻底。其次，此剧打破了元杂剧一本四折的模式，写成了五本二十一折。最突出的是在艺术性上，许多语言充满了抒情诗的诗情画意，可以说是一部诗剧。

在这一点上，马致远和王实甫好像有了共同之处，那就是，马致远的《汉宫秋》也充满了抒情的诗意，也被人称为诗剧。

但细分析还是不一样的。

《西厢记》除了诗意的语言外，还很重视人物的说白和表情动作的细节描写，注重剧情的波澜起伏、生动曲折；而《汉宫秋》则主要是通过人物的唱段直接抒发人物的思想情感，注重人物内心感情的波涛。王实甫诗化的景物描写，是为了衬托剧中人的心情，是剧情矛盾的需要，是戏；马致远笔下的景物描写，则与剧情相游离，已化戏为诗。这说明，二人的创作理念是很不相同的。

《西厢记》问世后，当时就相当走红。但也引来了封建统治者的嫉恨，说《西厢记》是"诲淫"之作，明令禁、毁，消除它的影响。

这部戏确实有偷情、私奔等这样涉及"色情"成分的情节和语词，因此它也才成了才子佳人戏的标本，也可以说成了明清爱情、"色情"文学的开端。王实甫这种鼓吹良家女子为追求自由爱情可大胆出格的创作理念，马致远是绝对不会有的。

马致远也是书会中人，也常和艺妓们厮混，但他很少给女人写戏，便是写，女人也是为吹捧男人而服务，如《青衫泪》中的歌妓裴兴奴。他在散曲中倒是为女人写过东西。如他有一首套数《【大石调】青杏子·姻缘》，是为一名歌妓嫁为人妻而写的祝词。这首曲我们全曲引用过，就不再全引，只从中分析一下，他对求得爱情的青楼女是怎么要求的。

开头的第一支曲，用了四个典故，祝福这位青楼女得到了如意郎君，"天赋两风流，须知是福惠双修"，很是般配。接下来一曲便叮咛她要好好地相夫持家，"莫向风尘内，久淹留"，嘱咐且不可再留恋风尘生涯，要尽快摆脱出来。第三曲在赞美了女子从容貌到技艺各方面之后，同时也表示了担忧："情何似情何在？恐随彩云易收"，说你可别像李白诗中用彩云比喻的歌女一样轻易止息啊。第四曲更加深化对女子的告诫："莫效临歧柳"，绝不可学唐时面临歧路而半道分手的柳氏，再被他人折走，再次叮咛"许持箕帚"，做个好家庭主妇，"博个天长和地久"。最后一曲"休道姻缘难成就，好处要人消受。终须是配偶，偏甚先教沈郎瘦",以一个过来人的人生经验,再次关照这青楼女要克己忍让、温柔体贴,成就美好姻缘。

在这里,不就是"三从四德""忠贞不贰"那一套吗?对一个陷落青楼的风尘女子他都这样要求,何况是对那些良家女子、大家闺秀,他可能赞同去和人偷情幽会,甚至私奔吗?

因此,我们通过这样的分析对比可得出结论,马致远和王实甫的思想意识,特别是对女性人格尊严、人生追求的认识,他们二人是有巨大差别的。

我们不能说马致远是封建礼教的卫道士,因为他也写有不少同情女子闺阁春情的曲作,但大多是相思幽怨,没一首有出格反抗意味的。这说明他也绝不可能成为这方面的斗士。

马致远和他的同代人比较完了,那么,下面是不是找一位后辈曲家来比一比了?

4

这主意有道理。只有"老、中、青"三结合,才能全面反映马致远的精神面貌嘛。

比马致远年辈晚的曲家中,成就最高的当属乔吉与张可久了。

乔吉是元代杂剧后期的重要作家,也是散曲方面的重量级人物,与另一位名家张可久齐名。后来有人提议把四大家"关白马郑"扩大为六大家"关王白马郑乔","王"是王实甫,"乔"就是乔吉。

他出生于一二八〇年左右。青年时,正值杂剧繁荣兴盛期,名家辈出,名作如林,在这样的环境熏陶下,自然而然就走上了文学创作之路。他以《西湖梧叶儿》一百篇蜚声文坛；著有杂剧十一种，今存《扬州梦》等三种；现存小令二百零九首，套数十一篇，数量仅次于张可久。他的曲作，在写山水景物的同时，最多的是写歌妓的色相技艺，二百多首曲作中就有一百零六首是写男女之情、赠怀歌妓的。他这种不求入仕而混迹于勾栏的经历和风流浪子气，与关汉卿和白朴都有相似之处。

既然如此，关汉卿、白朴都已经和马致远比较过了，就没必要再选一位类似的后辈来比较了。那我们就重点说说与马致远有着忘年交情谊的曲家张可久吧。

张可久，号小山，约生于南宋末年的一二七四至一二七九年左右，庆元人，即现在浙江的鄞县。那么他就属元代人分四等中的最低等"南人"了。因此这就决定了他一生终于下僚，奔波于窘迫辛劳的人生。

他出生于读书人家，年轻时就显露出过人的才华，成年后也希望有所作为，但元代停科举和"承荫"、"荐举"等等用人制度使他一个没有任何"根脚"的南人基本没了希望。他当然明白这些，为了求得进身之阶，大约在二十岁左右时他便离家开始了游历山川、广交朋友的旅途。

张可久的交往很广，有文武官员，也有妓女乐工，更多的是文士名流。如既是高官又是曲家名流的卢挚、曲家先辈马致远、画家赵孟頫、做过高官的曲家贯云石、刘时中、薛昂夫等等。但这些人并没能使他走上仕途，直到四十岁还是白衣书生。后来他认识了绍兴路总管胡元，并有曲作相赠，可能由于此人的缘故，张可久才当了绍兴路吏。

这种经历是和马致远极其相似的，都是在奔波了二十多年后的四十多岁才得到了一个微不足道的小官。

但他们的结局却是完全不同的。马致远因不满官场的浑浊而愤然辞官退隐，张可久为此在曲中还点到过"他失脚闲人笑"，这里就不再多说了。而张可久呢，别管多委屈，一直仰人鼻息，强颜事人，先后做过绍兴路吏、衢州路吏、婺州路吏、桐庐典史、徽州监税，到七十多岁还在官场上混，当昆山幕僚。

这种终生为吏的经历，是由张可久的生活态度以及他的性格所决定的。在元代，由吏而官，也是一条仕进的途径，但那是很不容易的，百不及一，必须会钻营、会巴结、会看上峰脸色、会溜须拍马。而张可久干一辈子仍是"吏"，看来他并不是这样的人，性格应是正直诚实、忠厚老实的，不会来这些昧良心的虚套子。

他虽然不会投机钻营，但官场的规则也使他形成了一种怨而不怒、与时推移的、顺从温和的生活态度，不这样他就没办法谋生立业。

这种对待人生的态度是和马致远有天壤之别的。马致远为吏时，没希望时便选择放弃而另找机会，当小官不顺心时再次放弃，拂袖而去，决不会如此柔弱。

这种对人生的不同态度，也就决定了张可久和他的前辈马致远在艺术风格上的不同。

张可久是元代散曲创作数量最多的作家，他在世时就编有《今乐府》、《苏堤渔唱》、《吴盐》、《新乐府》四种集子。现在尚存小令八百五十五首，套数九篇，占今存元人散曲创作的五分之一。他一生没写过杂剧。

他的曲作题材广泛，以山水风景一类写得最多，几乎占了他曲作的三分之一，而写男女爱情一类的最少，只四十首左右。可见他是属传统品格的骚人雅士，而不是沾染勾栏习气的风流浪子。这一做人的品格也就决定了他的艺术品格。

张可久一生沉抑下僚，对智愚颠倒、公道不分的社会自然是有深切感受的，但他却没有像马致远那样呼喊"空岩外，老了栋梁材"、"登楼意，恨无上天梯"，而只是发出一种慨叹："十年落魄江滨客，几度雷轰荐福碑。男儿未遇暗伤怀。"只是"暗伤怀"而已。他的思想情感是婉转曲折的，在他很多曲中都有对怀才不遇的感叹，但没有抗争的勇气，而是把更多的才气用于赏山玩水的景物描写上。

他的艺术造诣也主要表现在这方面，自然景象在他的笔下被描绘得那般宁静而淡雅，如诗如画。他的这种风格，一言以蔽之就是"雅"，内容典雅，文句清丽。明代朱权在《太和正音谱》中评道："张小山之词，如瑶天笙鹤。其词清而且丽，华而不艳……诚词林之宗匠也。"这也就使张可久成为"清丽派"代表成为定论。

而马致远的曲作风格却是苍劲奔放，不论是写景、抒情，还是言志都不重雕琢，豪放自然，如他的套数《【夜行船】秋思》，被明人周德清评为："不重韵，无衬字，韵险，语俊，谚曰'百中无一'，余曰'万中无一'。"因而马致远被后世推崇为"豪放派"。

后世有人称马致远和张可久为元曲"双璧"，明代曲评家徐复祚在《曲论》中就称"北词，马东篱、张小山自应首冠"。之所以这样说，就是因为，马致远是元曲"豪放派"的领袖，而张可久是"清丽派"的代表。

马致远和张可久的年辈虽不同，因对人生、对社会认识的差异而形成了"豪放"、"清丽"两大不同风格的艺术流派，双峰并峙，各呈异彩，不能不说为元曲的繁荣做出了巨大贡献。

到这里，这一编似乎可以结束了。我们在马致远的精神王国中转了一大圈，基本探寻了他心灵的方方面面，那么就应该明白他的内心为什么是那样的痛苦、矛盾和纠结，也就更能理解他的作品为什么带着一种悲情的美。

通过对他的杂剧《汉宫秋》的赏析，我们知道了他对蒙元统治者的政治态度，他有一定的民族意识，但并不强烈，他对蒙元统治是认可的，甚至充满了幻想。这也就决定了他大量的散曲作品既有对元代社会揭露的，也有歌颂的。

从《荐福碑》、《黄粱梦》、《陈抟高卧》三部杂剧中，我们清楚地看到了马致远作为一个文士在元代特殊的时代背景下的心灵变化过程，因此也就明白了他为什么会有"追求、失意、退隐"的生活经历。

在他的神仙道化剧《岳阳楼》、《任风子》中，我们了解到了他避世、超脱凡尘等观念形成的社会环境和思想根源，也知道了"马神仙"并非"神仙"，而只是一介欲当隐士的"寒儒"。

通过对他大量散曲作品的分析，我们看清了身处乱世的马致远，在元代特殊的社会环境中，是怎样在小市民意识、全真教观念、传统老庄哲学、正统儒家思想等影响下，形成了他复杂矛盾的人生观。

在与他同时代的元曲大家相比较中，我们更清楚地摸清了马致远强烈的个性。与前辈关汉卿比，他们分别是"现实"与"虚幻"两大创作思潮领袖；与同辈王实甫比，他显出了传统文人的品格；与晚辈张可久比，两人被后人称为元曲"双璧"，分别是元曲"豪放派"和"清丽派"两大艺术流派的领军者。

我们了解了马致远的精神世界，摸透了他的所思所想，便也更清楚地明白了他人生经历的前因和后果。马致远的形象在我们眼前是不是逐渐丰满了？

肯定有人说，丰满了吗？大骨架是立起来了，可作为一个活生生的人，得有血有肉啊，得有家长里短啊，得有为人处事啊，得有……

得得，别急嘛，不是还有一编吗？咱们到那里去，和马致远聊聊闲天，品品小酒，他的脾气秉性你就全摸透了……

下编　胸怀洒落，意气聪明，才德相兼济

　　这句曲词摘自马致远赠书法家朋友张玉岩的一首套数《【般涉调】哨遍·张玉岩草书》，是对朋友人品的赞许。

　　张玉岩何许人，史籍中查不到，名不见经传，可能就是一位民间书法家。但从马致远给他写的曲作中能看出，此人在当时的名气很大，而且二人可能都是因怀才不遇沦落草野之故成了同病相怜的莫逆之交。因此马致远才洋洋洒洒写下了这篇套数，酣畅淋漓地评介、赞美了这位出类拔萃的草书大家：

　　论人品，是"胸怀洒落，意气聪明，才德相兼济"。

　　看形态，"先生沉醉，脱巾露顶，裸袖揎衣……管握铜龙，赋歌赤壁"。

　　评艺术，"斩钉截铁，缠葛垂丝，似有风云气"，"写的来狂又古，颠又实，出乎其类拔乎萃"，"写的来娇又嗔，怒又喜，千般丑恶十分媚"。

　　讲成就，当是"料想今方，寰宇四海，应无赛敌"，"超先辈，消翰林一赞，高士留题"，"四海纵横第一管笔"。

　　这种气势充沛，文情并茂，笔调洒脱的曲作与书法家龙飞凤舞的草书相映生辉，愈显豪放。

　　可怎么看，这些对朋友的评价，却像是马致远自己。如果我们细读他的作品，就会发现越读越像。

　　他是"西风"中的"瘦马"，怀才不遇、蹉跎困顿的人生，使他的心境充满了悲情和矛盾，这在他的作品中表现得淋漓尽致，但在艺术风格上并不显压抑，而是能给人一种奇特的美感。

　　细细品味马致远的作品，从中我们能看到他聪慧睿智、清高自重的文人气度，正直豪放的人品，豁达、幽默的性格，以及清雅的诗人气质。这些，就和他给朋友写的这些评价极其相似。

　　不信，咱们就到他的作品中去，和他一起谈古论今、饮酒放歌、品茶调侃，看看他到底是不是这样一副性情和品格。

第一章 我学成满腹文章

马致远自幼苦读，饱览诗书，才学极高。他在一首小令《【双调】拨不断》中说"读书须索题桥柱"，便是自比于汉朝一代词宗司马相如，认为自己也有司马相如之才，也有"题桥柱"之志，只是空怀才华不遇明主而已。

他这并非是忘乎所以，自我吹嘘。从他的杂剧和散曲中不难看出，他的学问是相当高的，绝对如他在杂剧《黄粱梦》中描写文人吕洞宾所说，"我学成满腹文章"、"我学成文武双全"，是个相当聪慧睿智、具有极浓文人气质的人。

1

咱们先说说马致远的学问，看看是不是如平常说的那样"学富五车，才高八斗"，到底是不是"满腹文章"，看看他的学问到底有多么高深。

不知大家注意了没有，马致远不论是在杂剧中还是在散曲中，不时引经据典，运用自如，说明自幼是饱读诗书，而且天分极高，能达到过目不忘。

如他在杂剧《汉宫秋》第三折中，汉元帝送昭君出塞前唱道：

> 看今日昭君出塞，几时似苏武还乡？我做了别虞姬楚霸王，全不见守玉关征西将，那里取保亲的李左车，送女客的萧丞相？

在这里，全是用古人故事来表达汉元帝心中的一腔悲愤，我一个大汉皇帝，竟要眼睁睁看爱妃出塞，她能像被扣留在匈奴放了十九年羊的苏武那样回来吗？我真到了楚霸王别虞姬的绝境，身为天子竟不能保护一个弱女子，太屈辱了，丢国格啊！怎么就没有一个如班超那样的征西将军替我守住国门哪！

这些典故用得恰到好处。可下面的"保亲的李左车"、"送女客的萧丞相"是说什么故事，我们却一无所知。李左车是汉代著名的谋士，韩信用其平定燕赵，萧何辅佐刘邦打败项羽建立了汉朝，他们都是汉代名人。可在汉代的史料中却查不到有关李左车、萧何二位送过亲的记载。但马致远却用了，应该是有出处的，或许是从正史以外的著录中读到的吧。这正说明他知识的广博。

再如在杂剧《任风子》第二折中，当他要跟马丹阳学道时唱道：

> 高山流水知音许，古木苍烟入画图。学列子乘风、子房归道、陶令休官、范蠡归湖。

　　这里面就连用了"伯牙子期"、"列子"、"张良"、"陶渊明"、"范蠡"等几个典故来表明入道的决心。

　　在第三折中，任屠妻劝他放弃学道，质问他："你敢待学张子房从赤松子修仙学道那？"

　　任屠唱道：

　　　　我虽不似张子房休官弃职，我待学陶渊明归去来兮。咱俩个都休罪，我和你便今番厮离。

　　这句唱词中任屠就用了两个典故，来证明自己和妻子分离而归隐的决心。一个是汉留侯张良，传说他见汉高祖刘邦杀戮功臣，便辞官归山，跟随赤松子修仙学道去了；另一个则是晋代"不为五斗米折腰"而辞官回归田园，"采菊东篱下"的陶渊明。这种引经据典的话从一个屠夫和他老婆口中说出来似乎不大合适，但马致远在戏中信手给剧中人物用上，正表达他自己的退隐之意。

　　这种借古喻今的用典技艺在他的其他杂剧中也不时出现，而在他的散曲作品中用得最多，随处可见。在他现存的一百二十多首散曲中，用典的就有一百二十五处之多，足见其苦读古籍，熟谙史事，因此而运用自如。让我们来欣赏几首吧。

　　如他有一首小令《【双调】拨不断》，是讽刺那些自命清高、附庸风雅的官僚政客的，其中就巧妙地用了典故。

　　　　笑陶家，雪烹茶。就鹅毛瑞雪初成腊，见蝶翅寒梅正有花，怕羊羔美酿新添价。拖得人冷斋里闲话。

曲中的"陶"是指五代时的陶毅,入仕后晋、后汉、后周,到宋仍为高官,为人博通经史。有个叫党进的大将军送给他一名家姬,他便命家姬为他掬雪水烹茶,并卖弄风雅说:"党家有此风味乎?"不料那美姬却笑着说:"彼粗人安有此,但能销金帐底,浅斟低唱,饮羊羔美酒耳。"那意思非常明显,瑞雪纷飞,腊梅花开,先生是嫌羊羔美酒贵,才到这冷屋子喝雪水茶吧?笑话他不懂如党家那样"销金帐底,浅吟低唱,饮羊羔美酒"的豪华享受。家姬的一个"笑"字,写尽了她过习惯了大将军家钟鸣鼎食的奢华生活,哪里懂得"雪烹茶"的故作高雅。

在这首曲里,只用一典,便把元代当时政界中文官的附庸风雅、武官的骄奢粗陋两面全讽刺到了。

再如,小令《【南吕】四块玉·洞庭湖》中是这样写的:

　　画不成,西施女,她本倾城却倾吴。高哉范蠡乘舟去!哪里是泛五湖?若纶竿不钓鱼,便索他学楚大夫。

这是借范蠡之典在表达自己不恋功名、急流勇退的情怀。前三句,写范蠡进献貌美可"倾城"的西施给吴王,从而导致"倾吴"之事,明写西施之美,暗写范蠡进献西施给吴王兴越灭吴的谋略;后三句则讲范蠡若不泛舟五湖,必将像"楚大夫"文种一样遭到越王的杀害;中间一句"高哉范蠡乘舟去"是对范蠡退隐的明智之举的高度推崇,"高哉"二字将他对范蠡功成身退的仰慕表露无遗。此曲借咏范蠡、斥越王,显示了以自己为代表的元代文人大多为避祸退隐江湖的苦衷,也侧面反映了他对当权统治者的不满。

他还有一首《【双调】拨不断》小令,曲中便不是一个典故了。

菊花开，正归来。伴虎溪僧、鹤林友、龙山客，似杜工部、陶渊明、李太白，有洞庭柑、东阳酒、西湖蟹。哎，楚三闾休怪。

这首小令是他跟龌龌龊龊官场决裂、投入恬退生活后写的。

里面的"虎溪僧"是指晋时的江西庐山东林寺高僧慧远法师，相传他送客从不过寺前的虎溪，过溪则虎啸。一次他与诗人陶渊明、道士陆静修边走边谈，不觉过溪，引起虎啸，三人大笑而别。

"鹤林友"是指五代时道士殷七七，相传他曾于重阳节在江苏丹徒县黄鹤山下的鹤林寺作法，使寺中杜鹃花盛开如春。

"龙山客"说的是晋朝人孟嘉，相传大司马桓温于重阳日在湖北江陵之龙山宴客，孟嘉时为参军，随之登山，风吹帽子落地，桓温使人写字条嘲弄他，他泰然自若，不以为意。

后面的"楚三闾"，则是大诗人屈原，他曾任楚国三闾大夫。

在菊花盛开的秋天归隐山林了，要与虎溪高僧、鹤林道长、龙山佳客那样的雅士为伴，去过自己仰慕的杜甫、陶渊明、李白那样诗酒自娱的生活，美美地享用洞庭柑、东阳酒、西湖蟹这些有名的土特产。这是多自在的生活，写尽了退隐后的心情。最后一句，似是调侃，妙趣横生，他像是在跟屈原解释：屈大夫你忧国忧民，鞠躬尽瘁，我很尊敬；我归隐泉林，你可别怪我，我诗酒自娱实在是因为当今这个王朝不值得我去效忠，你就多多体谅我的苦衷吧。

这首曲子，不但用典多，而且意象美，境界阔，气势盛，展示着一种豪放雄劲的风格。

在马致远很多的叹世、咏史的曲作中，他是随时用典的，如小令

《【南吕】四块玉·凤凰坡》：

　　　　百尺台，堆黄壤，弄玉吹箫送萧郎。送萧郎共上青霄上。
到如今国已亡，想当初事可伤，再几时有凤凰？

　　这是马致远借弄玉、萧史的爱情故事抒发感叹兴亡的幽情。弄玉，传说是春秋时秦穆公之女，汉代刘向的《列仙传》载："萧史者，秦穆公时人也。善吹箫，能致孔雀、白鹤于庭。穆公有女字弄玉好之，公遂以女妻焉。日教弄玉作凤鸣。居数年，吹似凤声，凤凰来止其屋，公为作凤台。夫妇居其上不下，数年，一旦皆随凤凰飞去。"这个故事，为古代多少文人所咏叹。前三句渲染这对夫妻心心相印，形影不离的爱情生活，"弄玉吹箫送萧郎，送萧郎共上青霄上"，"箫"、"萧"、"霄"同音回环，缠绵悱恻，充满神话般的浪漫。接着笔锋一转，写到秦国已亡，想当初的好景真是难再啊，实在令人伤心，什么时候再有凤凰来听吹奏的优美的箫声呢？再到哪里去寻当年的凤凰台？表达了一种对历史兴亡的感叹。

　　他的这种咏史感世的曲作很多，咱们都引用过。

　　比如小令《【双调】蟾宫曲·叹世》中"韩信功兀的般证果，蒯通言那里是风魔？成也萧何，败也萧何"；

　　小令《【双调】拨不断》中"子房鞋、买臣柴。屠沽乞食为僚宰，版筑躬耕有将才"；

　　套数《【黄钟】女冠子》中更是连连有典，这首曲作咱们曾全文赏析过，这里就不再引全文，只看其用典。

　　如"韩信乞饭，傅说筑版，子牙垂钓；桑间灵辄困，伍相吹箫，沈古歌讴；陈平宰社，买臣负薪，相如沽酒"。

全是古代名人典故，这不算完，为了说明追求功名的艰难，接下来还是用典：

> 仲尼年少，便合封侯；
>
> 恰似南柯一梦，季伦锦帐，袁公瓮牖；
>
> 时人轻马周；
>
> 李斯岂解血沾裳？亚父争如饥丧囚；
>
> 周生丹凤道祥禽，鲁长麒麟言怪兽；
>
> 便似陆贾随何，且须缄口等等。

在一首曲中竟接二连三用了二十二个典故，你说奇也不奇？但毫不生硬，似脱口而出，极自然贴切。

好了，那些咏史的、叹世的咱就不再说了，就连写景的、写情的曲作，他也不时用典。

如套数《【双调】新水令·题西湖》，咱们前面说过，这是他在任江浙提举游西湖时写的，他在盛赞西湖美的同时，也发出了对官场不满的感慨，里面就出现了诸如"沉李浮瓜"、"馆娃"、"葛仙翁"、"郭璞"、"泛浮槎"等不少典故。

"沉李浮瓜"是从三国魏曹丕《与朝歌令吴质书》中句"浮甘瓜于清泉，沉朱李于寒水"化作而来，后人便用"沉李浮瓜"或"浮瓜沉李"来形容夏日游宴；而"馆娃"，则是指春秋时吴王夫差为美女西施建的宫室；"葛仙翁"是指三国时修炼成仙的葛玄；"泛浮槎"则是晋张华《博物志》中所记的乘浮槎而到仙境的传说。

马致远在写景中引入这些典故，既很贴切地形容了西湖之美，也很自然地流露出要归隐林泉之意。

再如，他有一首歌颂妇女追求爱情的小令《【南吕】四块玉·临筇市》，就是借用卓文君夜奔司马相如典故而写的：

> 美貌才，名家子，自驾着私奔坐车儿。汉相如便做文章士，爱他那一操儿琴，共他那两句儿诗。也有改嫁时。

通过对汉武帝时的大词赋家司马相如和大富豪卓王孙之女卓文君这对才子佳人风流故事的描写，赞美了追求真爱、勇于"私奔"、自行"改嫁"的女性，也隐约表达着元代读书人的自我解嘲，谁说贫寒书生没人瞧得起，看，有贵族千金美人跟着私奔！

他还有一首同曲牌的小令《蓝桥驿》，也是借典写艳遇的：

> 玉杵闲，玄霜尽。何敢蓝桥望行云？裴航自有神仙分。原是个窃玉人，做了个赏月人，成就了折桂人。

这是唐《传奇》中的一个故事，写唐朝长庆年间秀才裴航赶考落第，途经蓝桥驿，渴甚，有女云英以水浆饮之，甘如玉液。云英绝美，航欲娶以为妇，因遍访得玉杵臼为聘。既婚，夫妻相偕入山仙去。马致远用这个故事表达了对"神仙"超脱生活的向往，"原是个窃玉人，做了个赏月人，成就了折桂人"，连用了三个排比句，羡慕之情溢于言表，一个落魄书生竟成了折桂的神仙，这是何等的美事啊，寄寓着自己怀才不遇的感慨。

不用再赏析更多的例曲了吧？通过以上这些我们不难看出，马致远的学养是相当高的，这些典故似是信手拈来，但都用得贴切，能曲尽人意。这是要有深厚的学问、超强的记忆力做底气的。试想，马致远那个时代不可能有各种字典、辞书，更不可能有如今一点就能查到答案的电脑，他的这些知识全是烂熟于心的，本身就是一部活词典，随时用就会脱口而出。

但他对自己掌握的这些学问并不是死搬硬套，他是有自己的体会和独特认识的，运用起来也是相当灵活的。

2

前面我们说了，马致远高深的学问证明他是一个聪慧睿智的学者，而不是一个只会读不会用的迂腐的书呆子，他对所掌握的知识已经有了独到见解，运用起来可以随心所欲了。

随心所欲？太牛了吧？不信是吧，那咱们再往下看。

咱们原来在分析马致远杂剧创作手法时谈到过，在杂剧的写作中，他并不拘泥于故事情节，冲突、悬念、高潮这些戏剧理念在他的创作中是次要的，营造表现自我内心生活的情境才是他的创作核心。他的聪明处就在于，为了达到表现他内心生活情感的效果，对情节从来"不拘小节"。

如杂剧《汉宫秋》，情节按他的想法任意改变，与史实大相径庭，把汉朝强匈奴弱，匈奴单于前来讲和求亲，改成匈奴强汉朝弱，匈奴逞强武力逼亲；把王昭君入匈奴后生儿育女改成到了边境投江而死等等，信手写来；到后半部故事情节已完，他却让主角汉元帝独唱了一折多，宣泄完他的满腔悲情方才结束。

而且细节上也不在乎，如昭君还没出塞前，尚书劝汉元帝以昭君和番，汉元帝唱的词是："怎下的教他环佩影摇青冢月，琵琶声断黑江秋？"到第三折昭君跳江死后，呼韩邪单于也说："就葬死江边，号为'青冢'者。"

这里要说的是，"青冢"是指王昭君出塞死后的墓地。据资料载，"青冢"这个词在晋代孔衍的《琴操》中才出现，是指北地草皆白，唯独昭君墓上草青，故名"青冢"。可在剧中马致远却大笔一挥，改为昭君跳江死后让单于当场就命名了。更奇怪的是，昭君还没出塞前，活得好好的，汉元帝已经唱出了"青冢"二字，好似有特异功能一般，早料到昭君会"影摇青冢月"、"声断黑江秋"，走到黑江要寻死，埋葬之地叫青冢。

关于"青冢"，以马致远的才学，肯定知道是怎么回事，但为了剧情的生动和顺畅，这些无关大局的小细节在他看来可以随意改造，

哎呀，也就是《汉宫秋》是这样，不能以偏概全，说人家的创作都随心所欲。

是吗？那咱再看他另一部剧《青衫泪》。

在《青衫泪》中，为了剧情需要，他将盛唐诗人孟浩然与中唐诗人白居易写作文友，二人相差八九十岁竟相约同游；将白居易被贬为江州司马与柳宗元被贬为柳州司马、刘禹锡被贬为播州刺史写为同时之事，其实并非一时之事，被贬原因也不同；将白居易贬为江州司马后移忠州刺史写成由其故人元稹举保回京官复原职等等，和史实都是不符的，难道这不都是随心所欲的信手写来么？

故事本身就是虚构，为了在观众中更加提高主人公白居易的气场，便把有名的几位大诗人都聚到他身边，有何不可？

再如在《岳阳楼》中，吕洞宾本唐代人，但却有这样的唱词："这的是烧猪佛印待东坡，抵多少骑驴魏野逢潘阆。"词中的"佛印"、"东坡"、"魏野"、"潘阆"都是北宋时人物，却从唐人口中唱出，这是不被常

人理解的。马致远之所以这样用，就是他深知艺术创作自有其虚拟性。

马致远不光是在杂剧这样，他在散曲的写作中更喜欢标新立异。我们前面在介绍他对政治、对历史、对时事都有冷静思考时，曾赏析过他对历史人物如屈原等的反思，这也可看作是他创作上在追求与众不同。为了证明这一点，我们还可以欣赏两首。

他有一首小令《【双调】拨不断》，是写唐代诗人孟浩然的：

孟襄阳，兴何狂！冻骑驴灞陵桥上。便纵有些梅花入梦香，倒不如风雪销金帐，慢慢的浅斟低唱。

这是写孟浩然骑驴踏雪寻梅的文人逸事，唐代很多诗人如李白、杜甫、李贺、贾岛等为寻诗思，都有过类似故事，被后世称为文人佳话。而在马致远看来，味道就变了。孟浩然你作诗的兴致是何等的癫狂，犯了神经病吧，竟然在冰天雪地里骑着瘦驴顶风冒雪到灞陵桥去寻诗思，就是见到梅花又能如何？哪如躲开风雪回到暖融融屋中搂着歌妓咂点小酒。

看看，他是不是和别人不一样？别人视为佳话的文人雅事他却看作癫狂！有人可能说，你这是对马致远的这首小令误解了，没理解透，人家是从另一个角度在颂扬孟浩然诗兴大发，如醉如狂，要不能说"梅花入梦香"？而后便是对沉湎于温柔乡的富贵人的嘲笑，只有"浅斟低唱"之俗，没有"踏雪寻梅"之雅。

是吗？使劲再读，从"便纵有"、"倒不如"这些关联词语看，就是在否定孟浩然，怎么也没读出其中有在鄙视富人的意思。

要不怎么说呢，你就是没人家马致远聪明！看不出大师作品中蕴含的深层意思……得得，不争这了，孟浩然是愿意继续骑驴挨冻，还是回家喝酒，由他去吧。咱们还是再看看马致远更另类的小令吧。

啥叫另类呢？就是与众不同呗，别人说东他偏说西。他有一首小令《【南吕】四块玉·巫山庙》：

> 暮雨迎，朝云送，暮雨朝云去无踪。襄王谩说阳台梦。云来也是空，雨来也是空，怎捱十二峰。

"巫山云雨"指男欢女爱，已成定式，源自于巫山神女与楚怀王相会阳台的风流艳遇故事传说。战国时辞赋大家宋玉撰《高唐赋序》，记载说"昔者，楚襄王与宋玉游于云梦之台，望高唐之观"，楚襄王游览时见云气变化无穷，问宋玉怎么回事，宋玉说这叫"朝云"，开讲先土也就是楚怀王游高唐时，梦与巫山神女相会交欢，神女辞别时说："妾在巫山之阳，高丘之阴。且为朝云，暮为行雨。朝朝暮暮，阳台之下。"后人附会，传诵至今，称男女幽会为巫山、云雨、高山、阳台。

但是，面对着暮雨朝云的迷离恍惚的境界，马致远却偏不信，发出了"襄王谩说阳台梦"的质疑声。这个"谩"是欺骗、虚枉的意思，说楚王梦见仙女之类那纯是撒谎，连宋玉的《高唐赋序》也算上，更是胡编。并指出所谓云雨梦全是空的假的，只有那巫山十二峰才是真实的。将大家传诵千年的铁案彻底推翻。

如果说马致远在这里是指责统治者编造神话，为自己制造光环而欺骗世人，这个案还是翻得有点道理的，但下边这个案他翻得就不大对劲了。

他还有一首同牌小令《【南吕】四块玉·海神庙》：

> 彩扇歌，青楼饮，自是知音惜知音。桂英你怨王魁甚，但见一个傅粉郎，早救了买笑金。知他是谁负心！

这是写宋代一个叫王魁的状元对相爱妓女桂英负心抛弃的故事。原故事大意是，歌妓桂英与贫寒书生王魁相爱，她在妓院唱歌陪酒，赚钱以供王魁读书。一年后王魁赴考，与桂英往海神庙盟誓说"誓不相负"，否则"神当殛之"。后王魁得中状元，授徐州签判，弃桂英另娶。桂英让人带着她的书信去找王魁，王魁面对书信大骂，并将送信人赶了出去。桂英听说后气愤至极，说"魁负我如此，当以死报"，遂挥刀自刎，死后化为厉鬼，活捉王魁，责其负义。王魁数日后忽暴病死，终于冤仇得报。

元代有好几位杂剧家如关汉卿、李文蔚、尚仲贤都用这题材写过杂剧，一致谴责王魁负心于桂英。

可到了马致远在这首曲中，他却要翻案。开头描写了桂英和王魁在妓院中过着"彩扇歌，青楼饮"的歌舞饮酒生活，是一对相爱的知己。在这里，桂英就是一个妓女，而不提原故事中重情重义的桂英资助王魁读书赶考的事。从这个视角再往下写，桂英便成了遇了"傅粉郎"小白脸就移情、见了"买笑金"则眼开的十足妓女，那你"怨王魁"不要你还有什么道理？还说不上是谁先负了心呢！

王魁的负心罪名便这样被他开脱了。

怎么样，马致远就是有自己的独立见解，众口一词都说对时他敢说不，偏要把民众一致同情的不幸妇女推论为恋色贪财的"负心"女！

可这次，他好像是有点过头了。原来的故事讲得如此明白，桂英陪酒卖唱赚钱，都是为王魁的前程啊，怎么能硬说是桂英负了心呢？如果真要翻案，那应该是另编一个故事了。

不过，从中也能看出，马致远在散曲创作上绝对是自有己见、独树一帜的。

3

最能体现他独树一帜的作品，莫过于他那首最有名的小令《【越调】天净沙·秋思》。

这首小令打破了传统写法，运用巧妙的意象，借助景物相互衬托，运用犹如现在电影的手法，使描摹的画面镜头般瞬间跳跃，渲染出一幅悲怆意境：

枯藤老树昏鸦，小桥流水人家，古道西风瘦马。夕阳西下，断肠人在天涯。

仅五句二十八个字，便勾画了一幅悲凉的游子思归图。战国时楚辞家宋玉形容美女曾有名句"增之一分则太长，减之一分则太短；著粉则太白，施朱则太赤"，而看这首小令文字的精炼，可以说也达到了既不能增一字，也不能减一字的程度，一切都表现得恰到好处。

在这首小令中，一贯喜欢用典的马致远一反常态，既不夸张，也不用典，而是运用了平实的白描手法。读着这二十八个字，你眼前会出现这样的画面：深秋的黄昏，一个风尘仆仆的游子，骑着一匹瘦马，迎着一阵阵冷飕飕的西风，在苍凉的古道上踽踽独行。走过缠满枯藤的老树，看见归巢的暮鸦在树梢上盘旋，走过横架在溪流上的小桥，路过溪边几户人家门前，这时太阳就要落山了，而自己却无家可归，还在漂泊，如何不让人肝肠寸断。

前三句十八个字，共写了九种景物，一字一景，真是惜墨如金，但并不简陋，每个景物都带有鲜明个性，就像现在的一个个电影镜头一样，造成了强烈的视觉冲击，使本来互不相干的独立景物，在苍凉深秋暮色笼罩下，纳入到一个画面中，从而形成了动与静、明与暗、景与情的相互映衬。

你看，第一个镜头：静的是枯藤老树，动的是黄昏中归巢的噪鸦；第二个镜头：静的是庄户人家前的小桥，动的是桥下潺潺的小溪流水；第三个镜头：静的是苍凉的弯弯曲曲的古道，动的是萧瑟秋风，吹着行走的孤独瘦马。最后剪切成一个画面，落日的余晖给这动静相映的景象涂上了一抹昏黄。景物写到这里，有行走着的瘦马，马上必有人，最后一句托出的便是默然无语的悲苦的孤旅"断肠人"，寓情于景，情景交融。

在这首小令中，马致远不动声色，以大巧若拙的手法，展现了大悲无声的诗情画面，达到了完美的艺术境界，成千古绝唱。

等一下，先别忙着下"千古"这样的结论。

有人说了，这个小令，是不是马致远写的还值得推敲，因为在元明时期的一些曲作集中收有这首小令，但都没标出作者。所提这点，只是一些元曲研究者的探讨。国内出版的权威文学史著是一致把这首小令归在马致远的名下，咱们还是按被认可的史著走吧。

又有人说了，就算是马致远写的，那也不一定就是最好的，同是元曲四大家的白朴也写过小令《【越调】天净沙·秋》，和马致远的《秋思》差不多少，人家白朴的难道不能比他的更精彩么？

那好，为了公平公正，咱们就和白朴的《天净沙·秋》比较一下。

白朴的小令《天净沙·秋》是这样写的：

孤村落日残霞，轻烟老树寒鸦，一点飞鸿影下。青山绿水，白草红叶黄花。

　　还别说，与马致远的《天净沙·秋思》还真有相似之处。同牌同韵，又是同咏秋景。有没有这种可能，就是二人以同题相唱和，就如马致远应卢挚之约写西湖那样？如是的话，二人应该标出，特别是年辈小的马致远肯定主动注明，以示对先辈的尊重。但谁也没提，可见这个设想不成立。

　　到底是什么导致了白朴的《秋》和马致远的《秋思》同牌同韵，而且意象也相似，可能是孤陋寡闻吧，在这里我们弄不明白了，只是提出来留给有兴趣的朋友去研究吧。咱们还是书归正传，接着比较二首曲作的艺术高低吧。

　　在白朴的《天净沙·秋》这首曲作中，"孤村"、"老树"、"落日"、"寒鸦"、"绿水"，和马致远《天净沙·秋思》中的"人家"、"老树"、"夕阳"、"昏鸦"、"流水"相对应，意境基本是一样的。但如果从色彩上看，白朴的一句"青山绿水，白草红叶黄花"，要比马致远丰富鲜亮得多。

　　可是，为什么白朴的这首曲几乎尘封，很少被人提及，而马致远的曲作却能广为传诵呢？这就是二首小令因为叙述角度、意象变幻的不同，所以留给阅读者的效果便显现出明显的不同。

　　大家可能注意到了，这两首小令虽然描绘的景物差不多，但曲名是不一样的，白朴是《天净沙·秋》，核心是"秋"，马致远的是《天净沙·秋思》，核心是"思"。这就决定了他们所要展现的意境是不一样的。

　　看白朴的《秋》，呈现给我们的是一幅典型的秋景图，由近处的孤村、轻烟、老树，到远处的落日、残霞、青山、绿水，从天上的飞鸿、寒鸦，到地上的白草、红叶、黄花，景物的层次、色彩都很完善，很容易在读者头脑中展现出一幅美丽的图画，但却只有表面的景，而没有内在的情，不能情景交融，带读者进入较深层次的境界。

而马致远的《秋思》则不然，不仅呈现了一幅萧瑟的秋日图画，更重要的是他在飒飒西风里引入了"断肠人在天涯"这样一个哀愁忧伤的主题。"枯藤老树昏鸦"是自然之境，"小桥流水人家"是人文之境，读者的思绪很容易跟着那瘦弱的老马，在夕阳下沿着沧桑古道去追寻远在天涯的断肠人。在这里，由景入情，情景交融，整体的意境显得深邃而幽远。

关键是，"古道西风瘦马"一句，隐含着相当深的社会意义，这个意象不仅是马致远自己勾画出的自画像，更是当时元代文人群体的写照。瘦弱无助的文人们，在严酷的社会环境中，毫无希望地寻觅在传统文化的古道上，该是何等悲凉！

因此，白朴的小令《天净沙·秋》只是一幅秋景图，而马致远的《天净沙·秋思》却是情景交融，是文人的命运苦旅图。白朴的《天净沙·秋》是不可能和马致远的《天净沙·秋思》相比的。

《天净沙·秋思》堪称景中有情，情中有景，是一首情景融合完美无痕的散曲杰作。明代蒋一葵评马致远这首小令"极妙，秋思之祖也"，近代王国维评这首小令"寥寥数语，深得唐人绝句妙境。有元一代词家，皆不能办此也"。

这样的评价绝对不为过。

从上面的分析看，其他人都在墨守成规地写，马致远却打破常规，别开新路，这源于他丰厚的学识，更是他聪颖的创作智慧的体现。

也正因马致远有极高的才华，便显出了非常清高的知识分子的气质。我们在前面的章节中分析过他文人心灵的变化，他对自己的才学非常自信，甚至相当自负，毫不隐讳地自许是能"佐国"的"栋梁材"，堪比那些青史有名的贤臣良将。上边说过，在套数《【黄钟】女冠子》中，他一连串用了二十二个典故，提到了姜子牙、韩信、伍子胥、朱买臣等等，他所要说的无非是"自古名流，都曾志未酬"。其实，他不时在作品中屡提历史名人，是在自比于这些人，喻示着他也有那样的才能，如得志定能创造辉煌。

在元代歧视文人的特殊社会背景下，作为严酷"西风"中的"瘦马"，他却不离儒家传统的"古道"，体现出一种文人的清高，保持着一个文人的尊严，这是一种自信，更是一种自重。

但也未免有些太不合时宜了，不怪他要屡屡碰壁。

第二章

屈心难屈 我头低气不低，身

咱们在前面一章中谈到，马致远因为才高而炫耀着高傲的文士气质，其实这只是从表面上看，好像是"才高"就一定"气傲"。对马致远来讲，细细品读他的作品，就能看出，他的这种"傲"是与生俱来的，骨子里就是这样。他在才学并不高时，同样也傲，十六七岁就狂傲地"写诗曾献上龙楼"，别人敢吗？

他的这种"傲"，表现在为人处事上，就是敢于直面一切，坦荡做人，勇于坚守自己的信念，更执著地坚守着做人的尊严。

1

马致远才学高，写作中好引经据典，但所要表达的却都是心中的实情，只不过是用艺术的形式进行表达。他怎么想就怎么说，从不隐讳，对他的人生经历、心情、世道，好的赖的，实话实说。

先说说他对自己的人生经历的表述，他极想做官，却困顿一生，不得不发着牢骚退隐。他对这一切都毫不隐讳，在曲作中全有透露，和盘端给世人听，全是真话。

他出生于"风流平昔富豪家"；

幼年苦读，"夙兴夜寐尊师行"；

少年追求，"写诗曾献上龙楼"；

青年为吏，"昔驰铁骑经燕赵"；

中年漂泊，"断肠人在天涯"；

壮年为官，"风波梦，一场幻化中"；

晚年退隐，"东篱本是风月主，晚节园林趣"。

从生到老，都讲得很明白。在上编中，我们就是根据他的这些表述，还原了他的人生。如果细读，还会发现他能很直率地说出一些细节。

比如，从他晚年追忆往昔的小令《【中吕】六艺·乐》中，一句"宫商律吕随时奏，散虑焚香理素琴"，便知他是精通乐理的，可随心所欲弹奏，在纯净美妙的琴音中达到心境的平和，形成"人和神妙在佳音"的妙境。

在《六艺·御》中，"昔驰铁骑经燕赵，往复奔腾稳似船"，将他年轻时驰骋铁骑奔腾在燕赵大地的豪放经历交代得何等壮丽，如今"两鬓已成斑"，年老了，只能"牛背得身安"。这给我们提供了一个他退隐后的生活细节，有时骑着老牛慢悠悠在山野中消闲。

在《六艺·书》中他写道，"笔尖落纸生云雾，扫出龙蛇惊四筵"，再结合他的《赠张玉岩草书》中对书法技艺的描写看，他对书法也是相当精通的。

再如，咱们在他的曲作中没见到他直接描写自己家庭的作品，但却能从其他作品中得到直白的表露。前面分析他是否当过道士时曾引用过。

如"律管儿女漫吹灰，闲游戏"，"妻儿胖了咱消瘦"，"直等的男婚女嫁，恁时节却归林下"，"子孝顺，妻贤惠"……

从孩子幼小、成长到男婚女嫁这条线，补充了他生活经历中有关"家庭"的这一个侧面。

马致远对自己的人生经历毫不隐瞒，对自己的所思所想，也不隐瞒，怎么想就怎么说。

年轻时追求功名不成，他相当悲愤，敢毫不在乎地大喊大叫：

> 夜来西风里，九天鹏鹗飞，困煞中原一布衣！悲，故人知
> 未知？登楼意，恨无上天梯！

我就是那能飞上九天的大鹏啊，可却没人搭理被活活困煞了！太悲哀了！老朋友知道不知道我这处境，可恨为啥没人伸手帮我搭个向上去的阶梯！

在这首《【南吕】金字经》中，他把对世道不公的愤懑和对朋友旁观无助的哀怨表露无遗。在曲中他只能称"故人"，如果是在平常说话，他可能就直呼其名，老某啊你当官了，就把老友忘了，太不义气了！够哥们儿你记着给咱铺铺道搭搭桥！

他求的那"故人"是谁，是不是给他搭了向上爬的梯子，咱们前面也探讨过，不得而知，只知他当了江浙省务提举后因官场的浑浊和龌龊又退隐了。

按说退隐后，他就应该表现出对一切淡然，与世无争的态度，去博得一个"真隐士"的好名。但他不，隐居后心中仍割不断尘世情、功名恋。这本是不该宣扬的，可他却通说通道，自己全抖搂出来。如他有一

首《【双调】蟾宫曲·叹世》，是这样写的：

> 东篱半世蹉跎。竹里游亭，小宇婆娑。有个池塘，醒时
> 渔笛，醉时渔歌。严子陵他应笑我，孟光台我待学他。笑我如
> 何？倒大江湖，也避风波。

　　曲中的前半部分描写的是马致远给自己设计的退隐后世外桃源式的
生活。我张罗半辈子，一事无成，就取号"东篱"全身而退吧，竹林中
有可供游栖的小亭子，树影中有庭院和茅庐，茅庐后还有碧波荡漾的池
塘，可钓鱼，可喝酒唱歌，这种与世无争的生活是多么自在啊。

　　但接下来他却笔锋一转，引到了真假隐士这个话题上，可能是他退
隐后还断不了世俗观念，有人笑话过他是假隐士吧？于是便亮明了自己
的观点。东汉大隐士严子陵听说刘秀称帝后找他，便隐姓埋名藏于深山
坚持不出，被后人称为真正的高洁隐士。他会因我当过小官，又在人境
结庐而嘲笑我是"假隐士"吧？可我要学的并不一定是严子陵，也可学
东汉另一个大隐士梁鸿，也就是"举案齐眉"故事中孟光的丈夫，他们
就没藏于深山，而是隐于市井之中的。

　　于是，他便毫不犹豫地说出真心话："笑我如何？"我隐于人境也
是有前贤可鉴的一种归隐方式，有什么可笑的？再说了，"倒大江湖，
也避风波"。那些隐于深山老林的人自然躲避"风波"，可我在"大江湖"
的人境中，随时观察着"风波"，也同样有躲避的办法，我就是恋着尘
世了，怎么了？

　　更可贵的是，马致远对自己年轻时的风流放荡事也能直白地说出
来。咱们在前面分析他退隐的原因时曾提到过一首曲子《【大石调】青
杏子·悟迷》，在那里面，他直言不讳地说到风流事给他带来的负面影

响："云雨行为，雷霆声价，怪名儿到处里喧驰的大。"云雨行为无疑是说与娼妓的厮混，而且弄出了"怪名"，给自己招惹了麻烦，因此便斩钉截铁下决心"不如一笔都勾罢"，"再不教魂梦返巫峡"，"柳户花门从潇洒，不再踏，一任教人道情分寡"。

敢于把自己并不怎么光彩的隐私全说出来，除了要发泄心中的愤懑，也是一种坦诚的表现，不藏不瞒。

怎么样，从这些作品中，是不是看到一个坦诚直率的马致远？也正因有了这些作品，才给人提供了能从他的作品中了解他真实面目的可能性。

2

马致远在作品中坦率地自白，也证明着他性格中的另一面：执著，敢于坚持。

咱们前面已经介绍过，在马致远生活的元代，读书人地位相当低下，不被重视，而且废弃了科举，堵住了汉人的仕进之路。他作为一个饱读诗书的文人，心情是相当悲凉的。想争功名无望、想抗争又无力、想隐退又不甘，唯一能做的，只有用文字去呼喊，去抒发心灵之气，这也便是他在各种作品中的毫不隐讳的宣泄，始终执著地坚持着，贯穿了他的整个创作的动机。

比如马致远对黑暗社会现实的不平与抗争，在他的杂剧中表现得尤其明显。

他三十多岁的早期作品《汉宫秋》，就借毛延寿之口说："大块黄金任意挝，血海王条全不怕，生前只要有钱财，死后那管人唾骂。"这不光是写剧中人物，也隐喻了当时官场的腐败。

在同时期的《岳阳楼》中，吕洞宾要度化郭马儿，遭到郭马儿飞拳怒打，吕洞宾先是警告："郭马儿，你休恼了我也。"郭云："恼了你，可怎么的我？"吕洞宾便唱："把岳阳楼翻做鬼门关，休只管卖弄拳偻。"这分明是神仙对人间为非作歹、横行霸道行为的气愤和惩罚，也正是马致远借吕洞宾之口对强权政治表示不满与抗争。

中年时的作品《黄粱梦》，借对梦中的吕洞宾攀爬荣华富贵、卖阵求荣终致身败名裂的描写，将仕途凶险、吏治腐败龌龊的现实影射得淋漓尽致。

在《陈抟高卧》中，通过陈抟之口，他把官场的争名夺利、尔虞我诈揭露得更尖锐："看蚁阵蜂衙，龙争虎斗，燕去鸿来，兔走乌飞，浮生似争穴聚蚁，光阴似过隙白驹，世人似舞瓮醯鸡，便博得一阶半职，何足算，不堪题。"直接道出了世道如龙争虎斗般险恶。

到了他晚年的作品《荐福碑》中，这种对扭曲了的社会的激愤，仍是一如既往，他让张镐排山倒海般地倾诉："这壁拦住贤路，那壁又挡住仕途。如今这越聪明越受聪明苦，越痴呆越享了痴呆福，越糊涂越有了糊涂富。则这有银的陶令不休官，无钱的子张学干禄。"直接倾泻着对变形世态的揭露。

马致远这种揭露与抗争从青年一直坚持到晚年。在他的散曲作品中，也有对黑暗现实的指责和鞭挞。在杂剧中他借剧中人之口可痛快淋漓地骂出，在散曲中只能是较为隐讳地影射了。

小令《【南吕】四块玉·紫芝路》，是写昭君出塞后思念故乡的，一句"抛闪煞明妃也汉君王"，直接道出汉元帝是导致昭君悲剧的祸首，是他的软弱无能才引来匈奴的大兵压境，只好抛弃了爱妃以平事端。"小单于把盏呀刺刺唱"，写尽了呼韩邪单于的得意忘形。

另一首小令《【南吕】四块玉·马嵬坡》，写唐明皇和杨贵妃的故事，马致远的观点相当鲜明，将批判的矛头直指此二人，"霓裳便是中原患，不因这玉环，引起那禄山，怎知蜀道难？"把误国的责任全归到最高统治集团。

马致远还有一首套数《【南吕】一枝花·咏庄宗行乐》，对统治者的荒淫误国进行了无情揭露。这首曲作我们没引用过，欣赏一下：

> 宠教坊荷叶杯，踏金顶莲花爨；常忘了治国心，背记了《谒食酸》。镜新磨无端，把李天下题名儿唤。但传喧声懒里喘，教得些年小的宫娥，都唱喜春来和风渐暖。

这里的"庄宗"，是指五代时后唐的庄宗李存勖，这是一位以宠恋俳优而知名的帝王。曲的一开始便直接写了庄宗的无端，为唱戏竟"常忘了治国心"，心中背记的倒是演穷秀才的剧本《谒食酸》。他为演戏给自己取了艺名叫"李天下"。《新五代史》载，有一次庄宗与艺人们在内廷扮戏，四顾而呼："李天下，李天下何在？"一个叫敬新磨的艺人听到，以手批庄宗面颊，众人大惊，敬新磨说："李天下只有一人，连呼两声，是还要呼谁呢？"左右皆笑，庄宗大喜，厚赏敬新磨。这个人就是马致远曲中写的"镜新磨"。

接下来的曲中便写出了庄宗为唱戏而做出的荒唐事：

> 【梁州】听得那静鞭响燋燋聒聒，听得杖鼓鸣恰早喜喜欢欢，近着那独阳宫创盖一座宜春馆。则这是治梨园的周武，掌乐府的齐桓。向三垂岗左右、湖柳坡周遭，则见少场上白骨漫漫，别人见心似锥剜。那里也石敬瑭前部先锋？周德威行营的

总管？那里也二皇兄乐乐停銮？这社稷则是覆盆硗梁江山，生纽做宋天下，结髦是狗家疃，投至刹了朱温、坏了黄巢、占得汴梁，刚得那半载儿惚宽。

为了能随时听得"静鞭响""杖鼓鸣"，李存勖就在皇宫旁边盖起了唱戏的"宜春馆"，早就忘了当年沙场的累累白骨，也记不得和他一起打江山的那些将军们是如何地浴血奋战，更不防备有人在他背后磨刀霍霍。因此便是：

【隔尾三煞】不肯省刑法、薄税敛、新条款，每每殢酒色、恋俳优、恣淫乱。国政民修心无叛，可惜英君十二，上台儿寺里保驾，朱节儿镇谋十五载，明属梁，暮属晋，刚挣揣得个散乐伶官。

【二】内藏院本三千段，抹上搽炭数百般，愿求在坐一席欢。天子龙袍扇面儿也待团栾，贯金线细沿伴。他那里颤颤巍巍带着一顶襆巾，知它是何代衣冠。

将士们拼死和他打江山，刚刚"占得汴梁"，他便不知所以，不但"不肯省刑法、薄税敛"，而且还要"殢酒色、恋俳优、恣淫乱"，不顾天子的尊严，竟扮上妆去唱戏。

【尾】迟和疾，内藏库内无了歪镘；早晚尚书省散了些火伴。守下次的官家等交换，做杂剧那院酸，拴些艳段，我则怕长朝殿里勾栏儿坐不满。

一直把国库都折腾得没了银子，他仍和戏子们"交换"，"拴些艳段"，演杂剧的小段。

这样的君王如何能不使国家"明属梁，暮属晋"，终使后唐亡国！

从这些曲目中我们可以看出，马致远将盛衰兴亡的原因归于统治者本身，是对历史的总结，也是对当时元代腐败、黑暗社会的揭露和警告。大家应该能注意到，他这些曲目中出现的掀起"安史之乱"的"安禄山"、逼亲而呀剌剌唱的小单于"呼韩邪"、这个只会唱戏玩的庄宗"李存勖"都是少数民族，他写这些人，应该是有寓意的吧？

马致远对变形社会的揭露和抗争，虽然不如他同时代一些曲家如关汉卿那样鲜明，但他始终坚持着，到老也没有放弃过。

3

马致远的这种坚持，不仅仅是对外部客观世界的认知，还表现在对自己主观意识的认识上。这种主观意识的坚持，主要表现在"出世"和"入世"的认识上。

求名入仕和退隐出世是完全矛盾的处世理念，但马致远两方面始终都不放弃。这在他曲中也是随时能见到的。

他在年轻时，入世的思想是主流，自比有"佐国心，拿云手"，有"九天鹏鹗飞"的壮志，出世只是在求进艰难时有所流露。

而到中年进入仕途，经历官场的龌龊后，出世观念便不断增强，比如他有这样一首小令《【南吕】金字经》：

絮飞飘白雪，鲊香荷叶风，且向江头作钓翁。穷，男儿未济中。风波梦，一场幻化中。

这是他进入官场后，宏志不得施展之时无望的感叹，流露出浓浓的归隐之情。暮春时节，柳絮如雪，糟鱼香伴着荷叶香随风飘来，多美啊，真该去当江边的渔翁。看现在，我也发达不了，不可能"兼济天下"，只好"穷则独善其身"了，我进入这宦海风波中，真是一场幻梦啊。

而到了他退隐后的晚年，出世思想便成了主流，如他有一首套数《【双调】乔牌儿》，就把他出世思想表露得相当明白：

世途人易老，幻化自空闹。蜂衙蚁阵黄粱觉，人间归去好。

一开篇便道明了主题，世道纷乱，就是一个"人间归去好"。为什么？接下来便写到"归去"的妙境：

【锦上花】选甚谁低谁高，谁强谁弱。则不如开放柴扉，打下浊醪。山展屏风，列一周遭。花不知名，分外（ ）娇（原著"娇"前空格）。

【么】磁瓯喜潋滟，听水任低高，偃仰在藤床上，醉魂漂渺。啼鸟惊回，叽叽淘淘；窗外三竿，红日未高。

【清江引】都想着吃登登马头前挑着照道，闹炒炒昏鸦噪，点点铜壶催，急急残星落，立在紫微垣天未晓。

人生如梦，争什么高低强弱，那如在青山绿水间，打开柴门，赏着野花，倚着藤床，喝着烧酒，听百鸟啼唱，是何等自在。看吧，争富贵有什么用?

【碧玉箫】便有敕牒官诰，则是银汉鹊成桥，便有钞堆金窖，似梁间燕营巢。为甚石崇睡不着，陈抟常睡着，被那传世宝，隔断长生道。恁若肯抄，摆着手先来到。

在这里，他看到的就是名利的虚幻，即便是有了"敕牒官诰"之名，也似"鹊成桥"，有了"钞堆金窖"之利，也如"燕营巢"。西晋时的石崇富不富，为比富几尺高的珊瑚都毫不迟疑地砸碎，可也因钱太多了担忧睡不着，而五代时的大隐士陈抟却能长睡不醒，因为他身无分文，没有负担。财富和长生，是相冲突的啊。

【歇指煞】千钟苟窃人之好，一瓢知足天之道。有那等愚浊，尽教、尽教向愚海内钻，红尘中骤，白身里跳，争如俺拂袖归，掀髯笑。恁头见三径边渊明醉倒，怕不恁北阙名利多，我道俺东篱下是非少。

这可能是他决定退隐时的激愤之情吧，没有任何犹豫，所看到的只有喝喝酒是"人之好"，"一瓢知足"才是"天之道"，你们往"愚海内钻"，那如"俺拂袖归，掀髯笑"，我取号东篱要远离是非了。

这种思潮是他晚年的主流。但等他冷静下来，他年轻时那种对功名的渴望却不时冒出来，仍如汩汩小溪不时伴着主流跳荡。也就是说，他的入世思想仍是没有断绝。比如他退隐后写的小令《【南吕】金字经》：

> 担头担明月，斧磨石上苔，且做樵夫归去来。柴，买臣安在哉？空岩外，老了栋梁材！

已经"做樵夫归去来"了，还自比有朱买臣之才能，却无朱买臣之时运，抱怨"老了栋梁材"。说到底还是不甘心。

退隐了还总是不甘寂寞，和这个比和那个比，老想着什么"僚宰"、"将才"，希图有济世安邦之日，这种思想上的矛盾在他很多散曲中表现得鲜明而强烈。

他的这种矛盾思想也表现在杂剧创作上。比如他三十多岁正追求功名、积极谋求入仕时，却创作了宣传超度避世的神仙道化剧《岳阳楼》。中年时在元贞书会刚写完描绘官场险恶的《黄粱梦》，便兴致勃勃去江浙走马上任当了儒学提举。而到了晚年，他退隐了，远离了尘世，却又写了苦苦追求功名、鼓吹仕进的《荐福碑》。

马致远对自己这种矛盾的心态是明白的。他退隐后写过一组小令《【双调】清江引·野兴》，其中一首是这样的：

> 山禽晓来窗外啼，唤起山翁睡。恰道不如归，又道行不得。则不如寻个稳便处闲坐地。

这是写隐居生活的雅趣和幽思的。我老汉睡得正香，山中的鸟雀一大早就叽叽喳喳把我吵醒了，这边杜鹃鸟叫着"不如归"、"不如归"，像是劝我归隐，那边鹧鸪鸟又叫"行不得"、"行不得"，似是告诉我不能走。我可怎么办呢？是啊，当时要退隐时，有的人劝我离开官场，归返故园，也有的人劝过我，可不能走啊，一旦走了就没有施展才能的机会了。唉，那时真是很犯难啊，现在听到这样的鸟叫还让人挺闹心，不如找个幽闲地方清静一会儿。

从这首小令中我们明显看出，马致远对自己矛盾的心理状态是清楚的，但他对自己的思想观点，无论是对内还是对外，一旦认定就坚持到底。

可是，他对自己心中既渴望入世大展才华又极力宣扬出世避世这样两种矛盾的心态，从年轻一直到老都这样执著坚持着，不愿放弃其中一种，似乎有些太过纠结了。

4

马致远在坚持自己心中观念的时候似乎是偏执的，也可以认为是糊涂的。但在坚守自己人格的大事上，他是毫不含糊的。

他当江浙行省务提举时，因看透官场黑暗而产生退意，咱们在介绍他的退隐原因时，曾根据他的曲作《【大石调】青杏子·悟迷》推想过，他是因风流场之事受到了陷害，因为在那首曲中他对"云雨行为"的风流事后悔得不行，发誓再不接触，最后说出了"唱道尘虑俱绝，兴来诗吟罢、酒醒时茶，兀的不快活煞"，表示了退隐之意。

马致远是不是因风流事被人抓住了把柄而退隐，咱们只是从他的作品中推想，但他是因在官场上受到打击和欺侮才毅然辞官退隐这是肯定的。他虽然没有作品直说是受到了上层官僚怎样的欺侮或打压，但却有这方面的表露。

他有一首套数《【双调】夜行船》，是他退隐后写的，主要表达他不再贪恋功名富贵，全文是这样的：

天地之间人寄居，来生去死嗟吁。就里荣枯，暗中贫富，人力不能除取。

【乔牌儿】自然天付与，强得来也不坚固。有人参透其中趣，何须巧对付。

【锦上花】富贵无骄，贫穷何辱。贫不忧愁，富莫贪图。富依公，天能佑护。贫富人生，各人命福。富呵亨富来，贫呵乐贫去。就里无钱，尚良欢娱。袖有黄金，到有嗟吁。一日勾来，如何做得主。

【江儿水】人生百年如过驹，暗里流年度。似晓露红莲香，落日夕阳暮，没可里使心肝受苦。

【碧玉箫】春满皇都，快兴到鱼壶。凉意入郊墟，便可忆鲈鱼。量有无，好光阴不可辜。携着良友生，觅着闲游处。四景又俱，羡甚功劳簿。

【离亭宴带歇指煞】公卿自有公卿禄，儿孙自有儿孙福。神心自语，恁麒麟阁上图。凤凰池中立，不如俺鹦鹉州边住。黄纸上名，不如俺软瓯中物，谁知野夫。列翠围四屏山，引寨练一溪水，盖蜗舍三椽屋。我头低气不低，身屈心难屈，一任教风云卷舒。饭饱一身安，心闲成事足。

之所以说这首曲是他退隐后写的，就是因为里面对功名富贵不再留恋，"富贵无骄，贫穷何辱""凤凰池中立，不如俺鹦鹉州边住""黄纸上名，不如俺软瓯中物"，凤凰池是指皇宫，黄纸就是黄榜，富贵、功名对他已经没用了。曲里面也充满了虚无的宿命观念，诸如"就里荣枯，暗中贫富，人力不能除取""贫富人生，各人命福。富呵亨富来，贫呵乐贫去""人生百年如过驹""公卿自有公卿禄，儿孙自有儿孙福"

等等，对人生的这种认识，是和他青年时认为人生当"佐国"，应"九天鹏鹗飞"，读书当"题桥柱"，是有天壤之别的。这种人生宿命的认识，当然有那个时代的局限，但更能从中看出他的无奈，没办法掌控自己的命运，只能交给虚无的老天，就如他在另一首曲作中所说"佐国心，拿云手，命里无时莫刚求"，一切都是"命"该如此啊。

真是"命"吗？在这首曲中，马致远说出了非常关键的一句话："我头低气不低，身屈心难屈。"这充分说明他并非是看透命运不济而放弃功名，而是在某些事上受到了严重打击而做出的抗议。在强权面前，我抗不过你们，你们可以让我弯腰、低头，但压不垮我的心志！既然"命运"如此玩弄我、抛弃我，可我"气不低"、"心难屈"，不服！爷要到青山绿水间闲看云卷云舒，不跟你们玩了！

我们多次谈到元代特殊的社会背景，知识分子已经沦为不被人看重的下层。马致远作为一个汉人，在无科考、又无家庭背景的情况下，仅凭自己的才学能混个小官已实属不易，但他为了做人的尊严，宁退不屈，真正表现了"我头低气不低，身屈心难屈"的刚正气节。

有人可能说，那是因为他无力反抗，是强权政治下的无奈之举。在当时的历史环境中，当然有这种因素。避世是当时很多文士的共同想法。那是因为，大多数人是没有机会走入官场的，努力也是徒劳，不避世又该如何呢？只能称赞闲居山林多么美好，说白了很大程度是无奈的自我安慰而已。

但对马致远这样好不容易熬上一官半职的人来说，竟要辞官隐退，有一分之奈也不会这样做的。就说他的朋友们吧，史樟、卢挚、张可久，都做过官，而且都写过大量咏叹山野园林生活的曲作，史樟还号称"散人"，可有一个人退了吗？张可久同样是在强权政治下当小官，但却忍气吞声干了一辈子也没选择退隐。可见马致远能做出辞官而退这样的决定，绝对是以气节为重。

也可能有人说，咱们前边不是谈过嘛，马致远辞官退隐是受了全真教的影响，和他的气节与尊严有什么关系啊？全真教对当时的文士们确实有影响，但咱们也从很多方面诸如他在杂剧中对全真教教义词语描写的混乱、他生活中对"酒""色"的不忌等等，分析过马致远对全真教并不是很明白的，更不是全真教的信徒，对什么神仙之类其实是不信的，这在他的作品中能找到明证，前面介绍得很清楚，这里就不再细说，马致远怎么可能为了追求虚无而辞官呢？

因此说，他的辞官反映着他的品行，是一种愤然的刚正不屈之举。

在以上这些作品中，我们是不是看到了一个敢于直面一切，坦荡直率，勇于坚守自己的信念，维护做人尊严的马致远？

这是他人品中非常重要的一面，也只有他的这种直白和坦率，才有可能让我们能从内到外地去解读他。

第三章

气概自来诗酒客

马致远有着高傲的气质，但却不是孤傲型的；有坦率正直的性格，但也不是不近人情。从他的曲作中就能看出来，他在处世中，在和人的交往中，表现是相当潇洒、豁达、热情奔放的。

1

马致远从年轻到年老，对生活的态度，无论是得意时还是失意时、顺畅时还是困顿时，都是相当洒脱的。

他出生在较为富有的家庭，年轻时就有很高文名，所以很是潇洒风流。还得提《【大石调】青杏子·悟迷》那首套数，因为在那里面他把他的风流写得相当清楚，他明白写自己生于"风流平昔富豪家"，成年后"气概自来诗酒客"，常入"柳户花门从潇洒"，"云雨行为"更不在话下。进入官场后，因受人暗算，他才"悟迷"，发誓不再涉足这些地方。

能证明他年轻时经常出入青楼的，是《录鬼簿》中的吊词，写得相当明白："姓名香贯满梨园"，说明他与青楼歌妓们交往十分密切，在戏剧界享有很高的声誉。

马致远除《悟迷》直接写了自己的风流事，还有一首描写妓女生活的套数《【双调】夜行船》：

> 一片花飞春意减，休直到绿愁红惨。夜拥鸳衾，晓临鸾鉴，病恹恹粉憔胭淡。
>
> 【风入松】再休教风月檐儿担，就里尴尬。怎能勾得离坑陷，又钻入虎窟蛟潭。使不着狂心怪胆，恁却甚饱轻谙。
>
> 【阿忽令】才见了明暗，且做些捞淰，倘忽间被他啜赚，那一场羞惨。
>
> 【鸳鸯煞】有魂灵晓事伊台鉴，没寻思休惹人嚼啖。恁便宜坐守行监，少不得个面北眉南。唱道小可何堪，他亲怎敢。恁那鬼厮扑恩情忺，得时暂委实受过吃苦难甘，恁时节冤家信得俺。

这首曲是写一个想脱离青楼却不能的妓女那种复杂心情的。暮春时节，病恹恹悲愁得连梳妆打扮也不愿动了。本不想再担这种风月，等着跟"他"离了"坑陷"，却没想到又落到了这个"虎窟蛟潭"。咱使不了"狂心怪胆"，那就装糊涂吧，要不，再被他哄骗，就更惨了。没想到这事引起人们嚼舌头，说得个面目全非，你这鬼怎么敢这么做啊。我暂时吞下这苦果，啥时候你个冤家才能诚心待我啊。

在此，把个想脱离苦海的女人那种无望、无奈而又充满了幻想的心态描写得惟妙惟肖。这充分说明，马致远是很熟悉青楼女生活的，经常出入这些地方，最起码是常和这些人接触，这也证明了他年轻时的风流倜傥。

马致远年轻时不光是在青楼，在平常也是很风流的。他追求仕途失意时写过一组小令《【南吕】四块玉·叹世》，其中一首是这样写的：

> 白玉堆，黄金垛，一日无常果如何？良辰媚景休空过。琉璃钟琥珀浓，细腰舞皓齿歌，倒大来闲快活。

在追求遭到碰壁的情况下，他把金玉满堂的功名富贵以人生无常予以否定，既然富贵无常那就及时行乐，"良辰媚景休空过"，那便是到勾栏瓦舍，去找诗朋剧友，于是"琉璃钟琥珀浓，细腰舞皓齿歌，倒大来闲快活"。酣畅地写尽了他与细腰皓齿漂亮女艺人纵情诗酒、醉而歌舞的潇洒。

他年轻时家境还比较富裕，所以常和富有人家接触是必然的，他写过《四公子赋》就是证明。他不光是接触"公子"，以他的风流倜傥可能还接触过不少"小姐"。他有一首套数《【仙吕】赏花时·掬水月在手》，就真实地描写了一位情窦初开的妙龄小姐：

> 古镜当天秋正磨，玉露瀼瀼寒渐多。星斗灿银河。泉澄潦尽，仙桂影婆娑。
>
> 【么】不觉楼头二鼓过，慢撤金莲鸣玉珂。离香阁近花科。丫环唤我，渴睡也去来呵。
>
> 【赚煞】紧相催，闲笃磨。快道与茶茶嬷嬷，宝鉴妆奁准

备着，就这月华明乘兴梳裹。喜无那，非是咱风魔。伸玉指盆
池内蘸绿波，刚绰起半撮，小梅香也歇和，分明掌上见嫦娥。

这是以"我"的口吻描写一个大户人家的闺阁小姐于清秋月夜赏花
游园、掬水照影的景象，表现了妙龄少女天真烂漫、追求美景的浪漫
情怀。

花好月圆之夜，"我"不甘闺房寂寞，慢移小巧的"金莲"，响动佩
戴的"玉珂"，也就是玉饰，走下楼头，正沉浸于花丛中，丫环大声对
"我"喊：困死了，快回去吧！写得谐趣横生。

接下来写丫环"紧相催"，"我"却"闲笃磨"，并吩咐丫环去告诉
老保姆准备好梳妆台，"我"要梳妆打扮。见丫环不解，"我"对她讲，
是这美好月色激起对青春幸福的追求，"喜"得没法抑制，才要"乘兴
梳裹"，这可不是"风魔"。于是，梳妆好后，便伸出洁白的小手点拨绿
水，小丫环也被感染了，过来凑趣，"我"刚捧起一捧水，就分明看到
手中的水里映出了嫦娥，再细看，呀，原来是"我"！

这套曲子语言通俗明丽，情调轻松活泼，活画出一个纯真乐观、追
求美好的爽朗的少女形象。马致远写得如此惟妙惟肖，肯定与这样的妙
龄女子有过接触，这也可印证他年轻时的风流潇洒。

他中年时有一首小令《【双调】拨不断·夏宿山亭》，把他的豪放洒
脱性格展露无遗：

立峰峦，脱簪冠。夕阳倒影松阴乱。太液澄虚月影宽，海
风汗漫云霞断。醉眠时小童休唤！

这是他夏日游大都北海边的瀛台时所作，抒发了他抛掉失意之忧、

豪放恣肆的情怀。

你看，他独立于瀛台山峰之上，脱掉了帽子、拔掉束发的簪子，任其头发在夏日的晚风中飘散，情态是何等狂放。西边快要落山的太阳倒映北海湖水中，山上已不见阳光的松林有些参差杂乱。再接着看，犹如太液池一样的北海变得一片空明，月亮渐渐升起来，月影照入水中，随波荡漾。北海上晚风漫无边际地吹着，把天上的残霞都吹散了。

天上地下，山头水中，日月交辉，一派湖光山色，他的失意和郁闷在这寥廓江天中当是一扫而空，于是酣畅饮酒，酒醉而眠，从而吩咐"醉眠时小童休唤"。这种陶醉自然美景、沉醉梦境之意，不顾忌礼俗、率直纯真之情一下展现出来，显示了马致远当时在极力摆脱不得志的烦恼心情，更显示了他自由洒脱、狂放不羁的性格。

到了马致远退隐后，风流是谈不上了，但生活得更是洒脱了，在"绿水边，青山侧，二顷良田一区宅"处，过着"和露摘黄花，带露烹紫蟹，煮酒烧红叶"田园生活，时而"且向江头作钓翁"，时而"且做樵夫隐去来"，也时常来点"散虑焚香理素琴"的高雅，但更多的是"共诗朋闲访相酬和"，享受着"闲身跳出红尘外"的潇洒。

我们不妨完整地欣赏其两首小令，一首是《【南吕】四块玉·叹世》：

> 两鬓皤，中年过，图甚区区苦张罗。人间宠辱都参破。种
> 春风二顷田，远红尘千丈波，倒大来闲快活。

这是马致远五十多岁以后将要归隐时写的，回首往事，曾为大鹏展翅的雄心壮志而慷慨激昂，也曾在宦海沉浮中饱经沧桑，但始终没找到理想之路，真是虚度此生啊，慨叹两鬓斑白，中年已过，还"图甚区区苦张罗"，既然"宠辱都参破"，那就旷达地"远红尘千丈波"，超脱地

回乡下种地去吧。

另一首也是他退隐后写的，是小令《【双调】清江引·野兴》：

> 林泉隐居谁到此？有客清风至。会做山中相，不管人间
> 事，争什么半张名利纸！

远离红尘的清雅山林中，没人打扰，仅有之"客"就是清风。南朝陶弘景退隐山中还不时去管"人间事"，被人称为"山中相"，我可不想学他，争那个名利有什么用？这首小令词语朴实无华，情感潇洒脱俗。但从中也能体味到，他表面好像是大彻大悟，其实从"山中相"一句，还是流露着并没忘了"老了栋梁材"之类的感叹。感叹是感叹，但也不想再"争什么"了。

这些虽然都是表现他日常闲散的生活状态的，但也反映出他的精神世界是很放松、很超脱的。

他有一首小令《【双调】拨不断》，就直接表现了他精神上的超脱：

> 怨离别，恨离别，君知君恨君休惹。红日如奔过隙驹，白
> 头渐满杨花雪，一日一个渭城客舍。

这不是写离别的吗？与他的性格有什么关系？先别急，有没有关系咱们分析着看看嘛。

送友离别是古代文人很看重的事情，因那时交通、通讯都相当不方便，一次分手可能就是永别。古时没有现在这样便利，分别多远也没关系，想说话就打手机，不想说则发短信，想见面就打开电脑视频，跟没分开差不到哪儿去。而古时不行，一走可能就联系不上了，所以对送

友离别格外重视，留下了很多咏唱离别的诗篇，如南朝文人江淹的《别赋》，开篇就说："黯然销魂者，唯别而已矣。"曾引起多少文人墨客的共鸣。唐代很多大诗人如李白、杜甫、白居易都有很多送别诗，特别是李白的诗句"桃花潭水深千尺，不及汪伦送我情"，王维的诗句"劝君更进一杯酒，西出阳关无故人"，写尽了惜别之情，为后人传唱。

元代的文人们也是如此，每当送别也是很动情的。比如马致远有一首套数《【仙吕】赏花时·长江风送客》，咱们在介绍他当江浙省务提举的人生经历时引用过，写到过"冯客苏卿"两位县令为他送行的感人场面，竟然是"扑簌簌泪如倾。凄凉愁损，相伴着短檠灯"，"愁恨厌厌魂梦惊，两处相思一样情"，看看，该是多动情。

马致远便针对送别这个使人"愁"、使人"怨"的常见事，说出了自己的看法。

开头他就写道："怨离别，恨离别，君知君恨君休惹"，点明了"离别"会使朋友之间不管是送的还是被送的，都会在心里产生"怨"、"恨"，为什么要分离啊，什么时候才能再见面啊，于是抱头痛哭，这都是真情。但马致远却劝道："君知君恨君休惹"，你既然知道送别会产生一种哀怨，就不要去招惹这种情绪。

为啥呢？他接着劝道："红日如奔过隙驹"，朋友啊，生命就如古人说的似"白驹过隙"般短暂，怎么可以把离愁别绪带到生命中呢？进一步再劝："白头渐满杨花雪，一日一个渭城客舍。""渭城客舍"是引自唐人王维的送客诗句"渭城朝雨浥轻尘，客舍青青柳色新"，马致远用在这里就是指送别，意思是如果天天这样送别，不是把自己怨愁得白了头吗？还是请放宽心胸吧，别让时光在离愁中度过。

在这里，马致远并非是不重情义，他没说朋友离别时不要去送，而是劝朋友在送别时要换一种宽松的心态。从中我们也能明显地看出他内心的豁达与超脱。

其实，马致远早就给自己下过结论，在一首小令中他明确说过自己"本是个懒散人"，干什么事都是很随意的。他能给自己这样一个评价，这本身就是一种洒脱。

2

伴马致远潇洒一生的，是一"酒"字，在他的曲中到处都是，不胜枚举。也就是这个"酒"字，显示了他豁达的性情。

马致远有很浓的文士情结，如历史上那些文化名人一样，非常好酒。纵情诗酒除了排遣心中的苦闷，也是他结交朋友的途径。他在小令《【双调】清江引·野兴》中就直接说了自己对酒的认识：

> 天之美禄谁不喜？偏则说刘伶醉。毕卓缚瓮边，李白沉江
> 底，则不如寻个稳便处闲坐地。

"美禄"是指酒。《汉书·食货志》中说："酒者，天之美禄。"在这首小令中，马致远开头一句"天之美禄谁不喜"，就表达了天下之人没人不爱美酒的看法。

接下来便是讲晋代"竹林七贤"之一的刘伶"常求一醉"的故事。《晋书·刘伶传》说，刘伶"常乘鹿车，携一壶酒，使人荷锸而随之，谓曰：'死便埋我。'其遗形骸如此"。后人一说到酒，就会"偏则说刘伶醉"。对"偏则说"这种说法马致远并不认同，因为爱美酒的人代代都有，并非刘伶一个，于是接下来他又举出了两个不但嗜酒而且也是放

浪形骸的名人。

一个是晋朝的毕卓，自称"得酒满数百斛船，右手持酒杯，左手持蟹螯，拍浮酒船中，便足了一生"，此人身为吏部郎，却因盗饮邻居家的酒被掌酒人捉住捆缚酒瓮边，天明主人一见原来是毕吏部，忙解缚，二人瓮边痛饮，醉后才离去。

另一个便是唐代大诗人李白，他曾任翰林供奉，因蔑视权贵，遭谗出京，浪荡江湖，纵情诗酒。他"斗酒诗百篇"已是千古佳话。他晚年潦倒，元代《唐才子传》说李白"度牛渚矶，乘醉捉月，沉水中"，此说不见正史，只是个传闻而已。

最后一句"则不如寻个稳便处闲坐地"说出这首曲的主要意思：归隐求醉。他连用刘伶、毕卓、李白三个古时的高士名人典故，就是为了突出三人都曾为高官，还放浪形骸追求一醉，但并不能避免灾祸，何况我一介寒儒，处在这不重视文人的时代，只是"西风"中的"瘦马"，不喝酒麻醉了自己，清醒着不是更痛苦吗？只有远离世间，独处山野了。

因此，在他一组六首《【双调】庆东原·叹世》中，每首的结句，也称为"务头"都是："不如醉还醒，醒还醉"，是他借用了苏轼【渔父】词中"酒醒还醉醉还醒，一笑人间今古"的句意，发出了对人生无常的慨叹，如此世道，还不如痛饮美酒醉去，而暗含着"一笑人间今古"，点出了"叹世"的主旨。我们可以赏析其中一首：

拔山力，举鼎威，喑呜叱咤千人废。阴陵道北，乌江岸西，休了衣锦东归。不如醉还醒，醒而醉。

马致远这是借楚霸王项羽盛衰的悲剧，表达他对王朝兴亡的感叹和对空有虚名的否定。前三句，写项羽神力可拔山，威力可举鼎，一声怒吼可把千人吓倒，气势是何其雄壮；而后三句是写项羽败走阴陵，自刎乌江，东归的美梦彻底毁灭的悲惨结局，英雄末路，又是何其悲惨！前兴后亡，对比强烈，因此发出了"不如醉还醒，醒而醉"的人生感悟。呜呼，喝醉了可以忘世，酒醒了就要叹世，还不如长醉不醒呢，还落得个逍遥。

因而，在另一首小令《【双调】拨不断》中，就不是"醉还醒"了，而是"醉了还醉"：

> 路旁碑，不知谁，春苔绿满无人祭。毕卓生前酒一杯，曹公身后坟三尺。不如醉了还醉。

路边的坟地已经荒凉，残碑倒地，不知谁是墓主，生满了青苔绿草，早已无人祭祀了。马致远由此感慨顿生，这人若是晋朝那个毕卓，当官虽没留下功绩，但他没断过"酒一杯"，一生美酒相陪，也算是过得值了。如果是三国时的曹操，那么他南征北战一生，最后位极人臣，伟业盖世，可如今又在哪儿呢，只落得"身后坟三尺"，如此人生，可悲啊。真不如醉了还醉，醉而不醒。表达了他对现实社会近乎绝望的心情。

马致远真的是要借酒麻醉自己忘掉一切吗？嗨嗨，真那样他就什么都不写了，也写不出来了。他之所以要这么说，只不过是借古人之酒杯，浇自己心中之块垒而已。他好饮酒不假，但这些曲作不管是写楚霸王、写诸葛亮、写曹操还是写其他历史人物，都清醒得很，绝不会长醉不醒。

马致远喜饮酒，除了要排解心中的苦闷，抒发胸中感叹外，还有一个重要原因就是交朋友。

咱们前面提到过他年轻时，投身杂剧创作，和勾栏男女艺人们相交往，"琉璃钟琥珀浓，细腰舞皓齿歌"醉酒欢歌的情态，写尽了他纵情诗酒时的旷达和惬意。这些勾栏艺人在他的朋友圈子中只是一小部分，主要的应该是文友。

他有一首小令《【双调】拨不断》专写了他与朋友饮酒的场景：

> 酒杯深，故人心。相逢切莫推辞饮，君若歌时我慢斟。屈原清死由他恁，醉和醒争甚！

看来这是一个久别重逢的老友，"酒杯深，故人心"，劝酒词很直白，咱们是志同道合的老友了，所以才用大杯子，一定要喝好。"相逢切莫推辞饮，君若歌时我慢斟"，相见一次不容易，不能托辞拒绝，一定要开怀畅饮，一醉方休；如果你想长歌一曲，借以散发一下酒气，稍停一下饮酒，我便慢慢喝着等你，洗耳恭听你的歌声，唱完了咱们再接着喝。

也许这位"故人"和他有同样失意的经历吧，他把屈原都搬出来劝酒了，"屈原清死由他恁，醉和醒争甚"，我说老朋友啊，别想那些官场上不痛快的闲事了，你再正直有个屁用？看到屈原了吗，众人皆醉他独醒，别人都浊他独清，最后清死了又能怎么样？救得了楚国吗？好好喝酒吧，可别争什么清醒和明白了。来，干杯！

看看，这酒劝得多执著，足见他喝酒的豪爽。

马致远和朋友卢挚同游过西湖并有曲作相唱和，写有小令《【双调】湘妃怨·和卢疏斋西湖》四首，其中就有三首提到了酒。

写西湖春景的那首写道："不知音不到此，宜歌宜酒宜诗。"知音相见，啸傲诗酒那是必须的。

写秋的那首里有："金卮满劝莫推辞，已是黄柑紫蟹时。"金卮指金杯，开始大杯劝酒了，把酒持蟹，品尝黄柑，一醉方休。

到了写西湖冬景的那首，便成了他自己喝着小酒赏雪景了。是这样写的：

> 人家篱落酒旗儿，雪压寒梅老树枝。吟诗未稳推敲字，为西湖捻断髭，恨东坡对雪无诗。休道是苏学士，韩退之，难妆煞傅粉的西施。

在西湖边围着篱笆、打着酒帘儿的充满田园风味的小酒店中，品着烧酒，观赏着雪压寒梅，老枝犹俏，诗情顿起，以致推敲字句捻断了髭须。接着便用宋代大文豪苏轼、唐代大诗人韩愈说事儿，就是他们在这里，也写不出比西湖雪景更美的雪诗来。这种品酒吟诗，情趣是何等高雅。

他自斟自饮时的这种清雅，在他别的曲作中也有表现。如他有一组小令《【南吕】四块玉·叹世》，其中就有一首写了独饮时的雅趣：

> 月满轮，花成朵，信马携仆到鸣珂。选一间岩嵌房儿坐。浅斟着金曲卮，低讴着白雪歌，倒大来闲快活。

这应该是写他刚刚当上"提举"小官时的事，因为心情还相当轻松愉快。你看，在花好月圆的美好夜晚，带着童仆信马由缰来到贵人常出入的瓦舍勾栏。"鸣珂"是指富人的马带有玉饰，走则作响，这里则是指门前拴着这些马的勾栏瓦舍，说明是富贵人常来的地方。他进去后以官员的身份，挑选一间雅静的小屋坐下来，一边轻斟慢酌地品着美酒，一边低声哼唱着自己填词的如同《阳春白雪》那般意趣高远的小曲，这是一种多么大的"闲快活"！

这首小令不发一句议论，只用白描手法写他优雅地喝酒，表现出了马致远高出那些"鸣珂"贵人的清雅。

他的这种诗酒生活，在行乐的同时，也是在排遣愁闷，表露着一种旷达玩世的豪气。

3

马致远这种豪气便形成了他率直放逸的性格。到底是什么样？他的忘年交朋友张可久对他的豪放有过描写，在《次马致远先辈篇九韵》中，有一首咱们在介绍他当小吏的经历时引用过，是这样写的：

> 诗情放，剑气豪，英雄不把穷通较。江中斩蛟，云间射雕，席间挥毫。他得志笑闲人，他失脚闲人笑。

你看看，诗情放，剑气豪，不管是发达还是困顿都不在乎，可斩蛟，可射雕，可挥毫，简直就是文武双全，何等豪放！这里的"斩蛟"、"射雕"之类当然是对先辈的吹捧，但也能从中看出马致远是个绝对豪爽的汉子。

这种"诗情放，剑气豪"表现在创作上，那便是恣肆奔放。马致远有好多曲作，都表现了这种豪放。如他的一首小令《【双调】蟾宫曲·叹世》：

> 咸阳百二山河，两字功名，几阵干戈。项废东吴，刘兴西

蜀，梦说南柯。韩信功兀的般证果，蒯通言那里是风魔？成也萧何，败也萧何。醉了由他。

这首曲咱们在分析马致远感叹时事时也引用过，全用史事针砭了当世。可从艺术上看，全曲结构严谨，借人所共知的历史典故发出了对帝王将相的嘲讽和对现实社会世道险恶的感愤。全曲的语言通俗流畅，议论滔滔不绝，如飞流入涧，一泻无余，那种诗情的豪放也同样是一泻无余。

再如他的一首小令《【双调】拨不断》：

布衣中，问英雄，王图霸业成何用！禾黍六代宫，楸梧远近千家冢，一场恶梦。

这首曲同样是咏叹历史兴亡的，以景物说出六代君臣、王图霸业的空幻，句句似点铁成金，"布衣中，问英雄，王图霸业成何用！"词语雄劲，意气高迈，挥洒自如，表现出一种本色的豪放。

可表现他豪迈风格的曲作很多，如套数《【般涉调】哨遍·张玉岩书》，洋洋洒洒，那种气势比狂放的草书更加奔放；再如咱们多次提到过的连用二十二个典故的套数《【黄钟】女冠子》，用典贴切，泼辣明快，更显雄劲。

他不光是在咏史叹世题材显出豪放，在描绘自然景物时也能表现出一种不同于一股的豁达。如他有一首套数《【南吕】一枝花·惜春》，就以奔放的风格描写了游春、惜春、送春的复杂情怀。上编在介绍他时运不济时咱们引用过一段，完整的全套如下：

夺残造化功，占断繁华富，芳名喧上苑，和气满皇都。论春秀谁如？一任教浪蕊闲花坞。正是断人肠三月初，本待学煮海张生，生扭做游春杜甫。

【梁州】齐臻臻珠围翠绕，冷清清绿暗红疏。但合眼梦里寻春去，春光堪画，春景堪图。春心狂荡，春梦何如？消春愁不曾两叶眉舒，喋春娇一点心酥，感春情来来往往蜂媒，动春意哀哀怨怨杜宇，乱春心乔乔怯怯莺雏。春光，怎如？绿窗犹唱留春住，怎肯把春负！长要春风醉后扶，春风似华胥。

【隔尾】休耽搁一天柳絮如绵舞，满地残花似锦铺，九十日春光等闲负。云窗月户，狂风骤雨，休没乱杀东君做不得主。

从"和气满皇都"一句看，这是他年轻时的早期作品，充满春情浓郁、不甘虚度的期望，也表露着怀才不遇、辜负春光的怅惘。曲的中间部分写了美如图画的"春光"、"春景"，又写了撩拨人心的"春情"、"春意"，以大量的排比句，自然酣畅的轻快用语，借"惜春"之题，把自己求进无门的失意心态和"怎肯把春负"的理想追求表达得淋漓尽致，表现出在"惜春"这一常见的题材中，他与其他诗词家不同的豪宕风格。

最能体现马致远豪迈风格的曲作，是那首套数《【双调】夜行船·秋思》，这首曲在分析他退隐经历时引用介绍过其思想意义，现在我们不妨从艺术上再赏析一下：

百岁光阴一梦蝶，重回首往事堪嗟。今日春来，明朝花谢，急罚盏夜阑灯灭。

开头《夜行船》一曲，说人生百年，犹如一梦，往事不堪回首，应该及时饮酒行乐。此曲引领全篇，下边三支曲分别从帝王、豪杰、富人来说明富贵无常。

　　【乔木查】想秦宫汉阙，都做了衰草牛羊野。不恁么渔樵没话说。纵荒坟横断碑，不辨龙蛇。

　　【庆宣和】投至狐踪与兔穴，多少豪杰。鼎足虽坚半腰里折，魏耶？晋耶？

　　【落梅风】天教你富，莫太奢。没多时好多良夜。富家儿更做道你心似铁，争辜负了锦堂风月。

　　看看吧，帝王有无上的权威，这是不是值得羡慕呢？马致远的回答是否定的，他认为"干图霸业"都没有用，"秦宫汉阙"到头来无非变成放牛羊的牧场，成渔翁樵夫说古论今的闲聊材料。纵使荒坟上有记载丰功伟绩的断碑残碣，可那图纹、字迹也模糊不清了，让人看不明白是龙还是蛇啊。

　　帝王如此，那些英雄豪杰又如何呢？英雄豪杰们辅佐帝王，南征北战，东拼西杀，创出鼎峙局面，功勋显赫，位极人臣，可是有多少人不得善终啊。他们死后，坟墓很快变成狐窟兔穴，功勋事业保持不了多久很快便被人忘掉了。吴宫花草，魏晋江山，现在又在哪里？

　　再说富人。富人有钱舍不得用，大多是守财奴。"好天良夜"、"锦堂风月"，本来应当去珍惜、去享受，可那些富人们却辜负了。

　　帝王、豪杰、富人们的结果是这样，那么自己该怎么处世呢？他接着写道：

　　【风入松】眼前红日又西斜，疾似下坡车。不争镜里添白雪，上床与鞋履相别。休笑鸠巢计拙，葫芦提一向装呆。

【拨不断】利名竭，是非绝。红尘不向门前惹，绿树偏宜屋角遮。青山正补墙头缺，更那堪竹篱茅舍。

【离亭宴煞】蛩吟罢一觉才宁贴，鸡鸣时万事无休歇。何年是彻？看密匝匝蚁排兵，乱纷纷蜂酿蜜，急攘攘蝇争血。裴公绿野堂，陶令白莲社，爱秋来时那些：和露摘黄花，带露烹紫蟹，煮酒烧红叶。想人生有限杯，浑几个重阳节？人问我顽童记着：便北海探吾来，道东篱醉了也。

"眼前红日又西斜，疾似下坡车"，时光飞快，今天眼看又过去了。明天呢？明天看镜中，又衰老了一分。唉，何必思前想后空添白发，不如"鞋履相别"上炕美美酣睡。斑鸠好像很傻，笨得连窝也不会搭，可是它会将就着住到喜鹊巢中，那有什么可笑的？这样看来，自己也稀里糊涂装傻吧。利与名不需要去争夺，是与非不必再参与。住在与尘世远离的"竹篱茅舍"处，面对"绿树""青山"，真的是再好不过了。

最后一曲中，马致远又比较了两种人的处世态度。他生动地描绘了那些争名夺利之人的丑恶形象，一天到晚忙得不可开交，你拥我挤就像争穴的蚂蚁，嘈嘈杂杂就像酿蜜的蜜蜂，争来抢去就如争着吸血的苍蝇。而他自己呢，决不会这样了，已经把世事都"参破"，他向往的是晋代陶渊明、唐代裴度那样的辞官归隐的生活，要"归去来"，要退居山林，不辜负"紫蟹肥，黄花开"的秋天。人生是短暂的，酒能喝多少？重阳节能过几次？开怀畅饮，尽情陶醉。富贵功名，荣辱是非，管那些有什么用！

这首套数，酣畅淋漓地表现了马致远鄙夷富贵、恬于隐逸的情感，泼辣明快，不事雕琢。

这首曲从思想内容上，表现了马致远超然绝世的生活态度。粗看好像是在鼓吹消极避世、及时行乐的处世哲学，实际上是在旷达恬退的外衣下表达着他愤世嫉俗、郁闷难抑的激愤。他纵情诗酒，啸傲风月，但并非像那些醉生梦死的文人一样只追求享乐，而是借酒抒愤，针砭现实，对统治者表示着一种抗争。

而在艺术上，这套曲通篇自然潇洒，极尽淋漓畅酣之致，以通俗易懂的口语、散行对仗的句式、情景相映的手法，将马致远真率诚朴、狂放不羁的性格活脱脱刻画出来。因此，这首套数也就成了最能代表他豪放风格和艺术成就的代表作品。

马致远的这首曲作，历来受到文坛诸多名家的倾慕。元末曲学家周德清在《中原音韵》里，给予极高的评价："此方是乐府。不重韵，无衬了，韵险，语俊。谚云，'百中无一'，余曰，'万中无一'。"

明代著名文学批评家王世贞在《曲藻》里说："马致远'百岁光阴'放逸宏丽，而不离本色。押韵尤妙。长句如'红尘不向门前惹，绿树偏宜屋角遮，青山正衬墙头缺'，又如'和露摘黄花，带露烹紫蟹，煮酒烧红叶'，俱入妙境。小语如'上床与鞋履相别'，大是名言。结尤疏俊可咏。元人称为第一，真不虚也。"

后来明代人如段炳、茅溱等，清代人许宝善等都有和韵《秋思》的作品，但无论是思想深度上还是艺术成就上，都没有办法和马致远的原作相比。

马致远能成为元曲豪放派的领袖和旗手，是必然，当之无愧，众人皆服。

第四章

他得志笑闲人

马致远性情的豁达，决定他在生活中的表现应该是乐观的。他的忘年交朋友张可久在《次马致远先辈韵九篇》中，每首的结句都是："他得志笑闲人，他失脚闲人笑。"后半句咱们分析他为何要隐退时推论过其中所含的意思，是因什么"失足"事被人捉住了把柄，从而引起了众"闲人"的议论，而前半句则分明是在讲他的为人，坦荡率直，总好高傲地"笑闲人"。

他作为"西风"中的"瘦马"，虽然对生活暗淡、对命运坎坷、对世道不公怀着满腹的不平，但没有消沉，而是不时用"笑闲人"的方式或讥讽先贤，或戏弄同辈，或嘲谑"闲人"，用自己的幽默调整心态，自我解脱，自我超越。

这在他的散曲中有充分的体现。"曲"是诗歌体裁的一种，与"词"有相同之处，但更多的是不同。词宜于悲而不宜于喜，曲则悲喜兼可；词可雅不可俗，曲则雅俗共赏；词宜于庄而不宜于谐，曲则庄谐并用。

特别是，曲的一个最大特点是可以使用"衬字"，可用俗语、俚语，使之口语化，愈显生动活泼，通俗明快。这就给曲作者提供了嬉笑怒骂、插科打诨、调侃讥讽等表现手法的创作平台。

马致远就相当充分地利用了曲的这种特点，将诙谐幽默融入曲作中，庄谐杂出，表现了他幽默乐观的个性。

1

马致远在读书人不被重视的时代，却以文士自居，显得很清高。但他豁达豪爽的性格，让他为人处事又显得很是随和。

他青壮年时期交往的多是文人、官僚和富家子弟，比如卢挚、白朴、史樟、李时中、"四公子"等等，但退隐后所结交的除一些旧时文人朋友可能又多了一些社会底层的市井俗人甚至是山野中的渔翁樵夫。张可久在《次马致远先辈韵九篇》中有一首就写到了他隐退后的交友：

依山洞，结把茅，清风两袖长舒啸。问江边老樵，访山中

故交，伴云外孤鹤。

这在马致远自己的的曲中更是有反映的，不时出现"渔父""钓翁"这样的字句。如他的那首小令《【双调】清江引·野兴》：

樵夫觉来山月底，钓叟来寻觅。你把柴斧抛，我把鱼船

弃。寻取个稳便处闲坐地。

　　这就是他隐居后自己真实生活的写照，所接触的大多就是普通的打柴人和打鱼人。和他们在一起，不可能再文乎理乎的，那会酸得让人不敢也不愿再和你接近，只能是"你把柴斧抛，我把鱼船弃"，找个平地聚在一块天南海北地侃大山，你讲古他论今，你说素他谈荤，可能粗俗得很，但马致远却能和他们友好相处，这既能填补他生活的寂寞，也能从中获得一些创作素材。他有篇套数《【涉般调】耍孩儿·借马》就写了一个底层劳动者养马、爱马、借马的有趣故事，或许就是在与樵夫渔翁这些劳动人神聊时得到的灵感吧？

　　当然，他和过去的诗朋酒友也是常聚的。和这些人在一起应该是很文雅了吧？文雅是文雅，但也是很热闹的。他有一首小令《【南吕】四块玉·叹世》，就把朋友相聚时的情形写了出来：

　　甑有尘，门无锁，人海从教斗张罗。共诗朋闲访相酬和。
　　尽场儿吃闷酒，即席间发淡科，倒大来闲快活。

　　"甑有尘，门无锁"，是写生活的困窘。甑是古代蒸食物的一种炊具。这两句的意思是说，我没了官，也无职，我现在的生活是锅不成锅，家不像家了。这当然是有些夸张，但也可看出他生活并不宽裕。那么也就没什么过分想法了，只能在茫茫人海中看着旁人为名利去斗心机，自己呢，便只有去过和诗朋酒友们一块写诗作曲、互相酬答唱和的平常日子了。

　　虽然没了官，日子难，但朋友来了，还要招待，酒还是要喝的。而且不能光吃闷酒，菜好赖不说，为了喝得高兴，还要"即席间发淡科"。发淡科，粗俗地说就是现在说的"扯淡"吧，也就是喝酒中为增加气氛而相互调侃耍戏。你编我个笑话，我揭你个丑事，在诗词相酬和的大雅中也融入调笑的大俗，在欢笑中求得大醉。

以马致远的智慧，这种在喝酒中插科打诨、戏弄来访诗朋剧友的"发淡科"者，大多应是他自己。

他有一首套数《【双调】夜行船》，写一个狎妓客的狼狈相，可能就是在对朋友"发淡科"，喝着酒为找笑料，或是揭某友想当年的真事，或是对某友编嗑儿进行调侃。

酒席上，某友耍赖不喝了，他便说："老某你可别耍赖皮，我可知道你啊。咋的，你就是不喝？好。大伙听我说这小子一个赖皮事啊，你们都知道当年大都名妓天仙秀吧？就这小子熊样还和人家好上了。你们说怎么的，有一回他喝多了……"

于是，便出现了下面的故事：

　　　　不合青楼酒半酣，据些呵小生该斩。楚岫云迷，蓝桥水淹，没气性休交人啜赚。

　　【风入松】对人前排得话儿岩，就里尴尬。吓怕风流胆，这一场吃苦难甘。相知每无些店三，般得人面北眉南。

　　【阿忽令】觑了他行赚，听了它言谈。动不动口儿泼忏，道的人羞惨。

　　【鸳鸯煞】尽教他统镘的姨夫喊，岂无晓事相知鉴。俺不是曾花里钻廷，酒楼上贪婪。唱道俺气命般看他，他心肝般看俺。想这场聚散别离寻思好谈。若是奶奶肯权耽，俺这合死的敲牙再不敢。

这是马致远的一首套数《【双调】夜行船》，写一个狎客与妓女闹别扭、赔不是的情景，风趣幽默。"俺"在青楼中喝得半醉，云山雾罩中，说是自己没心没肺被人哄骗了。这话在人前传开了，弄得我好不尴尬，那些轻浮之辈可劲搬弄是非，胡乱挑拨，说得头不是头脸不是脸。这可吓破我的"风流胆"，这事要让"她"听到，我肯定要吃苦头了。果然，看她的样子，听她那话语是知道了，泼辣辣地指责我，骂得我又羞又惭。她把"姨夫"，也就是和她相好的另一个有钱的狎客喊来，对我说，你看看，有比你更晓事理的人和我相知相爱，你算个什么东西，我哄骗你什么？滚吧！俺便求情说，你可不能说散就散啊，不是我贪恋烟花酒楼，是我一直把你看做我的性命，你也一直说俺是你心肝儿，有话好好说行不行？小姑奶奶呀，你权且担待一下，都是俺这活该挨打家伙的错，以后再也不敢这样了！

活脱脱一个风流狎客的尴尬形象被描画出来。大伙想一下，当马致远讲到朋友老某最后怎么低声下气叫妓女为奶奶，发誓自己是该打的小子，再不敢胡说八道惹奶奶生气时，肯定引起朋友们的起哄，笑闹着相互罚酒。

马致远既然能把友人相聚"发淡科"当快活事写在曲中，说明这在他的生活中是常事，从中不难看出他的情趣。

2

如果说马致远生活中对朋友开玩笑、"发淡科"是找乐子，那他对一些"闲人"丑陋行为的嘲笑和讽刺，便是发自真心的带着幽默感的批评了。

咱们上面说到过，他有一首套数《般涉调》耍孩儿·借马》，这就是一篇非常成功的讽刺作品。他用"借马"这一生活小事，运用夸张的喜剧手法、诙谐幽默的语言，刻画了一个卑微吝啬的小人物。我们来欣赏一下：

近来时买得匹蒲梢骑，气命儿般看承爱惜。逐宵上草料数十番，喂饲得膘息胖肥。但有些秽污却早忙涮洗，微有些辛勤便下骑。有那等无知辈，出言要借，对面难推。

【七煞】懒设设牵下槽，意迟迟背后随，气忿忿懒把鞍来鞴。我沉吟了半晌语不语，不晓事颓人知不知？他又不是不精细，道不得"他人弓莫挽，他人马休骑"。

【六煞】不骑呵西棚下凉处拴，骑时节拣地皮平处骑。将青青嫩草频频的喂。歇时节肚带松松放，怕坐的困尻包儿款款移。勤觑着鞍和辔，牢踏着宝镫，前口儿休提。

【五煞】饥时节喂些草，渴时节饮些水。着皮肤休使粗毡屈。三山骨休使鞭来打，砖瓦上休教稳着蹄。有口话你明明的记：饱时休走，饮了休驰。

【四煞】抛粪时教干处抛，尿绰时教净处尿，拴时节拣个牢固桩橛上系。路途上休要踏砖块，过水处不教溅起泥。这马知人义，似云长赤兔，如益德乌骓。

【三煞】有汗时休去檐下拴，渲时休教侵着颓。软煮草料铡底细。上坡时款把身来纵，下坡时休教走得疾。休道人忒寒碎，休教鞭颩着马眼，休教鞭擦损毛衣。

【二煞】不借时恶了兄弟，不借时反了面皮。马儿行嘱咐叮咛记：鞍心马户将伊打，刷子去刀莫作疑。只叹得一声长吁气，哀哀怨怨，切切悲悲。

【一煞】早晨间借于他，日平西盼望你，倚门专等来家内。

柔肠寸寸因他断，侧耳频频听你嘶。道一声"好去"，早两泪双垂。

【尾】没道理没道理，忒下的忒下的。恰才说来的话君专记，一口气不违借与了你。

这是马致远描写人生百态中独出心裁的著名套曲。他以尖辛泼辣的语言、亦庄亦谐的笔调、惟妙惟肖的刻画，极尽喜剧夸张之能事，鲜明生动地活画出一个爱马如命而又饱经世故，可笑、可怜同时也是很可爱的典型的下层劳动者形象，细致入微地展示了此人不愿借马而又不得不借的矛盾心态。正是这种矛盾心态的纠结，才形成了这件小事的喜剧效果。

从这首曲的开头，我们就能看出，这个马主人是元代社会中最底层的劳动者，他早就想买匹好点的马维持生计，但直到"近来时"才"买得匹"像古代名马"蒲梢"那样的瘦马。别看瘦，因攒钱不易才买来，所以当命根子一般"爱惜"，每天要不辞劳苦地"逐宵上草料数十番"，终于将马"喂饲得膘息胖肥"，并精心照顾，"但有些秽污却早忙涮洗"，"微有些辛勤便下骑"，生怕马脏着、累着。马在他的心中已经不是坐骑，而成了宠物。

正是这样一个艰难买马、辛勤喂马、细致护马的穷汉，在有人来借马时才会产生舍不得借的心理。他自己用都怕马累着，可偏有不明事理的"无知辈"来借，他碍于邻里情面又不好当面拒绝，怕是"不借时恶了兄弟，不借时反了面皮"。到底是借还是不借，自然令他心潮起伏，矛盾丛生，从而出现了一个叫人哭笑不得的场景。

从【七煞】到【一煞】七支曲，全用马主人独白的口吻，颠来倒去、反反复复、絮絮叨叨地叙说，表现了他不愿借但又不得不借的心态全过程。

在行动上，他是"懒设设牵下槽，意迟迟背后随，气忿忿懒把鞍来鞴"。心里边却是在恨恨地骂着，"不晓事颓人知不知？他又不是不精细，道不得'他人弓莫挽，他人马休骑'"。

接下来便是对借马人一番嘱咐。他时而粗鲁咒骂，时而细语叮咛；时而心烦意乱，时而长吁短叹；时而护马夸马，时而借马盼马。向借马者明确提出各种护马要求，不骑时怎样，骑的时候又怎样；饿了时怎么喂，渴了时怎么饮；抛粪时要如何，尿绰时又如何；有汗时怎么保养，洗马时怎么照顾……细细查一下竟有二十多项。

马致远有意写得这么细碎烦琐，颠三倒四，真是妙笔生花，把马主人的吝啬心理刻画得淋漓尽致。

条件提完了，这才长叹一声："恰才说来的话君专记，一口气不违借与了你。"哇呀呀，如果你是借马人，还敢借吗？按照马主人的要求来保养马、使用马，得花费什么样的代价啊。借马，是为了节省劳力，如按马主人要求借到马倒不如不借。

可笑的是，曲中的借马人还真就是个"不晓事的颓人"，就如同一个傻瓜蛋儿，你提多少条件我都无动于衷，主人条件中竟然有骂他的话："鞍心马户将伊打，刷子去刀莫作疑。"鞍心即安心，马户，是"驴"的拆字，这句的意思是，你如果安心打马你就是个驴。而下句"刷子去刀"也是拆字，"刷"字去了立刀，是"屌"字，接着告诫借马人，如敢打马，你无疑就是个"驴屌"！可借马人愣装听不出来。到最后马主人甚至骂出"没道理没道理，忒下的忒下的"，意思是你太狠心了，竟然下得了手来借，可借马人还是故作麻木，偏偏就是要借，把以提各种苛刻条件诱逼对方放弃借马的马主人逼到没了办法，只好咬着牙"两泪双垂"地答应借给，造成了强烈的喜剧效果。

这首套数题材之新颖，视角之独特，生活之熟悉，在元代散曲中可以说是独一无二。马致远能将目光投入到社会最底层的养马农夫身上，发现其极具喜剧性的人生弱点，并能以养马行家丰富的知识和通俗的养马口语，连用几支曲子，写尽了马主人护马之细、养马之精、爱马之情，这对于马致远一个封建时代的退隐文人而言，不能不说是一个奇迹。

在艺术手法上，马致远运用现实主义的创作方法，借助夸张手法，塑造出一个活灵活现的马主人形象，刻画他爱马爱到吝啬的独特性格，既调侃他心态的好笑，也给予了善意的理解。贫寒的马主人能买一匹马是不容易的，是封建社会小生产者赖以生存和发展的基础，他珍惜自己这来之不易的财产是理所当然的。因此，马致远在善意的调侃中也流露出同情，因为马主人尽管吝啬，最终还是把马借了出去，显示出了基层农民的淳朴。马致远能把底层的劳苦人描写得如此透彻，应该说是又一个奇迹。

这套曲作只切入借马一个场景，进行集中、深入而又生动的描写，方言俗语，信手拈来；言谈话语，惟妙惟肖；情调谐趣，令人喷笑。特别是寓庄于谐表现荒唐效果的艺术手法的运用，给后来的元曲作家树立了标新立异的榜样，使此曲成为元曲文坛上的名篇。称马致远为"曲状元"，理所当然！

但有朋友认为，马致远这套曲是讽刺"爱马如命的吝啬人"的，这是一种误读。他恰恰是在颂扬农民的纯真和朴实，反映了小生产者的真实心理。这种分析是从另一个角度着眼，主题变了。

也有人认为，马致远在这首曲作里所嘲笑的，绝不仅是那个马主人本身，而是通过这样的形象给元代社会的吝啬鬼群体画出了参照物。将一个人的小事，化为社会上的群体来批判，主题意义一下变深了。

还有人从中读出，他所笑骂的马主人，其实是影射了贪婪、猥琐、玩弄权术借以盘剥的富贵人群，甚至是统治者的丑陋嘴脸。理由是，全曲第一句便是"买得匹蒲梢马"。什么是"蒲梢马"？《史记·乐书》载："后伐大宛，得千里马，马名蒲梢。"《汉书·西域传》载："蒲梢，龙文，鱼目，汗血之马。"这种西域名马，不是有钱人是买不起的，因此养马人一定是富贵人。这么看，主题又深了一层。

更有人说了，这首曲一开头便说是"蒲梢马"，因此是在写"千里马"悲剧，是在反映元代知识分子悲惨的命运遭遇。自古以来文人们常以"千里马"自喻，期望遇到独具慧眼的"伯乐"而被发现，从而得到重用，发挥自己的才能。但元代的文人遭遇空前的不幸，统治者压根儿就不相信他们，更谈不上把他们当"千里马"看待，要用的话只是出苦力的"牛马"。曲中所写是"蒲梢"名马，马主人对马的珍爱，恰是曲折地揭示了元代文人内心深处的理想和渴望，告诫统治者，我们可都是"千里马"啊，怎么就不知珍惜，你们可不能就当一般出苦力的马"借"去用啊！这种解读，虽是绕了一个大弯子，主题似是被挖得更深了。

这些分析，从不同角度入手，也许都有各自的道理。但不管怎么认为，主题思想是大还是小，有一点是共同的，那便是，马致远在这首套曲中所展现出的幽默感和喜剧效果是成功的，为元散曲的发展作出了一大贡献。

3

马致远的幽默，表现在创作中，《借马》是最突出的一例，但如细读他的曲作，在他很多作品中都含有这样的成分，在庄重中伴有诙谐，在尖刻中带有调侃，在典雅中常显俚俗，把"曲"的特有风格展现到了极致。

幽默源自富有创新精神的思维方式，是由这种思维方式所营造的一种不同于常规的奇特的艺术风格。马致远在散曲创作中，经常运用各种艺术手段如对比、夸张、反语等等来增强曲作中的独特的幽默感。

咱们先谈谈马致远曲作中的"对比"手法。有人讲，不协调的对比是诱发幽默的种子。细琢磨，这话是有道理的。咱们引用过他的一首小令《【南吕】四块玉》：

> 带月行，披星走，孤馆寒食故乡秋。妻儿胖了咱消瘦，枕
> 上忧，马上愁，死后休。

你看，凄冷的月光，孤孤单单的驿馆，冷冰冰的饭食，是何等的悲苦凄凉啊。但马致远却笔锋一转，悲中取乐，他把自己人生漂泊在外的飘零孤独，以轻松淡然的笔调写出，给人一种意想不到的艺术效果。他一句"妻儿胖了咱消瘦"的辛酸自嘲，引发了多少人无可奈何的苦笑。实际上，妻儿仍是本来模样，但与自己整日奔波快速消瘦相比，就显出富态来。这种对比，突破了正常的思维模式。读至此让人不由得一笑，也让读者领悟到马致远的乐观与超脱。

再说说马致远曲作中幽默的另一种构思方式——"夸张"。如果把事物故意夸大，肯定会诱人发笑。

他在套数《【大石调】青杏子·悟迷》中有这样几句：

> 休更道咱身边没持剥，便有后半毛也不拔。

平时咱们常用的词是"一毛不拔"，用它来形容人的小气，"一毛"

已经够"小气"的了，可马致远却用"半毛不拔"，二者性质上是一样的，后者程度上却更进了一步，他把无以复加的小气程度再一次夸大。

还有一种违反生活常理的夸张，也会让人会心地一笑。咱们前面引用过他的一首套数《【仙吕】赏花时·掬水月在手》，分析的是他的风流潇洒的人格。不知大家注意了没有，他在那首曲里描写的那个小姑娘是不合生活常理的。"宝鑑妆奁准备着，就这月华乘兴梳裹。喜无那，非是咱风魔。"半夜三更要出来赏月观花，这也行，可突然间还要梳妆打扮，还说自己不风魔，人们肯定一笑，你这还不是"风魔"，那是个啥？

马致远另一种幽默手法是"反语"。反语就是平时所说反话，也就是有意用和本意相反的句子来表达本意。比如，本是要表达自己喜爱愉快的情感，却故意反着说，但内心的那种喜悦之情却溢于字里行间，有一种幽默情趣。他有一首小令《【双调】寿阳曲》是这样写的：

　　从别后，音信绝。薄情种害煞人也！逢一个见一个因话说，不信你耳轮儿不热。

此曲写一个多情女子因分别而思念着心上人。因为"音信绝"，所以嘴中怨"薄情种"不知道给自己传递音讯，实际上心中是盼"多情郎"早回信。这里的"害煞人"也就是"爱煞人"的反语。俗话说"打是亲、骂是爱"，把自己羞于说出口的"爱"用詈语表达出来，虽是绕了个弯儿，但却更显示出女子对心上人的思念之情，很有情趣。

马致远的幽默，还在于他那风趣的语言。幽默不仅需要独特的艺术构思，还需要通俗流畅的话语。马致远散曲中的语言不仅质朴明快，更显示出一种耐人寻味的风趣。

诙谐的俗语和亲切的俚语的运用，是元曲的一大特点，更是马致远曲作的一大特色。生活本身充满了趣人趣语，自然、朴素、清新、活泼，把这些语言用于作品中，自然而然就增添了亲切和风趣。我们可以再欣赏他的一首小令《【双调】寿阳春》：

从别后，音信杳。梦儿里也曾来到。问人知行到一万遭，不信你眼皮不跳。

这仍是写女子思夫的。情人一别无音信，只能梦里相见，见人就打听，问了有一万遍了，“不信你眼皮不跳”！被人念叨，眼皮就会跳，或者是打喷嚏，是我们平时常说的民间习俗，用在这里生活气息极浓，妙趣横生。还有上边一首中的“不信你耳轮儿不热”，也是这类的俗语。

马致远在杂剧中用的俗语更多，比如《青衫泪》中的“见钟不打更炼铜”；《荐福碑》中的“他每（们）那里省的鸦窝里出凤雏，你兄弟则是油瓮里捉鲇鱼”；《黄粱梦》中“我这里稳丕丕土炕上迷颩没腾的坐，那婆婆将粗刺刺陈米喜收希和的播，那蹇驴儿柳阴下舒着足乞留恶滥的卧，那汉子去脖项上婆娑没索的摸”等等，都是在俗中现趣味。

马致远的作品中除了用大量俗语、俚语外，还有用“双关语”、“隐喻”等手法来表现幽默。他有一首套数《【商调】集贤宾·思情》，其中第三支曲【金菊香】是这样写的：

敢投了招婿相公宅？多就了除名烟月牌？迷留没乱处猜：柳叶眉儿好，等你过章台？

这套曲同样是写多情女的相思。但这个相思中却多了疑虑，写法极其别致，一派乱猜胡想，情郎是攀上权贵做了女婿，还是沉浸于风月场忘了所以？最后一句"柳叶眉儿好，等你过章台"，一语双关，既猜测是不是还有美人等着情郎，也表达着自己的美貌，盼情郎功成名就早日归来。连用三个设问句，语言极俗，写尽了一个多情女胡思乱想的形态，充满了风趣。

马致远的幽默，还表现在有些曲作的结尾处处理得很特别，突下重笔，跳出一句出人意料的结果，由节奏的变化生发出一种喜剧效果。咱们还是以写多情女相思的《【双调】寿阳曲》为例，其中一首是这样的：

云笼月，风弄铁，两般儿助人凄切。剔银灯欲将心事写，长吁气一声欲灭。

这是写多情女要给情郎写信的情景。月色暗淡，风吹檐铃，把她本是凄凉悲怆的心情弄得更加沉重，她剔亮银灯，想把对情人的思念写成信，可千头万绪不知如何下笔，不由得一声长叹。写到这里，人的情绪已经刻画完了，可马致远偏添上一笔，这声长叹差点把刚挑亮的银灯吹灭。这该是多长多重的一声叹哟，谐趣顿生。

另一首是：

磨龙墨，染兔毫，倩花笺欲传音耗。真写到半张却带草，叙寒温不知个颠倒。

这是描写多情女开始给情郎写信了，"龙墨"、"兔毫"、"花笺"，可见她"欲传音耗"的郑重和一往情深，但"写到半张"，本是工整的楷书却变得潦草了，竟连问寒问暖也写得颠三倒四。本来是很美好的事，可结尾一句，把一个心神不宁、羞怯多情的少女刻画得真切传神，不觉让人会心一笑。

幽默，是人生智慧的一种表现。马致远的幽默，是他个性张扬的体现。一个有幽默感的文人性格上肯定十分敏感，容易产生痛苦和欢乐，能敏锐地察觉周围的各种情绪，同情他们的欢笑、爱恋、乐趣和悲哀。马致远正是这样一个有幽默感的文人。他的幽默感都是从肺腑中流出的，极浑厚，极自然，没有一点矫揉造作。在他的曲作中，有滑稽，如《借马》，但绝无油腔滑调；有轻松，如写多情女思夫的曲作，但毫不轻薄，更不轻佻，显示着他天生的幽默感。

有学人说："幽默是作品的个性棱角。充满幽默的作品容易显示作者的个性。"马致远就是这样一个有个性的人，而且敢于张扬。他面对不幸、失败、挫折，付之一笑，在嘲讽和自嘲中自勉。

他的这种幽默性格，来自于自信和乐观。一个幽默者，必然是个强者，面对一切挫折能泰然处之，自信、自强，对于失意付之一笑。

马致远就是这样一个强者。豁达、乐观、幽默，充满了生活情趣，他能够苦中作乐，排除自卑，保持意志的坚强，其乐观幽默是他饱尝人生酸甜苦辣之后从心底发出的深沉的笑声。

第五章

清风明月还诗债

　　马致远性格豁达，自信高傲，是元曲"豪放派"的代表。但如果细读他丰富多彩的作品，就会有各种各样的感觉，其作品有奔放，也有飘逸，有老辣，又有清丽。这说明，他的气质中还有很浓的清雅的一面，是一个诗意极浓的人。细细品读他的作品，不难发现，他的想象思维能力极强，远远超过他对现实的观察力，因此他的作品才在豪放中展示着一种诗情与画意。

　　咱们在介绍他人生经历时引用过他的两首套数，一首是写与友离别的，名为《长江风送客》，另一首是写他苦旅漂泊的，题为《孤馆雨留人》，这曲名本身就充满了浓浓的诗意。

　　能不浓吗？他这是引用了唐代大诗人贾岛的两句诗，在此基础上，再配上他曲中情景交融的描写，便体现了他浓厚的诗情。他还有两首描写少女情态的套数《掬水月在手》和《弄香花满衣》，也同样是以唐代诗句为题，典雅而清丽。

从这里咱们也能看出，他在南游时写出那套"潇湘八景"，为什么要用宋代的八幅画名为题，他所追求的就是一种极浓的画意。

近代大学者王国维在《宋元戏曲史》中谈元代杂剧时，说过这样一段话：

> 元剧最佳之处，不在其思想结构，而在其文章。其文章之妙，亦一言以蔽之，曰：有意境而已矣。何以谓之意境？曰：写情则沁人心脾，写景则在人耳目，述事则如其口出是也。古诗词之佳者，无不如是。元曲亦然。明以后其思想结构，尽有胜于前人者，唯意境则为元人所独擅。

那些既能写情、写景又能述事，能体现"古诗词之佳""为元人所独擅"之意境者中，马致远当属佼佼者。

那么咱们就看一看，他写景是不是"在人耳目"，写情是否"沁人心脾"，述事是否"如其口出"，是不是深得"古诗词之佳"境。

1

马致远的作品有着极其豪爽奔放的风格，但他也有极闲适恬静之作，主要是那些写景的作品。

他在中年南游漂泊时曾写过一套组曲"潇湘八景"，我们不妨赏析其中的几首。如他的《【双调】寿阳曲·渔村夕照》：

> 鸣榔罢，闪暮光。绿杨堤数声渔唱。挂柴门几家闲晒网，

都撮在捕鱼图上。

这是一曲对渔家自给自足、自得其乐淳朴生活的赞美。"鸣榔罢，闪暮光"，写捕鱼归来的黄昏。"绿杨堤数声渔唱"，渔人上岸后系船于绿杨树下放声高歌。如此，便将一个无拘无束、一身轻快的劳动人勾画了出来，层次也由船上了岸。接下来又进了渔村，"挂柴门几家闲晒网"，突出了渔人生活的质朴，用"几家"二字点出了小小渔村，"都撮在捕鱼图上"。看看，渔村晚景，有声、有色、有动作，通过一系列富有动感的描写，绘出了一幅生动活泼的渔村晒网捕鱼图。

再如《【双调】寿阳曲·远浦归帆》，同样是写渔村的傍晚，却是另一种图画：

　　　夕阳下，酒斾闲，两三航未曾着岸。落花水香茅舍晚，断桥头卖鱼人散。

这首曲通过夕阳、酒斾、归帆、茅舍、落花、流水等多种景物的组合，勾勒出渔村傍晚的静谧、恬淡和安闲，极具一种静态美。

开头写"远浦"，夕阳西下，岸上的酒旗悠闲飘动，渲染出黄昏时分酒店周围一片宁静的氛围。向远看，只见晚归的两三条渔船正从江面上缓缓而来，还不曾靠岸。接下来是写"归帆"，既不写船如何着岸，也不写怎么卸鱼、卖鱼，而直接写卖鱼后归家的宁静画面，一个"散"字使人如临其境，仿佛看到了那渔人们劳作一天的疲惫而又安闲的身影。看吧，花落水中，流水漂香，竹篱茅舍，夕阳晚照，断桥卖鱼，渔人散去，一切重归宁静。这种景象是多么清幽秀美，明丽如画。

还有一首《【双调】寿阳曲·山市晴岚》：

花村外，草店西，晚霞明雨收天霁。四周山一竿残照里，锦屏风又添铺翠。

这首曲全用白描，由近而远，由小及大，似一个个不断移动的镜头，构成了一幅山村的雨后放晴图。"花村"是起点，而后视线移向远方，见到的是村外的酒店，接着视线又由地面移向天空，仰看酒店西山的上空，"晚霞明雨收天霁"，是一片雨过天晴、晚霞如火的明丽；再远望村外的大地，"周围山一竿残照里，锦屏风又添铺翠"，景物参差错落，寥寥几笔便勾勒出一幅夕阳生辉、山色似锦、山岚流荡、添彩铺翠的瑰丽山村图景。

马致远自己道出最有"画"意的，便是那首《【双调】寿阳曲·江天暮雪》：

天将暮，雪乱舞，半梅花半飘柳絮。江上晚来堪画处，钓鱼人一蓑归去。

这是描写"江天暮雪"中一个钓鱼人独自归去的图景。前三句大笔勾勒，天近傍晚，突然大雪纷飞，雪花有的如梅花飘舞，有的似柳絮飞扬。接下来他便说出这江天飞雪中最"堪画"的场景，便是那位身披蓑衣、顶风冒雪而归的钓鱼人。

马致远为什么认为这钓鱼人是最美好的画面呢？他应该是有寓意的。唐代大诗人柳宗元有一首和他《江天暮雪》题意相近的五言绝句《江雪》，一说大家都能知道："千山鸟飞绝，万径人踪灭。孤舟蓑笠翁，独钓寒江雪。"这种"江雪"环境的描写，不仅没人踪，也无鸟迹，在这没有生命、没有温暖的地方，竟然有孤翁独钓，借此表示了作者被贬时顽强不屈、清高孤傲的思想感情。而马致远的"江雪"环境却活跃多了，也热烈多了：飞舞的雪花如梅花柳絮，充满了生机，而且钓鱼人也是活动着的，虽是清高，但并不离世，是在向生活中的家庭"归"去。这便透露出他内心深处虽不满现实，但并不愿脱离现实的观念，所以他才认为这活动着的钓鱼人最可入画。

马致远的这组"潇湘八景"不仅本身充满了诗情画意，他还很巧妙地融入到了杂剧的唱词中，唱出一种如诗如画的美。如在杂剧《青衫泪》第三折中，白居易遇到被拐骗的裴兴奴，要带她乘船走时，兴奴感慨万分，唱道：

> 【水仙子】再不见洞庭秋月浸玻璃，再不见鸦噪渔村落照低；再不听晚钟烟寺催鸥起，再不愁平沙落雁悲；再不怕江天暮雪霏霏，再不爱山市晴岚翠；再不被潇湘夜雨催，再不远浦帆归。

看，这其中是不是有着"洞庭秋月"、"渔村夕照"、"烟寺晚钟"、"平沙落雁"、"江天暮雪"、"山市晴岚"、"潇湘夜雨"、"远浦归帆"这"潇湘八景"？精彩的诗情画意与剧情融合得天衣无缝。

马致远还有一组写"十二月"的小令《【仙吕】青哥儿》，每首都是一幅风景画、风俗画。我们随便欣赏几首。

如《正月》：

> 春城春宵无价，照星桥火树银花。妙舞轻歌最是他。翡翠坡前那人家，鳌山下。

这是写京城元宵节热闹景象。"火树银花"映亮银河，"鳌山"之下"妙舞轻歌"，"翡翠坡前"艺人竞技，当中出类拔萃的"最是他"。这画面，与辛弃疾词中"众里寻他千百度，蓦然回首，那人却在灯火阑珊处"情境何其相似。

《二月》：

> 前村梅花开尽。看东风桃李争春。宝马香车陌上尘。两两三三游人，清明近。

清明将近，"梅花开尽"、"桃李争春"，有钱人家青年男女驾马车尽情嬉笑奔驰，野游的平民们结伴到郊外观赏着春景。曲中用清新自然的白描词语，描画出一幅不论贫富争相游春的画图。

《五月》：

> 榴花葵花争笑，先生醉读离骚。卧看风檐燕垒巢。忽听得江津戏兰桡，船儿闹。

一眼就能看出这是写端午节纪念屈原耍龙舟的热闹场面。"榴花葵花争笑"点明是夏天到了，再以"先生醉读离骚"点出怀念屈原的心情，紧接着"忽听得"便是人们耍龙舟祭屈原的动态画面，以静衬动，生动活泼。

《十二月》：

> 隆冬寒严时节，岁功来待将迁谢。爱惜梅花积下雪。分付

与东君略添些，丰年也。

腊月将尽之际，新的一年要来了，"爱惜梅花积下雪"，既有雪压梅花之景，又有赞冬梅傲雪之情，最后一句以吩咐春神再多下些雪的口气，表达了瑞雪兆丰年的美好愿望。

面对这样的曲作，你的眼前是不是会出现一幅幅充满诗意的图画？

像这样写景的曲作还有很多，如小令《洞庭秋月》、《潇湘夜雨》、套数《题西湖》等，都极具山水画的意趣，读起来韵味悠长，给人一种悠闲、宁静、自由自在的美感。特别值得一提的，则是被誉为"秋思之祖"的小令《【越调】天净沙·秋思》，完全以"枯藤"、"老树"、"昏鸦"、"小桥"、"流水"、"人家"、"古道"、"西风"、"瘦马"这样一些意象入曲，把天涯旅人的愁绪浓缩于尺幅之间，构成了一幅悲凉的秋思图，勾勒出一个元代文人"西风瘦马"的特别意象，洋溢着无穷的韵味。这些曲作我们在前面从不同角度都赏析过，在这里就不再重复了。

这么看，马致远一些描写景物的曲作，就如作画一般，是不是"如在耳目"了？他笔下的自然之景经他的点染，意浓而境美，较之于别家更生动、更具体、更直观，真正形成了如他一首小令中所说"满眼云山图画开"的格局。可以这么说，他的描写景物的散曲，是将曲与画结合得比较完美的作品。

2

马致远不光是有闲适清逸的写景作品，还有极清丽细密的言情之作。说到情爱，当然就有女人。写这方面东西的高手，人们马上想到的是关汉卿，岂不知马致远写得也是相当出色的，只不过数量相对少些。

咦，不对吧。前面不是说他男权主义，不以女人为主角吗？唔，是说过。但那是说他在杂剧中。在散曲中可就不一样了，他不但写，而且不比关汉卿差。要知道，他年轻时也是很风流的。

在马致远的散曲作品中，有一组描摹青春少女情爱的小令，共二十三首，完整地描述了一个追求爱情的少女苦思苦恋的全过程，那便是咱们前面分析马致远幽默风格时引用过其中两首的《【双调】寿阳曲》。咱们引用的只不过是其中的小片段，如果想细致了解一下马致远爱情曲作的优雅清丽，就让我们来完整地欣赏一下这套组曲吧。

一开始的两首，可看作是整套曲的序曲：

春将暮，花渐无，春催得落花无数。春归时寂寞景物疏，武陵人恨春归去。

一阵风，一阵雨，满城中落花飞絮。纱窗外蓦然闻杜宇，一声声唤回春去。

用"春"和"花"两种景物，浓浓地渲染了暮春时节花落絮飞、杜鹃催春归的气氛，烘托出幽居深闺怀春少女那寂寞难耐、凄怨满怀的心境。由景及情，"人恨春归去"。这里的"春"也寓有春情春欲之意。

接下来是七支曲，写少女第一次给情郎写信的情状和心境：

云笼月，风弄铁，两般儿助人凄切。剔银灯将欲心事写，长吁气一声欲灭。

磨龙墨，染兔毫，倩花笺欲传音耗。真写到半张却带草，叙寒温不知个颠倒。

从别后，音信绝。薄情种害煞人也！逢一个见一个因话说，不信你耳轮儿不热。

从别后，音信杳。梦儿里也曾来到。问人知行到一万遭，不信你眼皮不跳。

心间事，说与他，动不动早言两罢。罢字磣可可你倒是要，我心里怕那不怕？

人初静，月正明，纱窗外玉梅斜映。梅花笑人休弄影，月沉时一般孤另。

人千里，愁万缕，望不断野烟汀树。一会价上心来没是处，恨不得待跨鸾归去。

这是少女给情郎写信的第一个场面。前边几曲咱们引用分析过，是描写她思念之深：长叹一声差点把灯吹灭，想写信吧却越想写越写不成，都怪那"薄情种"也不来个音信，我成天这么念叨你，你也不耳热心跳？

接着写出了她最担心的事：情郎动不动就说，咱俩的事算了吧，你怎么能开这种玩笑呢？让我心里着实害怕呀。

窗外月正明，可我孤苦伶仃，要是能乘鸾鸟飞到你的身边该有多好！将少女苦于情、深于情的心境刻画了出来。

第三组是六首，是描绘少女第二次写信传情的情景：

研香汁，展素纸，蘸霜毫略传心事。和泪谨封断肠词，小书生再三传示。

实心儿待，休做谎话猜。不信道为伊曾害，害时节有谁曾见来？瞒不过主腰胸带！

> 江梅态，桃杏腮，娇滴滴海棠颜色。金莲肯分迭半折，瘦
> 厌厌柳腰一捻。

> 思今日，想去年，依旧绿杨庭院。桃花嫣然三月天，只不
> 见去年人面。

> 蝶慵戏，莺倦啼，方是困人天气。莫怪落花吹不起，珠帘
> 外晚风无力。

> 他心罢，咱便舍，空担着这场风月。一锅滚水冷定也，再
> 撺红几时得热！

这一次多情少女把相思书信写成了，"和泪"将"传心事"的"断肠词"封上，"再三传示"书童一定要送给情郎。

为啥呢？因为信中她强调了真心爱着情郎，已经得了相思病，腰带渐宽人消瘦。但我人虽瘦了，可美貌没变，体态苗条如"江梅"，面颊红润似"桃杏"，脸色娇艳像"海棠"，脚之小巧恰半握，柳腰之细刚一搂。怎么样？还打动不了情郎你吗？

想去年今日咱们相见，绿树轻摇，桃花嫣然，今年依旧，只是不见了你啊。我现在痛苦得就如那落地的花瓣儿一样飞动不起来，都怪你如无力的晚风那样不肯来吹啊。

唉，去信你也不回，如果你真有原来"言两罢"的想法，而不是玩笑，那"咱便舍"，不再"空担着这场风月"。这种描写，表现了一个渴望爱情却不肯失去人格尊严的有个性的心灵。

第四组由八支曲组成，描写多情少女相思成疾的情景和心态：

> 相思病，怎地医？只除是有情人调理。相偎相抱诊脉息，
> 不服药自然圆备。

心窝儿兴，奶胨儿情，低低的喔声相应。舌尖抵着牙缝冷，半晌儿使的成病。

香罗带，玉镜台，对妆奁懒施眉黛。落红满阶愁似海，问东君故人安在？

青纱帐，白象床，晚凉生月轮初上。谁家玉箫吹凤凰，教断肠人越添惆怅。

如年夜，人乍别，角声寒玉梅惊谢。梦迴酒醒灯尽也，对着冷清清半窗残月。

蔷薇露，荷花雨，菊花霜冷香庭户。梅梢月斜人影孤，恨薄情四时辜负。

琴愁操，香倦烧，盼春来不知春到。日长也小窗前睡着，卖花声把人惊觉。

因他害，染病疾，相识每劝咱是好意。相识若知咱就里，和相识也一般憔悴。

这是接上面六首，刻画多情女"相思病"的第二幅图画。此时，她已经是相思成疾，忧思难解了。情郎一去无消息，去信也不回，便使多情女跌入"相思病"的苦海中。

病从相思起，只有情人治。于是便傻想啊，如果情郎能前来依偎、拥抱，不吃药也就能好了，如果是能再亲热一番，那就……可这是做梦啊，我"舌尖抵着"的只是"牙缝冷"，我真是得病了。

幻想消失了，无聊愁烦至极，连梳妆打扮都懒得动了，我要问管爱情的春神，我心中的那个人到底在哪儿？到了晚上，面对着精美的卧具难以入眠，听着不知从谁家隐隐传来的玉箫声，不由得想起了弄玉和萧史相亲相爱永不离的美满，越发添了我的惆怅。

想去年我们分别的那夜打得火热，这猛然一分开，真是度夜如年啊。好不容易睡着，刚梦见情郎，却又酒醒了，油灯已尽，面对着一轮残月，孤零零可怎么熬啊。

想到去年一年四季和情郎相处的日子，面对四季美景我无时不在想他，可他却丢下我不闻不问，我真是"恨薄情四时辜负"了我啊。一年四季我日日盼月月盼，"愁"得琴也不操，"倦"得香也不烧，只盼情郎，连季节都记不清了。

唉，都是那个"薄情种"害我得了这个病啊，相识的人都来劝我想开点，我能领情，但她们并不能同我一样感同身受啊，如果她们了解我所受的煎熬有多大，以至如此憔悴，她们也会和我一样痛苦啊。

这组小令到这里结束了，语言质朴，几乎全是口语，把一个饱受相思折磨、执著追求爱情的少女形象活灵活现地刻画出来。马致远没写这个女人是不是被抛弃了，但他在曲中渲染的悲愁气氛已经预示了结果，给我们留下了无限想象的空间。

马致远的这组小令，描写了封建社会普遍存在的"痴情女子薄情汉"这一现象，反映了妇女对于爱情的追求和不幸的遭遇，具有较为深刻的社会意义。

在艺术上这组曲表现出来的风格清丽俊逸，雅俗共赏。马致远有很多写情思的曲作是站在女人的立场，同情她们悲苦遭遇的。他有好几首这样的套数，如《【双调】夜行船》二首、《【商调】水仙子》等。我们欣赏《【双调】夜行船》中的一首吧：

帘外西风飘落叶，扑簌簌落满阶砌。晚景消疏，秋声呜咽，又是断肠时节。

【乔牌儿】寸心愁万叠，业眼怎交睫？孤帏难捱半夜，凄凉何日彻！

【风入松】劣冤家真个负心别，陡怎的随邪。好姻缘取次磨灭，谩教人感叹伤叹！楚岫被云遮，祆庙火烧绝。

【鸳鸯煞】谁承望半路里他心起，待刚来自家冤业。宝鑑分开，玉簪掂折，唱道薄幸亏人，神天觑者。到如今着坚心儿捱，不消分别，负德辜恩见去也。

这是描写一个被抛弃了的女人的孤苦哀情，"秋声呜咽"的"断肠时节"，心中愁乱得合不上眼，根本就无法入睡，你个"劣冤家真个负心"抛弃我就走了，突然中了邪一般，好好的姻缘就这样破灭了。如今是"宝鑑分开，玉簪掂折"，老天爷有眼在看着，我还在苦苦地等着，是谁辜负了恩德做了薄幸人啊！一腔悲苦，欲哭无泪。

当然，马致远还有一些很轻松的曲作，描写青春少女的欢快活泼。前边我们引用过他的一首曲作《【仙吕】赏花时·掬水月在手》，就是写了一位天真活泼的少女。他还有另一首很清丽的套数《【仙吕】赏花时·弄花香满衣》，同样描写了一个少女的清雅可爱：

丽日迟迟帘影筛，燕子来时花正开。闲绣阁冷妆台。兜鞋信步，后园里遣闷怀。

【么】万紫千红娇弄色，娇态难禁风力摆，时乱点尘埃。见秋千挂起，芳草上层阶。

【赚煞】猛观绝，宜簪戴，行不得香泥绿苔。晓露未晞移绣鞋，爱寻香频把身挨。喜盈腮，折得向怀揣。就手内游蜂斗争采，不离人左侧，风流可爱。贴春衫又引得个粉蝶来。

这是描写一个大家闺秀耐不住闺房寂寞，游园采花的情景。和咱们前边引用过的一首《掬水月在手》那个"风魔"姑娘不同，不是深更半夜疯疯张张跑出去赏月玩水，而是在明媚的阳光下温柔地采花。

春来了，丽日帘影，燕飞花开，面对大好春光，姑娘不耐绣房的清冷，情不自禁移步后花园，排遣难以压抑的春情。后花园中，花虽开得万紫千红，妖娆动人，但是春风劲吹，不时扬起尘土，使她没法荡秋千。那么做什么呢？那就摘花戴吧，于是踏着生满了草的一层层台阶，也顾不得脚下未干的露水，"爱寻香频把身挨。喜盈腮，折得向怀揣"，用爱花、寻花、挨花、喜花、折花、揣花一连串动态描写将姑娘愁闷已一扫而光的神态完全展现出来。更令姑娘怦然心动的，是她的"风流可爱"不但招来了"蜂"，而且引来了"蝶"，更使她春心荡漾。暗喻着她盼望着能引来个"郎"。全曲生动活泼、描画传神、情韵悠长。

马致远这些描写情思的作品都相当清丽，主人公也都温文尔雅，但也有表现刚毅泼辣的，给人另一种味道。在一首套数《【双调】夜行船》中他就塑造了这么一位女性。我们来欣赏一下：

酒病花愁何日彻？劣冤家省可里随斜。见气顺的心疼，脾和的眼热，休没前程外人行言说。

【么】但有半米儿亏伊天觑者，图个甚意断恩绝。你既不弃旧怜新，休想我等闲心趄，合受这场抛撇。

【鸳鸯煞】据他有魂灵宜赛多情社，俺心合受这相思业。牵惹情怀，愁恨千叠。唱道但是半米儿有担擎底九天纸教天赦，怕有半米儿心别，教不出的房门化做血。

这是描写一个少妇因丈夫有了外心又前来赔礼道歉时那种又恨又爱

的复杂心情，表现了一位女子忠于爱情而又不容有半点亵渎的刚强个性。

当她听说丈夫有了外遇后，先是劝说，你这"酒病花愁"的样子，啥时候是个头儿啊，你个冤家可不能学坏呀，你"见气顺的心疼，脾和的眼热"，可是容易受诱惑，拈花惹草，那可是让外人说你是没出息、没前程的浪荡子啊。接着便是责备了，你做下这事，尽管家丑不可外扬，可在家中也得给我说明白，老天爷看得见，我没有一丁点儿亏待过你，恪守妇道，难道图的就是个你把我抛在一边，恩断义绝吗？你说你不会"弃旧怜新"，谁信啊？我告诉你，我不会平白地就退让，好像应当就被你丢弃。

丈夫当然得辩白，说是参加"宜赛多情社"时偶然碰上的。古时农村酬报田神，聚饮作乐，叫"赛社"。

少妇便是更愤慨地斥责说，你甭跟我找借口，你说是参加祭拜田神的活动，饮酒作乐而偶有外遇，那我就该受这相思苦吗？你知道这牵扯出来的情，让我产生多深的悲愁和愤恨吗！最后，少妇亮出了底牌，只要你拿出一丁点儿真心，向上天认错，而不是高高在上地说什么"不弃旧怜新"，只要是真心悔改，那我也发下重誓，我也永远不再说分离。谁如是说了不算，就让他出不了屋门就化成一摊血！

一个口齿锋利、性格刚烈而又忠于爱情的泼辣爽快女子形象就这样站立在了我们面前。

这是马致远爱情曲作中最富反抗个性、掷地有声的一篇，人物性格极其鲜明，方言口语纷至沓来，生动传神，很自然地融入了他本色的豪宕风格。

他还有一些别开生面的写女人思情的曲作，如写痴情妇对情郎胡思乱猜的套数《【商调】集贤宾·思情》，妙趣横生：

天涯自他为去客，黄犬信音乖。日日凌波袜冷，显透青苔。向东风不依朱扉，傍斜阳也立闲阶。扑通地石沉大海，人更在青山外。倦题宫叶字，羞见海棠开。

【么】春光有钱容易买，秋景最伤怀。他便似无根蓬草，任飘零不厌尘埃。假饶是线断风筝，落谁家也要个明白。近来自知浮世窄，少负他惹多苦债。别离期限数，占卜卦钱排。

【金菊香】敢投了招婿相公宅？多就了除名烟月牌？迷留没乱处猜：柳叶眉儿好，等你过章台？

【浪来里】更漏永，怎地捱？砧声才住角声哀。有灯光恨杀无月色，是何相待？嫦娥影占了看书斋。

【尾】听夜雨无情，咱纱窗紧慢有三千解。韵欺蛮人耳，点共泪人腮。疏竹响，晚风筛，划地将芭蕉叶儿摆。意中人何在？猛随风雨上心来。

这套曲也是写女人思夫的老题材，但马致远却笔底生花，惟妙惟肖地刻画了一个"另类"的思情女。

为啥说是"另类"呢？看啊，一开始用晋代陆机用黄耳犬长途传信的故事点出了"思情"的背景，意思是想给情郎写信了。先是勾画出一幅"东风"、"斜阳"、"立闲阶"的春日图，可面对大好时光，想到远行的情郎如石沉大海，多次写信也没用，真是懒得再写了。接着便开始怀疑了，把情郎比作飞蓬草，到秋天就连根拔起随风而去，到处飘荡，也不嫌沾上"尘埃"，即便是个断了线的风筝，"落谁家也要个明白"，现在的世道虚浮不定，你可别因"谁家"惹来许多苦债。唉，离别到何时是个头啊，排铜钱占卜一下吧。

于是，在占卜中便开始了毫无根据的胡思乱想，一会儿猜测情郎投靠权门被招了婿，一会又猜是陷入风月场拔不出腿。你既然如此执迷不悟，那我还要再猜，是不是还有更漂亮的"柳叶眉"女人等着你？这么胡乱猜测还不算，夜深了，当月光充满了房间，她竟无理地责问月亮："是何相待？"你想干什么？我似乎看到了，你把如嫦娥影子一样的美人送到了我情郎的书房。这是何等的异想天开，连月光都要嫉妒了。最后是雨夜相思，意中人再次"随风雨上心来"。她还得接着胡猜。

　　是不是很另类？如果说上面几首曲作中，《寿阳曲》二十三首、《夜行船·帘外西风飘落叶》是写情思之"苦"，《夜行船·酒病花愁何日彻》是写情思之"辣"，《赏花时·弄香花满衣》是写情思之"甜"；那么这首《集贤宾·思情》就是写情思的"酸"了，闲得实在无味便乱猜，自己找"醋"喝。其实，其他几曲中也都有这种"醋"意，只是没这首明显。这止说明女人对情人的爱之真，也反映了当时女人很容易被抛弃的社会现实。

　　马致远的这些言情之作，多是站在女子的立场，模拟着青春少女的口吻去吟唱对恋人的相思悲苦之情，委婉细腻，清丽俊雅，和他自己那些豪放的曲作完全是两种风格，和其他曲家同题材的作品也有很大不同。

　　在元代，由于被轻视的文人大多混迹于社会底层的勾栏瓦舍，很多曲家写情爱的作品中都透露着粗俗和浅薄，有些甚至直接写性行为，就连大曲家关汉卿也不例外。他就赤裸裸地写过偷情，如他有一首小令："碧纱窗外静无人，跪在床前忙要亲，骂了个负心回转身。虽是我话儿嗔，一半儿推辞一半儿肯。"半推半就偷完了，再约下次。另一首小令又写："整乌云欲把金莲屧，扭回身再说些儿话。你明夜个早些儿来，我专听着纱窗外芭蕉叶儿上打。"

　　而马致远的曲作中绝没有关汉卿的这种风流艳冶，而是表现得更痴情、更纯情。

3

马致远在作品中表现出的这种清丽和典雅，并非是刻意模仿，而是自然流露，完全来自于他的诗人气质。

元曲是继唐诗宋词后的又一种新的诗歌体系，金元时产生于北方，从能配乐可歌的长短句发展而来，当时称为"乐府"。曲和诗词不同的是融入了大量的民间俚俗之语，更显民间化、通俗化。而传统的诗词，是排斥通俗的，讲究的是典雅清丽、精妙工整，是一种"高雅"艺术。

前面我们简单说过曲与诗词在艺术表现上的不同，再细点讲便是，在语言上，诗的语言大抵是比较古朴典重，词比较轻灵曼妙，而曲则讲究明白通俗、机趣横生，曲中所用的俚俗之语往往为诗词中所没有。在内容上，诗长于抒情写景，而短于记事说理，抒情也宜悲而不宜喜。词更是止于抒情写景，几乎不能记事说理。而曲则可抒情、写景、状物、描绘人生动态、社会时事，感叹心怀，都能极尽其妙。在风格上，诗的风格较庄严、清雅。词的风格潇洒而厚重。而曲的风格较轻松、自由而放纵。

也正是由于"自由而放纵"这一点，更由于受元代文人沦入社会底层的特殊时代背景的影响，有些学者认为，"曲"也产生了很多不良的现象，比如：颓废、鄙陋、荒唐、轻佻等等。咱们在介绍马致远写情爱的作品时谈到过这个话题，马致远作品中并没有这些东西，而是自然地流露着一种诗和词的那种典雅色彩。

马致远饱读诗书，魏晋隐逸诗和田园诗肯定对他有影响，而陶渊明、李白、苏东坡等人的诗词对他更有熏陶。他在散曲的创作中，自觉不自觉地会融入一种诗情，学习前人字句锤炼的功夫和运用"兴、比、赋"等修辞手法，因此他的作品自然便有清丽的雅气。

马致远的诗意主要表现在这样几个方面，首先是意境的创造。我们可以赏析他的几首小令。如《【南吕】四块玉·浔阳江》：

送客时，秋江冷。商女琵琶断肠声，可知道司马和愁听。月又明，酒又醒，客乍醒。

他这是写白居易"浔阳江头夜送客"的情形，但却流露着自己"天涯沦落"的情怀。开头两句"送客时，秋江冷"，就是化用了白居易《琵琶行》中"浔阳江头夜送客，枫叶荻花秋瑟瑟"二句的诗意。短短三十字，既叙事又写景，既怀古又伤今，字字着色，渲染了一个浓浓的送别情景，语词通俗清淡，但诗味深长。

马致远还有一首诗味很浓的小令，情景交融，那便是《【双调】寿阳曲·烟寺晚钟》：

寒烟细，古寺清，近黄昏礼佛人静。顺西风晚钟三四声，怎生教老僧禅定？

此曲描写的是古寺清幽，老僧孤寂，借以表达他自己漂泊时的寂寞孤苦心情。先是写景，清寒的香烟袅袅上升，古寺十分清幽，到傍晚的时候拜佛的人少了，一片寂静。接着是写人，天晚了，飒飒西风中传来三四声钟声打破了沉寂，也打破了老和尚坐禅的宁静。这种写景与抒情相结合，透露着马致远的孤愤心情。为写景而写景是没有价值的，借景寄情，才是马致远在此曲中表现出的诗意。

再如他的小令《【双调】寿阳曲·平沙落雁》，同样是借景抒情：

> 南传信，北寄书。半栖近岸花汀树。似鸳鸯失群迷伴侣，
> 两三行海门斜去。

这是借写鸿雁失群迷伴的景象，抒写自己孤独漂泊思乡的情怀。雁是一种春天北来，秋天南归的候鸟。因有鸿雁传书的传说，诗人常把它比作信使。又因有孤雁失群的实况，诗人更用它形容孤独者。那么，马致远在漂泊中看到失群雁，自然是诗兴大发。"半栖近岸花汀树"，写出鸿雁的习性，它们喜欢停落在有花草树木的浅滩边，有起有落。但有的雁却不知怎么掉队了，像鸳鸯失群，离开了伴侣，那样孤独、凄凉。而天空中，却有群雁排成两三行雁阵，朝着海口斜飞而去了。全曲句句写雁，但却不用一个"雁"字，足见他写物造境的艺术功力。

再者，马致远作品的诗意还表现在对景物的描写上。咱们在前面分析过他写景的曲作，每首都是一幅画，更是一首诗。如：

> 花村外，草店西，晚霞明雨收天霁。
> 夕阳下，酒旆闲，两三航未曾着岸。
> 翠竹边，青松侧，竹影松声两茅斋。
> 山禽晓来窗外啼，唤起山翁睡。
> 西村日长人事少，一个新蝉噪。

每一句不都充满了飘逸清新的诗意吗？

还有，他作品中的诗意还表现在色彩的描绘上。我国文学作品在魏

晋以前，对色彩的描绘都比较单纯，到了唐代，诗歌中对色彩才有了鲜明的运用。如杜甫诗"两个黄鹂鸣翠柳，一行白鹭上青天"，王维诗"荆溪白石出，天寒红叶稀"等等。而宋诗词由于受到当时山水画和花鸟画的影响，在诗词中也很突出色彩的点染，如"春风又绿江南岸"、"一枝红杏出墙来"、"绿肥红瘦"等等。到了元代，散曲作家们更加注重对色彩的运用，讲求情浓采丽。

马致远对色彩运用的重视自不待言，他的曲作就如一幅幅彩色的画卷，令人赏心悦目。

看一首他的小令《【南吕】四块玉·恬退》吧：

绿水边，青山侧，二顷良田一区宅。闲身跳出红尘外。紫蟹肥，黄菊开，归去来。

你看，"绿水"、"青山"、"红尘"、"紫蟹"、"黄菊"，通过多种色彩的交织，描绘了一幅山林雅士的退隐图，创造了一个充满诗意闲适静谧的艺术境界。

这种色彩的运用在他的名曲《【双调】夜行船·秋思》中，发挥得更加自如。在【拨不断】一曲中写道：

利名竭，是非绝。红尘不向门前惹，绿树偏宜屋角遮，青山正补墙头缺；更那堪竹篱茅舍。

而在接下来的【离亭宴煞】中又有这样的句子："裴公绿野堂，陶令白莲社。爱秋来那些：和露摘黄花，带霜烹紫蟹，煮酒烧红叶。"

《夜行船·秋思》这首套数，明代文学批评家王世贞在《曲藻》中评说"元人称为第一",是从音韵方面对此作给予的肯定。其实,这套曲之所以精妙,由色彩构成的画面美感也是个重要因素。马致远把这些带有明显色彩的景物很自然、和谐地组合在一起,不仅表达了诗人高雅的品格,还把我们带进了清秋的"竹篱茅舍"之中,随他一起"摘花"、"烹蟹"、"煮酒",怎不让人生出一种"采菊东篱下,悠然见南山"的诗情。

马致远不光是在曲作中融入了诗情,在他的杂剧中也是如此,他的名作《汉宫秋》就是一部地地道道的抒情诗剧。这部剧的主题意义和艺术手法我们在前面都较详细地介绍过,不再赘述。这里所要说的是这部戏所体现的浓厚的诗意。

在《汉宫秋》这部戏中,马致远不注重情节和戏剧冲突而重视抒情,用诗的语言、诗的意境来刻画人物,抒发思想感情,而戏剧冲突只是人物抒情的一个背景。比如剧中的毛延寿,他是各种矛盾冲突的引发者,但对他所有行为都是一两句道白一带而过,甚至在汉朝都没露面,就直接跑到匈奴去了,根本不作为主要情节在舞台上处理,只是作为矛盾的铺垫,为主人公的抒情作准备。马致远独具匠心地把汉元帝和王昭君的生离死别作为戏剧主线,一层一层极其细腻地揭示汉元帝在不同阶段感情的变化,充分体现了诗剧风格。

就这部戏的曲词而论,可以说马致远是在用戏剧手法写诗。比如写景,别的剧作家都是创造剧中人物所处的自然环境,为塑造衬托人物服务,不脱离剧情,是戏。而马致远则不然,如果细读就会发现,他在《汉宫秋》中所写的景物,很多不是眼前景,而是心中情。如第三折中汉元帝送别昭君时唱:

【七兄弟】……怎禁他临去也回头望,那堪这散风雪旌旗影悠扬，动关山鼓角声悲壮。

【梅花酒】呀！俺向着这迥野悲凉。草已添黄，兔早迎霜。犬褪得毛苍，人搠起缨枪，马负着行装，车运着糇粮，打猎起围场。他、他、他，伤心辞汉主；我、我、我，携手上河梁。他部从入穷荒，我銮舆返咸阳。返咸阳，过宫墙；过宫墙，绕回廊；绕回廊，近椒房；近椒房，月昏黄；月昏黄，夜生凉；夜生凉，泣寒螀；泣寒螀，绿纱窗；绿纱窗，不思量！

这里面的景物描写，特别是后部分"返咸阳，过宫墙"一段，并非全是实景，而是汉元帝因悲痛过度而产生的幻觉，是对往昔与昭君共处的回忆，如此描写只是为展示剧中人心中的极度悲伤。

再如第四折开始，汉元帝上场说："自从明妃和番，寡人一百日不曾设朝。今当此夜萧索，好生烦恼。"于是，便随着一声声雁叫开始怀念昭君。

请注意，汉元帝送昭君走时，是"草已添黄，兔早迎霜。犬褪得毛苍"，已经是深秋，怎么过"一百日"后，还能听得一声声南归秋雁叫呢？这种情景只能说是马致远为刻画人物，烘托人物情感的宣泄而设。而这声声雁叫也确实将剧情推向了情感的高潮。

在《汉宫秋》中，马致远已经化戏为诗。他所追求的不是情节而是诗意。

马致远的作品熔古铸今，把曲的通俗和诗的典雅融合得如此精妙，可谓别树一帜；在杂剧创作中能化戏为诗，更是独步文坛！因此，在艺术风格上他被后世一些学者称为杂剧"文采派"的代表，与"本色派"代表关汉卿并称，成为元杂剧两大艺术流派的领袖。

这一编，咱们是以引用他给书法家朋友的评价开的篇，那还是从中再选一句他对朋友的评价来结束吧，马致远的作品潇潇洒洒，文采飞扬，在元代文坛上，那就是真正的"四海纵横第一管笔"！

到这里，咱们是不是和马致远聊得差不多了？他有什么样的品格，有怎样的脾气秉性是不是摸透了？

从他的作品，我们看到一个才学极高的读书人，而且他能相当智慧地运用满腹才学，随心所欲地创作出令人耳目一新的、别开生面的作品，充分显示了他的聪慧和睿智。

在他的一些作品中，我们更看到了一个正直的、坦荡的、执著而敢于坚持自己信念的马致远。对自己的所有一切，不管是正面还是负面，他都可以坦率地说给别人，毫不在乎；但在涉及人格的大事上，他却坚守尊严，宁肯辞官也不肯低头，保持着刚正的气节。

我们在他的作品中分析了一个"酒"字，就是这个"酒"伴随了他潇洒、豁达、热情奔放的一生。这种豁达潇洒的性格，在他的创作上也就形成了恣肆奔放的风格，使他最终成为散曲豪放派的领袖。

他的潇洒豁达，决定了他生活中的乐观。他可以和朋友"发淡科"、找乐子，可以对一些"闲人"进行幽默的讽刺，还可以对自己进行嘲弄，用自己的幽默调整心态，以达到自我解脱，实现自我超越。特别是通过《借马》，我们能看出马致远滑稽幽默的喜剧天分，也更看到了他生活中的乐观和幽默。

马致远虽然曲风豪放，但也有很清雅的作品，显示着很浓的诗人气质。他有很多如《潇湘八景》那样的写景曲作，每一首都是一幅山水画；他也有很缠绵悱恻的少女情思之作，描摹多情女相思时的酸甜苦辣，委婉细腻，更显纯情。他的这种典雅清丽，完全来自于纯正诗人的气质。

朋友，通过这一编，中国文学史上，一个才高睿智、正直坦荡、潇洒豪放、乐观豁达而又显示着清雅飘逸的大文豪，是否活灵活现地来到了你的面前？

结语

百世集中说致远

上、中、下三编已经写完了，那么，是不是该结束了？

上编中，我们看到了在元代压制读书人的特殊历史年代，才高八斗、学富五车的马致远，却空怀一腔雄心壮志，怀才不遇、屡屡碰壁的困顿人生；

在中编，我们探寻了马致远从青年时的追求到中年时的失败再到晚年时的隐退既复杂而又矛盾的精神世界，从而也明白了他的杂剧及散曲创作的思想根源；

而下编，我们呈现给大家的是马致远如何坚守文人的尊严，在生活中展示着正直、豁达、豪爽、乐观的性格，以及他不失清丽典雅的诗人气质，从中我们也就看到马致远高洁的品格。

怎么样？是不是一个立体的、活脱脱的马致远站在了我们面前？应该是看到了。一个清瘦文雅的老者，捻着稀疏的胡须，爽朗地笑着，似乎是在说，我的确是写了点东西，你们都一篇一篇细细研读了，也从中摸到了我的好多事情，从我的人生旅迹、社会交往、思想品德、作品创作，好的赖的都看到了，那你们是怎么看我的呢？

怎么看？这还用我们再说吗？从老先生生存的元朝开始，不就被看作是领袖群英的散曲魁首，与关汉卿、白朴、郑光祖并称为"元曲四大家"吗？

马致远在散曲创作上，堪称曲家翘楚，其数量在元代前期作家中最多，超过关汉卿、白朴、郑光祖、王实甫所作散曲的总和；艺术上地位之高，更是无与伦比的，被记载元代曲家的专著《录鬼簿》中的吊词称为"曲状元"。谈到元散曲，最先提到的必然是他那首小令《天净沙·秋思》，几乎人尽皆知，已经成了元曲的代表作品，被后世评家称为"秋思之祖"；套数《夜行船·秋思》，被世人推为元曲套数之冠，称为"万中无一"。他的散曲创作带着鲜明的传统文人气息，以抒情诗人的笔法，展示着高洁的品性，以雅俗共赏、豪放雄劲的艺术风格拓展了散曲的意境，使他成为元散曲"豪放派"的旗手。

我们可以这么认为，马致远的散曲成就之高，影响之大，完全可以比之于唐诗中的李白、宋词中的苏轼。被后世誉为"元人第一"理所当然，名副其实！

马致远同样还是元杂剧大家。《录鬼簿》吊词中说他"姓名香贯满梨园"，在戏曲界有极高影响和贡献。讲到元杂剧，就不能不提《汉宫秋》，因为此剧代表着一个写作流派，诗意的写作使马致远成为元杂剧"文采派"代表。

元曲小令《天净沙·秋思》、套数《夜行船·秋思》、杂剧《汉宫秋》，这几件作品都成了元代文学的代表作品，是逢谈必提的。还是那句话，马致远就是元代文坛上"四海纵横第一管笔"！我们没必要让马老先生去和谁排座次，自有他不朽的作品在说话。

就此结束吧。当我们就要掩卷时，似乎又看到那清雅的老者在向我们微笑，对我们所说的一切，既不摇头也不点头，高傲而淡然地摇着羽扇，高声吟唱着，骑马跚跚而去。他是在吟诵自己是元曲的"栋梁材"，还是在唱"西风"中那匹孤独的"瘦马"？

马致远潇洒地走向了永恒，定格在中国文坛乃至世界文坛的高峰中。在那里，他可以和孔子学礼，和老庄论道，和屈原说骚，和司马相如谈赋，和李白煮酒，和苏东坡辩词……

他是群峰中的一座。

他就是一代大文豪、元代文学的领军者——马致远。

附录一

马致远年表

公元一二五〇年，蒙古帝国海迷失后称制的第二年，马致远出生于燕京（即后来的元大都，现在的北京地区）一个富豪家庭。

公元一二六〇年，忽必烈中统元年，马致远十岁。蒙古帝国入主中原后，废除了科举，文人被歧视。忽必烈称帝后，提倡儒学，读书人似乎又看到了希望。家中为马致远请了名师，开始了"夙兴夜寐尊师行"的发奋苦读。

公元一二六七年，元代至元三年，秋，忽必烈做寿，满朝庆贺。十七岁的马致远，为皇帝大唱赞歌，写了一首套数《【中吕】粉蝶儿》，"写诗曾献上龙楼"，以期得到统治者的赏识。

一年多以后，大约一二六九年，成人的马致远，被地方官用为小吏，即办事员，奔波于燕赵各地。这是他的青春期，他写下很多表达青春、情爱以及抒发壮志的小令和套曲。

公元一二七一年冬，忽必烈改国号为"大元"，首都燕京改称"大都"。

马致远在当小吏期间希望能得到升迁，虽很努力，但一事无成，经历了"登楼意，恨无上天梯"的苦闷。这期间他写了大量抗争的、愤懑的叹世散曲。

几年后他又遭家境衰落打击，便离开小吏的位置，参加了大都的"玉京书会"，与关汉卿、白朴等相交往，开始了杂剧的创作。

公元一二七九年，元代至元十六年，忽必烈灭掉南宋。已是而立之年的马致远感触很深，三十岁后写出了元代杂剧文采派的代表作、著名杂剧《破幽梦孤雁汉宫秋》，表达了他对南宋灭亡的看法，带有鲜明的历史兴衰之思。随之又创作了意在感叹改朝换代的杂剧《吕洞宾三醉岳阳楼》。

大约从一二八五年前后开始到一二九四年，差不多十年间，马致远多次南游，抒发苦闷和寻找希望。这期间他写出过《【双调】寿阳春》等"潇湘八景"那样既写景又抒发孤寂心境的很多精彩的小令。被后世称为"有元一代词家皆不能办此也"的著名元曲代表作小令《【越调】天净沙·秋思》就写于这个时期。在南游期间，马致远还与史樟合作过南戏。

公元一二九五年，元成宗元贞元年，马致远和文人们在大都成立了"元贞书会"，他成了主力干将。在书会中他与文士李时中、艺人花李郎、红字李二合作写了杂剧《邯郸道省悟黄粱梦》。

公元一二九六年，马致远终于时来运转，当了江浙行省儒学提举这么个小官，已经是四十六岁的年纪。他到杭州上任后写了杂剧《江州司马青衫泪》，隐喻着自己饱受困顿后的成功。在提举任上，他还写过南戏《苏武持节北海牧羊记》。

公元一二九九年，元代大德三年，去江西赴任的高官卢挚，路过杭州，特邀马致远同游西湖。马致远写下了《【双调】湘妃怨·和卢疏斋西湖》四首。马致远和下级相处也不错。他有一首套数《【仙吕】赏花时·长江风送客》，就写了两位县令流泪送他上船的感人场景。

但几年后，马致远却对官场出现了不适感。在任职期间，他相继写出了杂剧《晋刘阮误入桃源》、《西华山陈抟高卧》，充满避世色彩，对宦海生涯产生了明显反感。他还写有大量的散曲，如代表他豪放派风格的著名套数《【双调】夜行船·秋思》，泼辣明快地对自己的想法进行了表述。

为官后期，他还受到过官场上争权夺利的小人的陷害，使他名声扫地，更毁了他继续攀升的可能。于是，他毅然选择了退隐。

公元一三〇八年，元武宗至大元年，马致远辞掉了官职，带着一身轻松，在菊花盛开的金秋，"闲身跳出红尘外"，隐退到杭州西湖边上的西村。那一年他已经五十八岁。退隐后他写了大量描写隐退情趣、田园风光及抚今追昔的散曲。在他退隐几年后的六十多岁，写了杂剧《马丹阳三度任风子》，表达了既然退出尘世，就决不回头的心情。

公元一三一三年十二月，元仁宗皇庆二年，皇帝下诏恢复科举，一三一五年录进士五十六人。马致远一生没这样的机会，感慨之下，创作了追求功名的杂剧《半夜雷轰荐福碑》。写这部杂剧时马致远近七十岁了。

公元一三二一年，元英宗至治元年，马致远七十一岁。元英宗要搞改革，马致远又看到了人世间的希望，又为皇帝写了一首赞歌，和少年"写诗曾献上龙楼"一样，也是套数《【中吕】粉蝶儿》。

马致远从这一年后，再没有作品面世。元英宗的"至治"年号，只公元一三二一至一三二三年这三年。元代《中原音韵》写于一三二四年，其中将马致远与关汉卿等已记为"诸公已矣"，因此，马致远卒于一三二四年前的至治年间，年纪应在七十一岁到七十三岁之间。

附录二

古今中外对马致远
作品的评论

马致远是元曲大家，古今中外对他的作品评论很多。但在本书正文中我们不可能一一引用，在这里摘录出一些，供有兴趣的朋友们览阅。

元代文学家周德清：在《中原音韵自序》中说："乐府之盛之备之难，莫如今时。其盛则自缙绅及间阎歌咏者众。其备则自关、郑、白、马一新制作，韵共守自然之音，字能通天之语，字畅语俊，韵促音调。观其所述，曰忠曰孝，有补于世……诸公已矣，后学莫及。"

在《正语作词起例》评小令《【天净沙】秋思》："枯藤老树昏鸦，小桥流水人家，古道西风瘦马。夕阳西下，断肠人在天涯。"时曰："前三对，更'瘦'、'马'二字去上，妙极。秋思之祖也。"

评《【双调】夜行船·秋思》："百岁光阴一梦蝶……"评曰："此词乃东篱马致远先生所作也。此方是乐府，不重韵，无衬字，韵险语俊。谚云'百中无一'，余曰'万中无一'。看他用'蝶'、'穴'、'杰'、'别'、

'竭'、'绝'字，是入声作平声；'阙'、'说'、'铁'、'雪'、'拙'、'缺'、'贴'、'歇'、'彻'、'血'、'节'字，是入声作上声；'灭'、'月'、'叶'，是入声作去声。无一字不妥。后辈学去。"

元末曲家贾仲明：在《录鬼簿》中为马致远所作的《凌波仙》吊词："万花丛中马神仙，百世集中说致远，四方海内皆谈羡。战文场曲状元，姓名香贯满梨园。《汉宫秋》、《青衫泪》、《戚夫人》、《孟浩然》，共庚、白、关老齐肩。"

明代朱权：在《太和正音谱》中把马致远列在元代作家之首，推崇至高："马东篱之词，如朝阳鸣凤。其词典雅清丽，可与《灵光》、《景福》而相颉颃。有振鬣长鸣，万马皆喑之意。又若神凤飞鸣于九霄，岂可与凡鸟共语哉？宜列群英之上。"

明人徐渭：《南词叙录》中云："南易制，罕妙曲；北难制，乃有佳者。何也？宋时名家，未肯留心；入元又尚北，如马、贯、王、白、虞、宋诸公，皆北词手。国朝虽尚南，而学者方陋，是以南不逮北。"

明代王世贞：《词藻》中说："马致远'百岁光阴'，放逸宏丽，而不离本色，押韵犹妙。长句如'红尘不向门前惹，绿树偏宜屋角遮，青山正补墙头缺'，又如'和露摘黄花，带霜烹紫蟹，煮酒烧红叶'，俱入妙境。小语如'上床与鞋履相别'，大是名言。结尤疏俊可咏，元人称为第一，真不虚也。"

又说："元人曲，如'红尘不向门前惹，绿树偏宜屋角遮，青山正补墙头缺'，'枯藤老树昏鸦，小桥流水人家，古道西风瘦马。夕阳西下，断肠人在天涯'，景中雅语也。"

明代王骥德：《曲律》中说："人之赋才，各有所述。马东篱、王实甫皆胜国名手。马于《黄粱梦》、《岳阳楼》诸剧，种种妙绝，而一遇丽情，便伤雄劲。王于《西厢》、《丝竹芙蓉亭》之外，作他剧多草草不称。

尺有所短，信然。"

又论道："李中麓刻元乔梦符、张小山二家小令，以方唐之李、杜。夫李则实甫，杜则东篱始当。"

明人沈德符：《顾曲杂言》："若散套，虽诸人皆有之，惟马东篱'百岁光阴'、张小山'长天落彩霞'为一时绝唱，其余俱不及也。"

"元人以郑、马、关、白为四大家，有以也。"

明代学者臧晋叔：把《汉宫秋》列为《元曲选》之首。

清代学人焦循：在《易余龠录》中说，词之体尽于南宋，而金元乃变为曲，关汉卿、乔梦符、马东篱、张小山等，为一代巨手。

在《剧说》中将《汉宫秋》推崇为"绝唱"。

清代孟称舜：《古今名剧合选》《三度任风子》一折眉批："此剧机锋隽利，可以提醒一世，尤妙在语语本色，自是当行人语，与东篱诸剧较别。"

《汉宫秋》楔子眉批："读《汉宫秋》剧真若孤雁横空，林风肃肃，远近相和，前此惟白香山浔阳江上《琵琶行》可相伯仲也。"

《青衫泪》一折眉批："马致远号东篱，大都人，老江浙省务官。东篱词清雄奔放，具有出尘之概。此剧天机雅趣，别成一种。至为兴奴写照处，真是借他檀板，摅我闺情，用俗语愈觉其韵，此元人不可及处。"

清代蒋一葵：《尧山堂外纪》载："马东篱又有【天净沙·秋思】词，曰'枯藤老树昏鸦……'前三对，更'瘦马'二字去上，极妙，秋思之祖也。"

清代李调元：《雨村曲话》中说："马致远号东篱，元人曲中巨擘也。其【满庭芳】句有'知音到此，舞雩点也，修禊羲之'，语最工。"

"东篱《陈抟高卧》云：'纸窗明觉晓，布被暖如春。'又'丹砂好炼养闲身，黄金不铸封侯印。戴不得巾头紧，穿不得公堂坌。不如我这拂黄尘的布袍，漉黄酒的纶巾。'字句、音律，浏亮动人。

"致远曲多俊语:'霜清紫蟹肥,露冷黄花瘦',九月俊语也;'细研片脑梅花粉,新剥真珠豆蔻仁',咏茶俊语也;'天地安排诗句就,云山失色酒杯宽',金山寺俊语也。

"马致远名曲极多,如《寨儿令》云:'数声柔橹江湾,一钩香饵波寒。回头视兔魂,失忆放渔竿,看,流下蓼花滩!'又《沉醉东风》云:'黄芦岸白蘋渡口,绿杨堤红蓼滩头,点秋江白鹭沙鸥。做杀人间万户侯,不识字烟波钓叟。'又《拨不断·隐居》云:'红尘不向门前惹,绿树偏向屋角遮,青山正补墙头缺,竹篱茅舍。'又《水仙子》云:'一声梧叶一声秋,一点芭蕉一点愁,三更归梦三更后',又'闲花酝酿蜂儿蜜,细雨调和燕子泥',又'锦字香粘新泪粉,彩笺红渍啼痕',又'怕黄昏不觉又黄昏,不销魂怎地不销魂!新啼痕压旧啼痕,断肠人忆断肠人',又'西风吹老鲈鱼兴',又'长江有尽思无尽',皆不能道也。

"东篱《寄生草》云:'长醉后方何碍,不醒时有甚思?醋腌两个功名字,醅淹千古兴亡事,曲埋万丈虹霓志。不达时皆笑屈原非,但知音尽属陶潜是。'命意造词,俱臻绝顶。

"致远《寒鸿秋》云:'腕冰浮肿松却黄金钏,脂粉残淡了芙蓉面。紫霜毫蘸湿端溪砚,断肠词写在桃花扇。风轻柳絮天,月冷梨花院。'音律浏亮,周挺斋极称之。"

清代梁廷枏:在《曲话》中评杂剧《汉宫秋》说:"《汉宫秋》【混江龙】云:'料必他珠帘不挂,望昭阳一步一天涯。疑了些无风竹影,恨了些有月窗纱。他每见管弦声中巡玉辇,恰便是斗牛星畔盼浮槎。是谁人偷弹一曲,写出嗟呀。莫便要忙传圣旨,报与他家,我则怕乍蒙恩把不定心儿怕。惊起宫槐宿鸟,庭树栖鸦。'又【赚煞】云:'你是必悄声早接驾,我则怕六宫人攀例拨琵琶。'写景写情当行出色,元代中第一义也。"

评杂剧《荐福碑》："《荐福碑》云:'如今这越聪明越受聪明苦,越痴呆越享了痴呆福,越糊涂越有了糊涂富。则这有银的陶令不休官,无钱的子张学干禄。'此虽愤时嫉俗之言,然言之最为痛快。读至此,不泣数行下者,几希矣。"

近代戏曲理论家吴梅:在《顾曲尘谈》中赞马致远作品"真空千古",后人"不可及者此也"。在《中国戏曲概论》中说:"东篱则以清俊开宗。《汉宫孤雁》,臧晋叔以为元剧之冠,论其风格,卓尔大家。"

近代历史学家、文学家王国维:在《元剧之文章》中评价小令《【天净沙】秋思》"纯是天籁"。在《人间词话》中更是说:"寥寥数语,深得唐人绝句妙境。有元一代词家,皆不能办此也。"

在《宋元戏曲史》中再次谈道:"【天净沙】小令,纯是天籁,仿佛唐人绝句。马东篱《秋思》一套,周德清评为万中无一,明王元美等亦推为套数中第一,诚定论也。此三体虽与元杂剧无涉,可知元人之曲,天纵之,非后世所能望其项背也。"

评杂剧《汉宫秋》第三折中【梅花酒】、【收江南】、【鸳鸯煞】几段唱说:"以上数曲,真所谓写情则沁人心脾,写景则在人耳目,述事则如其口出者。第一期之元剧,虽深浅大小不同,而莫不有此意境也。"

评杂剧《任风子》说:"马致远《任风子》第二折:【正宫·端正好】'添酒力晚风凉,助杀气秋云暮,尚兀自脚趔趄醉眼模糊。他化得俺一方之地都食素,单则是俺这杀生的无缘度。'语语明白如画,而言外有无穷之意。"

在《录曲余谈》中说:"余于元杂剧中得三大杰作焉。马致远之《汉宫秋》,白仁甫之《梧桐雨》,郑德辉之《倩女离魂》是也。马之雄劲,白之悲壮,郑之幽弇,可谓千古绝品。今置元人一代文学于天平之左,而置此三剧于其右,恐衡将右倚矣。"

近代文学史家梁乙真：在《元明散曲小史》中认为，马致远的作品"不但为同时的及明清以来许多作家所追慕，且有意无意在摹写着他的作风……在关汉卿，在王实甫，在姚燧，卢挚……他们许多人的作品，很不易见出'自己'来，即有亦很少整个表现出他们的'个性'来。而马致远则不然，他无论在杂剧里、在散曲里，都有很浓厚的'自己'的色彩。"

现代作家、文学史家郑振铎：在《插图中国文学史》中评马致远："我们如将致远的散曲，与他的剧本对读一下，便可知他的剧本，并不是无所谓而写的。关汉卿的剧本中，看不到一毫作者的影子，致远的剧本，却到处都有个他自己在着。"

现代学者刘大杰：在《中国文学发展史》评马致远："他在元代散曲的地位，正如李白之于唐诗，苏轼之于宋词，都是代表一个时代的浪漫派大诗人。"

马致远的杂剧由于具有完美的艺术性，早已越出了国界，成为世界艺术宝库中的珍品。

1829 年英国：庇时爵士将马致远的《汉宫秋》译成英文《汉宫秋：中国悲剧》，在伦敦出版。

1866 年德国：汉学家克莱因所著《戏剧史》收有《汉宫秋》的摘译和评论。

1887 年德国：道夫·冯·戈特查尔所著《中国戏剧》收有《汉宫秋》的译介。

1933 年法国：巴黎出版《中国诗文选》，其中收有《汉宫秋》等剧作的节译和评论。

1966 年前苏联：维·彼得罗夫编选的《元曲》，收入十一部最著名的元杂剧，其中就有《汉宫秋》。《苏联大百科全书·中国文学》条目中说："戏剧在元代文学中占主导地位，著名戏剧家关汉卿的《窦娥冤》、王实甫的《西厢记》、马致远的《汉宫秋》、白朴的《梧桐雨》，代表着元代戏曲艺术发展的高峰。"

日本：在十七世纪元曲已经传入日本，并影响了"能乐"的发展。先后有狩野直喜、青木正儿、神谷衡平等学者对《汉宫秋》进行过专题研究和讲读。日本《文艺辞典》在评介马致远时认为："马致远的作品具有野鹤孤云之趣，而《汉宫秋》描写昭君与元帝的离别唱出那悲凉孤寂的离别情曲，在元曲中也是屈指可数的大杰作。"

朝鲜：早在十六世纪末朝鲜著名小说家许筠在其《闲情录》中，提到了董解元、王实甫、马东篱，说明早在那时元杂剧已经在朝鲜流传。朝鲜《世界文学大事典》中说：《汉宫秋》曲辞幽艳典雅，为元曲中悲剧的名作。此剧写汉元帝思念和梦见王嫱，惊醒后悲哀万分，他瞭望着悲鸣远去的雁群，唱出诅咒自己的动人心弦的哀曲，真可谓之绝唱。

附录三　主要参考书目

1.《中国全史》，曹健民主编。

2.《中国文学发展史》，刘大杰著。

3.《元曲通融》上下卷，张月中主编（论文集）。

4.《首届元曲国际研讨会论文集》，唐振景、张国伟主编。

5.《录鬼簿新校注》，马廉校注 1957 版。

6.《青楼集注》，孙崇涛、徐宏图注。

7.《罗贯中与马致远》，谢无量著。

8.《中国戏曲概论》，吴梅著。

9.《马致远及其剧作论考》，刘荫柏著。

10.《马致远全集校注》，傅丽英、马恒君校注。

11.《元曲名家精品类编·马致远卷》，李德身编著。

12.《元人散曲论丛》，隋树森著。

13.《元明散曲小史》，梁乙真著。

14.《元曲家考略》，孙楷第著。

15.《关汉卿白朴马致远三家散曲之比较研究》，马显慈著。

16.《中国戏曲丛谈》，赵景深著。

17.《中国的戏剧》，彭飞著。

18.《历代开拓新路的文学家》，罗东升主编（论文集）。

19.《曲海蠡测》，谭正璧、谭寻著。

20.《元代杂剧赏析》，陈俊山著。

21.《元曲鉴赏辞典·第二卷》，贺新辉主编。

22.《元曲精华》，霍松林、齐森华、赵山林主编。

23.《曲品》，（明）吕天成著，王卓校释。

24.《曲律》，（明）王骥德著。

25.《曲话》，（清）梁廷枏著。

图书在版编目（CIP）数据

西风瘦马：马致远传 / 陈计中 著. -- 北京：作家出版社，
2014.7

（中国历史文化名人传丛书）

ISBN 978-7-5063-7433-0

Ⅰ.①西… Ⅱ.①陈… Ⅲ.①马致远（? ～1321后）-
传记 Ⅳ.①K825.6

中国版本图书馆CIP数据核字（2014）第132463号

西风瘦马——马致远传

作　　者：陈计中
责任编辑：那　耘
书籍设计：刘晓翔＋韩湛宁
责任印制：李卫东　李大庆
出版发行：作家出版社
社　　址：北京农展馆南里10号　　　　邮　　编：100125
电话传真：86-10-65930756（出版发行部）
　　　　　86-10-65004079（总编室）
　　　　　86-10-65015116（邮购部）
E-mail:zuojia@zuojia.net.cn
http://www.haozuojia.com（作家在线）
印　　刷：北京汇林印务有限公司
成品尺寸：152×230
字　　数：250千
印　　张：20.25
版　　次：2014年7月第1版
印　　次：2014年7月第1次印刷
ISBN 978-7-5063-7433-0
定　　价：60.00元（精）